BAUSTEINE

für Musikerziehung

BAUSTEINE
für Musikerziehung

Eva Pretzell

Sprech- und Spracherziehung mit Kindern

B 35

SCHOTT

Mainz · London · New York · Tokyo

Bestellnummer: B 35

Printed in Germany · BSS 44745

ISBN 3-7957-1035-9
ISSN 0172-7222

Inhaltsverzeichnis

Einleitung

Dieses Buch wendet sich an alle Erwachsenen, die Kinder zwischen 0 und 10 Jahren erziehen, betreuen, unterrichten oder mit ihnen zusammenleben. Es will zeigen, daß Sprech- und Spracherziehung nicht auf bestimmte Stunden beschränkt sein kann, weil alles zu ihr beiträgt, was das Kind in der Zeit, in der es wach ist, hört. Diesem indirekten Teil der Sprech- und Spracherziehung ist deshalb viel Raum gewidmet, weil hier die stärksten Wirkungen ausgeübt werden. Für den Teil der Sprech- und Spracherziehung, der geplant werden kann, sind in diesem Buch viele Anregungen, Übungen und Spiele enthalten, außerdem Beispiele für Gespräche, Erzählungen und die Verwendung von Texten verschiedener Art. Mit allem soll gezeigt werden, daß Sprech- und Spracherziehung etwas höchst Lebendiges ist und so durchgeführt werden kann, daß alle Beteiligten Freude und immer neues Interesse daran haben.

Eltern und Erzieher von Kindern mit schweren Sprachstörungen und -fehlern können aus diesem Buch auch Nutzen ziehen. Die besonderen Übungen, die diese Kinder brauchen, sind jedoch nicht enthalten, weil sie nur von Sprachtherapeuten durchgeführt werden können und sollen.

Da die aufgenommenen Beispiel-Texte nur Anregungen geben sollen, befindet sich auf S. 175 des Buches eine ausführliche Literaturliste.

Allgemeines über Sprech- und Spracherziehung

Schläft ein Lied in allen Dingen,
die da träumen fort und fort,
und die Welt hebt an zu singen,
triffst du nur das Zauberwort.
(J. v. Eichendorff)

Was bedeuten dem Menschen Sprechen und Sprache?

Sprache gehört zum Kostbarsten und Wichtigsten, das der Mensch kennt und das ihm zur Verfügung steht. Etwas von dem Wunderbaren, das ihre Beherrschung für ihn bedeuten kann, kommt in dem kurzen Gedicht von Eichendorff zum Ausdruck. In jedem Kind sind die Bereitschaft, Sprache aufzunehmen, und die Freude, sprechen lernen zu können, in hohem Maße vorhanden. Sie brauchen nur erhalten zu werden; und das ist nicht schwer. Ebenso leicht ist es jedoch, bei Kindern Sprachscheu, Gehemmtheit und Abneigung gegen das Sprechen hervorzurufen. Dieses Buch will Möglichkeiten zeigen, Freude und Lernbereitschaft zu erhalten, indem Sprache in all ihrer lebendigen Vielfalt in sinn- und reizvollen Sprechsituationen vermittelt, verwendet und gestaltet wird. Außerdem wird deutlich gemacht, wie ungünstiges und falsches Verhalten der Erwachsenen zu Sprachscheu und damit zu schwerwiegenden Kontakt- und Lernstörungen führen kann.

Wie verwendet der Mensch Sprechen und Sprache?

Er verwendet sie
- zur Kommunikation mit anderen,
- als Ausdruck seines Erlebens und zur Teilnahme am Erleben anderer,
- zur Erkenntnis alles dessen, was ihn interessiert,
- zum Spielen und zu eigenen Gestaltungen.

Daß die Pflege der ersten drei Funktionen wichtig ist, wird wohl jedem klar sein. Spielen und eigene Gestaltungen sind notwendig, damit Sprechen und Sprache lebendig und wandelbar bleiben, damit immer neue Formen aufgenommen werden können, z. B. Fremdsprachen, und damit die allmählichen Veränderungen der Sprache und des Sprechens, die laufend stattfinden, mitvollzogen werden können. Außerdem – und manch einem Menschen ist das noch wichtiger – ist jeder hierin ganz Herr der Sprache, ganz frei. Hier trägt jeder dazu bei, daß die Sprache immer wieder verwandelt und erneuert wird und daß sie zum Kunstwerk werden kann.

Die Verständigung der Menschen untereinander geschieht aber nicht nur durch die Worte, die gesagt werden, sondern auch durch das, was in der Art und Weise des Sprechens unbeabsichtigt zum Ausdruck kommt. Am deutlichsten wird das daran, daß jede aufmerksame Mutter ihren Säugling ganz genau versteht, obwohl sich das Kind nur durch Tonfall, Dynamik und einige typische Laute ausdrücken kann. Alles Hörbare wird in der Aussage noch verstärkt durch Mimik, Gestik und Körperhaltung, die das Sprechen begleiten und die sich ja sogar zu Zeichensprachen verselbständigen können. Beispiele sind die Gesten zwischen Autofahrern unterwegs oder zwischen Menschen verschiedener Sprachen beim Handel und bei der Arbeit, die Blicksprache zwischen Menschen, die sich sehr gut kennen, aber auch die Taubstummenzeichensprache und die Kunst der Pantomime. Kinder reagieren in besonders hohem Maße auf alles dieses, mehr als auf Worte. Deshalb werden in diesem Buch auch Übungen und Spiele beschrieben, die dazu dienen, daß ältere Kinder Übereinstimmung oder Diskrepanz von Ausdrucksverhalten und Inhalt des Gesagten bewußt wahrnehmen. Sie lernen dadurch, verschiedene Möglichkeiten der Reaktion zu sehen, und können freier über diese verfügen. Außerdem wird es erst mit dieser Bewußtheit möglich, über Verständigungsschwierigkeiten zu sprechen und miteinander Lösungen zu finden.

Wie notwendig sind Schweigen, Stille und Ruhe?

Zeiten des Sprechens und der Sprache müssen täglich mit solchen des Schweigens, der Stille und der Ruhe abwechseln; denn in ihnen wird das Gehörte und Gesprochene verarbeitet und wirkt weiter. Gerade in der Stille werden Gedanken, Einfälle, Vorstellungen wach, wird besonders konzentriert gespielt und gearbeitet. Gerade während des Schweigens werden mit allen Sinnen lebhafteste Beobachtungen gemacht. Und nur in diesen Zeiten wird erlebt und erfahren, wie notwendig, wohltuend und wunderbar nichtsprachliches Verstehen und außersprachliche Verbundenheit sind. Schweigen, Stille und Ruhe sind so nötig wie frische Luft, Nahrung, Schlaf und Liebe.

Woraus besteht Sprech- und Spracherziehung?

Da sie so umfangreich ist, wird sie, wenn man darüber reden will, am besten in mehrere Gebiete aufgeteilt. In der Praxis vermischt sich oft vieles miteinander.

Sprecherziehung besteht daraus:
- Atmung, Stimme und Sprechwerkzeuge gesund zu erhalten,
- ihren Gebrauch auf vielfältige Weise zu üben.

Spracherziehung besteht daraus:
- das Kind in möglichst viele Kommunikationsvorgänge einzubeziehen,
- ihm Zeit, Anregung und Teilnahme für den eigenen Ausdruck zu geben; es am Erleben anderer teilnehmen zu lassen und ihm davon zu erzählen,
- Erkenntnisprozesse verständnisvoll zu begleiten und sinnvoll anzuregen.

Die Erziehung zum freien Spiel mit den Sprachelementen besteht daraus:
- die Einfälle der Kinder positiv zu beachten, zu unterstützen und aufzugreifen,
- viele verschiedene Anregungen für eigene Gestaltungen zu geben.

Ganz allgemein ist es notwendig:
- daß auf die täglichen spontanen Äußerungen des Kindes in anteilnehmender und richtiger Weise eingegangen wird,
- daß das Kind in allen Sprachbereichen genügend Sprache hört, später auch liest,
- daß dem Kind immer wieder in allen Sprachbereichen Anregungen und Gelegenheiten gegeben werden, selbst zu sprechen und mit Sprache auf verschiedenste Weise umzugehen.

Was soll erreicht werden?

Jedes Kind soll sich in allen Gruppen, denen es angehört und angehören möchte – Familie, Schule, Freundeskreis, Beruf, Verein, Interessengemeinschaft, Altersgruppe u. a. –, frei bewegen können. Es soll jederzeit gute Beziehungen eingehen und erhalten können. Es soll einmal in der Lage sein, einen interessanten, ihm wirklich entsprechenden Beruf auszuüben. Es soll als Erwachsener verantwortungsbewußter Mitmensch sein. Das alles wird es nur können, wenn es nicht behindert ist durch zu große Sprachscheu, durch Mißverständlichkeit seines Sprechens oder zu große Eingeschränktheit seiner Sprache und wenn es imstande ist, andere mit ihrem Sprechen und ihrer Sprache zu verstehen, anderes Sprechen und andere Sprache überhaupt zu akzeptieren und sich darauf einzustellen.

Deshalb braucht das Kind:
- lebendiges, verständliches Sprechenkönnen, das in jeder Situation dem Inhalt und den Sprechpartnern sinnvoll angepaßt ist,
- reiche, lebendige und flexible Sprache für alles, was es denken, träumen, dichten, sagen, schreiben, erzählen, schildern, tun und mitteilen möchte,
- echtes, wahrhaftiges und lebendiges Ausdrucksverhalten, mit dem jedoch andere nicht verletzt werden,
- gutes Gesprächsverhalten auch bei Problemen, die es selbst stark betreffen, gerade auch in schwierigen Situationen und mit schwierigen oder schwer verständlichen Gesprächspartnern.

Unter welchen Bedingungen findet Sprech- und Spracherziehung am besten statt?

Freude, Heiterkeit und vor allem Gelassenheit durch das Bewußtsein, es muß nicht um jeden Preis klappen, d. h. es dürfen auch Fehler gemacht werden, müssen vorherrschen. Der Ernst kommt ganz von selbst dazu. Angst vor Frustration, Erfolglosigkeit und dauerndem Verbessertwerden verhindern dagegen das Lernen. Das Wichtigste ist, daß der Erwachsene dem Kind wirkliche Achtung entgegenbringt. Er sollte sich immer dessen bewußt bleiben, daß ein Kind vom ersten Lebenstag an sprechen lernen will und daß es Fähigkeiten dazu mitbringt, über die jeder eigentlich nur staunen kann. Und immer sollte er daran denken, daß es entweder an einer Krankheit liegt, für die das Kind nichts kann, oder – viel häufiger – am falschen, schlechten Verhalten Erwachsener in der Umwelt des Kindes, wenn es scheinbar oder tatsächlich nicht richtig sprechen lernt. Gerade dieses Kind braucht Geduld und freundlich gegebene Hilfe besonders notwendig. Oft fehlt es den Erwachsenen an der nötigen Geduld. Jedes Kind hat seinen eigenen Rhythmus, in dem es Neues aufnimmt, verarbeitet und dann selber verwendet. Wenn man ohne Angst und Ungeduld diesen Rhythmus beobachtet, lernt man ziemlich richtig einzuschätzen, wann ein bestimmtes Kind etwas Neues selber können wird. Auch hilft ruhige Beobachtung am besten, um zu erkennen, welche Anregungen und Hilfen das einzelne Kind am liebsten bekommt, d. h. welche am erfolgreichsten sind. Jedes Kind fühlt genau, ob diese Achtung, diese Geduld und dieses Eingehen auf seinen persönlichen Rhythmus im Erzieher vorhanden sind oder nicht. Sein Lernvermögen hängt davon ab.

Wer erzieht?

Jeder Erwachsene, der Kinder auf irgendeine Weise erzieht, unterrichtet oder überhaupt häufig mit ihnen zusammen ist, wirkt mit seinem Sprechen, seiner Sprache, seinem Ausdrucks- und Gesprächsverhalten als Vorbild, das nachgeahmt wird. Darum ist es notwendig, daß diese Vorbilder auch wirklich nachahmenswert sind. Den stärksten Einfluß auf Sprechen und Sprache des Kindes üben die Personen aus, mit denen es gefühlsmäßig am engsten verbunden ist, und die, mit denen es am häufigsten zusammen ist. Sollten diese Menschen aus irgendeinem Grund nicht in der Lage sein, selber vorbildlich zu sprechen, so können sie doch die Bemühungen anderer Erzieher und Lehrer ihres Kindes unterstützen. Und jeder kann, wenn er nur will, ein guter Zuhörer sein.

Welche Eigenschaften sollte ein guter Sprech- und Spracherzieher haben?

Er muß vor allen Dingen ein guter, geduldiger, ruhiger und wirklich interessierter Zuhörer sein, der teilnehmend, mitdenkend und, wenn nötig, handelnd auf das Geäußerte eingeht.

Er muß Achtung haben vor dem Kind und vor dessen Lernwillen. Außerdem braucht er Geduld und die Fähigkeit, ruhig beobachten zu können.

Er sollte vorbildlich sprechen können, d. h. soweit irgend möglich die Ziele selbst erreicht haben. Er muß sich auch bemühen, einen reicheren Wortschatz zu benutzen, als er es für die eigene Bequemlichkeit täte und brauchte.

Er sollte viele Spiele, Übungen, Texte und Anregungen kennen und sich immer wieder neue aneignen.

Er muß dem Kind Fehler zugestehen, denn ohne sie ist keine Übung möglich. Wenn es ihm scheint, daß schlechtes oder falsches Sprechen zu lange beibehalten wird, sollte er den Fehler zuerst bei sich selbst und den anderen Erwachsenen, die das Kind täglich sprechen hört, suchen. Sehr oft liegt er dort und müßte dort behoben werden. Ebenso sollte er bei allen Schwierigkeiten, die das Kind hat, etwas zu lernen, überlegen, ob es an seinem eigenen Verhalten liegt, das geändert werden müßte, oder ob er das zu Lernende deutlicher und durch besser geeignete Anregungen vermitteln muß.

Er sollte fähig sein, Mängel, Fehler und ungünstiges Verhalten bei sich selbst wahrzunehmen und zu ändern. Zumindest sollte er diesbezügliche Beobachtungen anderer zur Kenntnis nehmen und Rat und Hilfe aufsuchen können.

Wie kann sich ein Erwachsener die notwendigen Eigenschaften noch aneignen?

Mit Hilfe von Partnern, Freunden, dem Tonband und Selbstbeobachtung in verschiedenen Situationen kann jeder Klarheit darüber gewinnen:
– wie gut er zuhört,
– ob er selbst zuviel spricht und die Kinder zu wenig zu Wort kommen läßt,
– wie er auf Fehler der Kinder reagiert,
– ob er gewohnheitsmäßig gutes oder ungünstiges Gesprächsverhalten zeigt,
– welche Fehler, Unschönheiten, Nachlässigkeiten sein Sprechen aufweist,
– welche Qualität seine Sprache hat.

Es ist zu raten, diese kritische Selbstbeobachtung immer wieder einmal vorzunehmen. Offensichtlichen Mängeln sollte dann Abhilfe geschaffen werden durch Aufmerksamkeit beim Sprechen, durch geeignete Übungen oder durch Unterricht. Alles, was zur Förderung der Kinder dient, kann auch dem Erwachsenen noch helfen.

Ebenso sollte man versuchen, sich über das eigene Ausdrucksverhalten, das alles Sprechen begleitet, soweit klar zu werden, daß es nicht völlig unbeabsichtigte Wirkungen hat. Denn vieles unruhige, ablehnende, störende oder träumende Verhalten der Kinder ist einfach Reaktion auf ungünstiges Sprechverhalten der Erwachsenen. Und statt zu versuchen, das Verhalten der Kinder mit allen möglichen Mitteln zu ändern, brauchte oft nur das eigene geändert zu werden, indem es bewußter und damit kontrollierter geschieht. Die zeitweilige Unsicherheit, die diese Kontrolle hervorruft, sollte man in Kauf nehmen. Denn man erfährt dabei eine Menge über sich selbst, z. B. über die Einstellung zu den Kindern, zum Beruf und zum Unterrichtsstoff. Und nur die Probleme, die sich vielleicht dabei zeigen, können überhaupt angegangen werden.

Was brauchen Kinder mit schweren Sprachstörungen und -fehlern?

Wenn ein Kind trotz guter und lebendiger Sprech- und Spracherziehung auf irgendeine Weise auffallend schlecht oder falsch spricht, sollte es unbedingt einem Sprachtherapeuten zur Untersuchung vorgestellt werden. Das ist in jedem Gesundheitsamt möglich. Zumindest kann man dort die richtigen Adressen erfahren. In vielen Fällen kann gut geholfen werden, wenn die Kinder früh genug die notwendigen besonderen Hilfen bekommen. Da die Eltern ihre Kinder meistens am besten kennen und auch bei schlechtem Sprechen verstehen, merken sie selber manchmal später als andere, daß ihr Kind eine solche Schwierigkeit hat. Deshalb sollten sie es nicht übelnehmen, wenn Erzieher und Lehrer sie darauf aufmerksam machen. Erzieher und Lehrer sollten diese Hinweise in jedem Fall geben. Die Ratschläge, die der Sprachtherapeut den Eltern gibt, sollten alle Erwachsenen, die viel mit dem Kind zu tun haben, erfahren. Nur wenn sie sich alle darauf einstellen, kann dem Kind so gut und so schnell wie möglich geholfen werden.

Zur Auswahl der Spiele, Übungen und Texte

Die Auswahl hängt immer ab:

a) vom Ziel, das man gerade anstrebt,
b) von der inhaltlichen und formalen Eignung für das bestimmte Kind,
c) vom Interesse, das das Kind dafür zeigt,
d) von der Vorliebe oder Abneigung, die der Erwachsene für etwas hegt,
e) vom Sinn, den der Erwachsene einer Übung, einem Spiel oder Text beimißt.

Auf die Beispiele bezogen, die im Buch gegeben werden:

a) Sie sind nach den verschiedenen Zielen geordnet.

b) Die Altersangaben sind nur ungefähr zu nehmen. Sie geben an, wann etwas frühestens durchgeführt werden kann. Aber auch darin gibt es individuelle Unterschiede, die jeder Erzieher selbst feststellen und berücksichtigen muß. Die meisten Spiele und Übungen können für jede Altersstufe verwendet werden, selbst für Jugendliche und Erwachsene, wenn sie dafür entsprechend abgewandelt werden. Meistens bedeutet das, die Form beizubehalten, aber andere Inhalte zu verwenden, oder es müssen einige erschwerende Regeln eingebaut werden.

   Schulkinder, die noch wenig sprech- und sprachgeübt sind, müssen mit den einfachsten Übungen und Spielen anfangen. Man kann jedoch mit ihnen schneller vorwärts gehen. Das gleiche gilt, wenn nur ein bestimmter Bereich, z. B. Artikulation oder Erzählen, vernachlässigt worden ist.

   Neue Spiele und Übungen dürfen den Kindern zuerst ruhig „schwierig" vorkommen. Das erhöht oft sogar den Reiz. Wenn jedoch nach mehreren Versuchen keine Freude daran aufkommt, die Schwierigkeiten offensichtlich nicht gut bewältigt werden, sollte man das Spiel oder die Übung aufgeben, wenn die Kinder einverstanden sind. Manchmal gibt der Erwachsene nämlich zu schnell auf, während die Kinder durchaus noch zu weiteren Versuchen bereit wären. Eine große Hilfe ist es, wenn geübte und ungeübtere Spieler zusammen spielen, wenn also z. B. von der ganzen Familie oder in familienähnlichen Gruppen gespielt wird, weil die Jüngeren bzw. die Ungeübteren von dem Können der anderen im Verlauf verschiedener Durchgänge sehr viel lernen. Zuerst könnten sie auch mit einem Geübten zusammen Aufgaben lösen und erfüllen, bis sie auf eigenen Wunsch immer häufiger selbständige Spielrollen übernehmen. Auch die Methode, immer zwei Kinder als Partner zusammen spielen zu lassen, kann hilfreich sein.

   Außerdem sollten Anfänger die ersten Male helfende Tips von den anderen bekommen, sofern sie nicht dagegen protestieren. Diese Tips sollten aber nichts verraten oder vorwegnehmen, sondern Anregungen darstellen, etwa auf andere, geeignetere Weise zu denken, zu fragen, zu beschreiben usw.

c) Was einzelne Kinder besonders anspricht, muß man ausprobieren. Nur das, was die Kinder mit Freude und Interesse tun, fördert sie, nur dafür bringen sie Konzentration, Aufmerksamkeit und Einfallsreichtum auf. Deshalb sollten sie auch ihre Spielrollen möglichst weitgehend selber wählen können.

d) Mit der vorliegenden Auswahl wird sicher nicht jeder Geschmack gleich gut berücksichtigt sein. Sie kann nur einige Möglichkeiten zeigen und wird am besten als Anregung verstanden, selbst weiterzusuchen, weiterzudenken, eigene Spiele und Übungen zu finden und zu entwickeln, andere Texte zu verwenden und eigene Ideen sowie die der Kinder zu verwirklichen und auszuprobieren.

e) Der unterschiedliche Sinn der Beispiele ist jeweils leicht herauszufinden. Es gibt:

- Übungen, Spiele und Texte, mit denen gutes Sprechen und gute Sprache gezeigt und nachvollzogen werden,
- Anregungen, Sprechen und Sprache selbständig zu gebrauchen, zu gestalten und zu verwandeln,
- Anregungen zu Gesprächen verschiedenster Art,
- die Darstellung von Methoden, das Zuhören in aktives Mittun zu verwandeln, so daß die Kinder sich die Texte tiefer einprägen, sozusagen „einverleiben", oder sie auf neue Weise verstehen.
- Übungen, Spiele und Texte, die der Tatsache Rechnung tragen, daß Falsches, Absonderliches, Ungeordnetes die Bedeutung des Richtigen, Guten, Geordneten sehr schnell verdeutlicht, daß es zum Verbessern geradezu reizt und daß die Kinder diese Art besonders lieben, weil diese Spiele ein Spaß für sie sind. Gerade ihre Durchführung hat jedoch nur Wert, wenn die Kinder Freude daran zeigen, die Anregungen freiwillig aufgreifen und den Scherz als solchen verstehen.

Die Planung von längeren Spiel- und Übungsfolgen

Am besten wählt man für unterschiedliche Ziele je ein Spiel oder eine Übung aus, darunter nicht mehr als ein bis zwei neue Spielformen, weil diese erst einmal längere Erklärungen verlangen. Außerdem ist darauf zu achten, daß sowohl Spiele dabei sind, die man einige Male wiederholen kann – so oft die Kinder an dem Tag eben Lust dazu haben –, als auch solche, die mit einem Durchgang beendet sind, z. B. eine Geschichte erfinden. Man sollte so flexibel und so vorbereitet sein, daß man das eine oder andere durch ähnliches, an diesem Tag für die Kinder besser geeignetes, aus dem Moment heraus ersetzen kann. Und man sollte ruhig auch ein Spiel oder mehrere ganz weglassen, wenn

z. B. eine Geschichte oder ein Rollenspiel zu lang wurden oder eine reizvolle Übung viele Male in Abwandlung wiederholt wurde.

Zwei Planungsfehler, die schwere Schäden zur Folge haben können

1. Alle Sprache, die zur Sprech- und Spracherziehung verwendet wird, muß inhaltsvoll und bedeutungsreich sein, d. h. der Inhalt muß die Kinder interessieren. Sonst wird die Arbeit sinnlos und wenig erfolgreich. Was z. B. die meisten Sprach-, Lese- und Schreibübungen in den ersten Schuljahren und teilweise schon in den Kindergärten so langweilig und deshalb schwierig für die Kinder macht, ist ihr Inhalt, der in keiner Weise dem altersgemäßen Interesse und Verständnis angepaßt ist, sondern die Kinder viel zu sehr unterfordert. Dazu kommt noch die Leere der endlosen öden Wiederholungen, die dadurch entstehen, daß alle nacheinander das gleiche sagen, schreiben oder lesen müssen. Leeres Sprechen solcher Art ist zur Hauptsache Nervenbelastung, reiner Streß und der Übungswert damit gleich Null. Es führt unweigerlich zu Abwehrhaltungen und Konzentrationsschwäche, zu motorisch nervöser Unruhe, Schwatzen, Träumen usw., zu immer größerer Schul- und Lernunlust, d. h. zu wirklich schlimmen Schäden. Und diese sollen dann häufig mit denselben falschen Mitteln behoben werden, nur noch verstärkt in der Länge der Arbeitszeit und im Druck, der ausgeübt wird, weshalb meist nur wenig dabei herauskommt. Dabei wäre es so einfach, den Unterricht für Kinder und Lehrer interessanter zu gestalten. Es würde z. B. bei den Kindern statt Abneigung immer stärkere Motivation hervorrufen, zuzuhören und lesen zu üben, wenn nicht alle die gleiche Fibel, das gleiche Lesebuch benutzen müßten, sondern wenn jedes Kind ein anderes Buch oder eine andere Erzählung mitbrächte. Dann wären nämlich täglich alle gespannt auf das, was heute Neues vorgelesen wird. Wirklich notwendige Wiederholungen würden sich dabei von selbst ergeben, wenn man auf die Wünsche der Kinder einginge.

2. Angefangene Gespräche, Erzählungen, Spiele oder Unterrichtsthemen dürfen nicht vor der Lösung, dem Schluß, dem Ziel oder einem deutlich erkennbaren Abschnitt abgebrochen, auch nicht für längere Zeit unterbrochen werden. Damit erzeugt man in den Kindern ungute Spannungen, die zu Unruhe, Unlust, Konzentrationsmangel, schlechten Träumen, Kopf- oder Leibschmerzen führen können. Außerdem muß das Interesse nach jeder Unterbrechung neu und mühsamer angekurbelt werden und verliert sich trotzdem immer mehr.

Gesunderhaltung und Übung des Atems, der Stimme und der Sprechwerkzeuge

Atem und Stimme

Ziel:
Atem und Stimme sind die Grundlagen des Sprechens. Der Atem soll es unhörbar und nicht störend, leicht und lebendig tragen. Die gesunde Stimme erklingt ohne Nebengeräusche, nicht heiser, verhaucht oder kreischend, ohne Anstrengung oder Druck. Ein kleines Kind atmet richtig und gebraucht die Stimme richtig. Beides muß erhalten werden. Ist die Atemführung bei älteren Kindern flach, verkrampft oder anderweitig gestört, klingt die Stimme heiser, gepreßt, forciert, verhaucht oder sonstwie krank, so müssen gute Atemführung und gesunder Gebrauch der Stimme wieder herbeigeführt werden.

Wie kann das erreicht werden?
Atem und Stimmklang werden von der geringsten Erregung oder Stimmung, von allen Gefühlen beeinflußt. So verändern sie sich mit jedem Inhalt, den man ausspricht, mit jeder Situation, in der man spricht, und mit jeder Änderung des eigenen körperlichen und seelischen Befindens. Man kann deshalb erst dann von falscher Atemführung oder kranker Stimme sprechen und sollte dringend etwas dagegen unternehmen, wenn Atemführung, Stimme oder beides gewohnheitsmäßig mit dem, was gesagt und erlebt wird, nicht übereinstimmen, z. B. wenn der Atem immer auf irgendeine Weise deutlich zu hören ist oder die Stimme immer heiser klingt.

Angst, das Gefühl, nicht geliebt zu werden, Unfreundlichkeit der Erzieher, häufige Zurückweisungen und Enttäuschungen, schlechtes Gesprächsverhalten dem Kind gegenüber schaden seiner Stimme und Atemführung sehr. Häufiges forciertes Schreien oder zu lautes, auch zu tiefes Singen tun es ebenfalls. Wenn ein Kind erkältet ist, sollte es seine Stimme möglichst wenig und schonend gebrauchen, auf keinen Fall an irgendwelchen Sprechübungen aktiv teilnehmen (s. auch: Nitsche, Die Pflege der Kinder- und Jugendstimme). Zur Gesunderhaltung oder zur Wiederherstellung ist ganz bewußt gutes Verhalten der Erzieher notwendig:

Sie müssen dem Kind genügend Gelegenheit geben, sich sprachlich zu äußern, müssen mit Geduld, Ruhe und Interesse zuhören; auf die geäußerten Bedürfnisse so gut wie möglich eingehen; seine Fragen ernstnehmen und beantworten oder mit ihm gemeinsam lösen; ihm Gründe für Grenzen und Gebote durch Erläuterungen begreiflich machen; bevorstehende Ereignisse und gemeinsam Erlebtes mit ihm besprechen; Spiele und Spielzeug mit sinnvollen und anregenden Erklärungen einführen; Zeit geben für intensive Rollen- und Puppenspiele; des öfteren mitspielen, wobei das Kind jedoch die Handlung und den Verlauf bestimmen sollte.

Besonders wichtig ist es, die Probleme und Ängste zu lösen, die das Kind vielleicht hat.

Außerdem helfen: Gutes richtiges Singen (s. die Bücher von Nitsche); guter Blockflötenunterricht, wenn das Kind Lust dazu hat; häufiges Spazierengehen in frischer Luft mit eingelegten Pausen, in denen interessante Gespräche geführt werden; viele Bewegungsspiele im Freien; autogenes Training mit Geschichten wie in dem Buch von Eberlein (s. Literatur) dargestellt.

Atemübungen nach Büchern sollten besser nur von ausgebildeten Fachleuten durchgeführt werden. Man kann sich vom Kinderarzt Atemgymnastik für das Kind verschreiben lassen. Eltern und Erzieher sollten sich jedoch erklären und zeigen lassen, was sie selber zu Hause oder in Heim, Hort, Kindergarten täglich mit den Kindern üben können.

Wenn die schlechte Atemführung oder der falsche Gebrauch der Stimme auf Krankheit zurückzuführen sind, z. B. Erkältung oder Asthma, muß natürlich erst einmal etwas getan werden, um die Krankheit zu beheben. Alles andere kommt aber dazu.

Sprechspiele jeder Art können dazu anregen, mit mehr Freude und dadurch mit besserem Atem und freierer Stimme zu sprechen.

Atemspiele

Sie dürfen nie lange durchgeführt werden, sollten von jedem Kind in seinem eigenen Tempo gemacht werden und dienen nur der spielerischen Befreiung und Auflockerung des Atemvorgangs oder zur Verlängerung des gehaltenen, gesteuerten Ausatmens, wie es für alles Singen, alles Spielen von Blasinstrumenten, aber auch für alles gute Sprechen gebraucht wird.

(ab 3 Jahre)

(1) Pusteblumen, echten oder gedachten, den Samen fortblasen.
(2) Den Duft von Blumen, Getränken und Speisen durch die Nase einatmen.
(3) Verschiedene Tierlaute nachahmen, mit verschiedenen Atemlängen und in verschiedener Atemstärke.

(ab 4 Jahre)

(4) Wattepusten. Ein Stück Watte wird auf einem glatten Tisch hin und her gepustet. Es soll nicht herunterfallen.
(5) Luftballons aufblasen und dann durch den Atem einer Gruppe von Kindern in der Luft halten lassen. Jedes kann dabei zwischendurch auch pausieren.

(ab 5 Jahre)

(6) Langsames tiefes Hecheln wie ein Hund mit heraushängender Zunge, um zu spüren, wie sich das Zwerchfell bewegt.

(7) Kichern, Seufzen, Stöhnen, Schluchzen, Lachen, gespenstisches Heulen auf verschiedenste Weise ausprobieren, vor- und nachmachen. Mit dem Tonbandgerät wird es noch lustiger, weil die entstehenden Geräusche verändert werden können durch die Lautstärke oder die Geschwindigkeit, mit denen man das Band ablaufen läßt. Außerdem kann man probieren, solche Effekte dann selber mit Stimme und Atem zu erzeugen.

(8) Zungenbrecher, Reime, irgendwelche Sätze so langsam wie möglich sprechen, ohne zwischendurch Luft zu holen. Es darf aber nicht erstickt oder wackelig klingen. Auch kurze Lieder so singen.

(9) Die gleichen Texte so schnell wie möglich und so oft wie möglich auf einen Atemzug wiederholen. Man kann versuchen, täglich ein paar Worte damit weiterzukommen. Wenn möglich, auch mit den Liedern.

(ab 7 Jahre)

(10) Wettpusten. Zwei Schnüre in Mundhöhe der Kinder durch den Raum spannen. Auf jede Schnur zwei Papiertrichter so ziehen, daß die engen Öffnungen sich berühren. Zwei Gruppen im Wettkampf miteinander sollen die Trichter auf den Schnüren bis zum anderen Ende und zurück blasen. Entweder Kinderwechsel an jedem Schnurende oder immer dann, wenn das Kind, das gerade bläst, nicht mehr kann und das zu erkennen gibt.
Ziel: Entweder muß jedes Kind einmal hinübergeblasen oder die ganze Gruppe muß die Trichter einmal hin und zurück geblasen haben.

Tonfall (Klangcharakter und Modulationen der Stimme beim Sprechen)

Ziel:
Der musikalische, lebendige Tonfall des kleinen Kindes soll erhalten werden und genügend Anregungen bekommen, die verschiedensten Inhalte auszudrücken und darzustellen.

Wie kann das erreicht werden?
Der Klang der Stimme und ihre Tonhöhe verändern sich dauernd beim Sprechen, da sie sich jeder Stimmung und Situation, jedem Erleben und jeder Wahrnehmung dessen, was im Sprechenden oder in seiner Umgebung vorgeht und was von den Zuhörern oder Gesprächspartnern ausgeht, augenblicklich anschmiegen. Gerade auch die Gefühle für den anderen oder für das, was der Sprecher gerade tut, vorhat, erzählt, kommen im Tonfall zum Ausdruck, meistens ohne daß man es weiß. Sehr stark hängt der Charakter des Tonfalls auch vom Wesen des Menschen ab und von dem Maß, in dem er sich angenommen und geliebt fühlt von denen, die ihm wichtig sind. Daher spricht eigentlich jeder anders, einige in unterschiedlichsten Melodien, ihr Sprechen klingt wie Musik, andere gleichmäßiger und beständiger, aber durchaus lebendig,

wieder andere hart oder kalt und zu eintönig, so daß es nicht mehr als angenehm empfunden wird, noch andere zu schrill oder zu schwach, piepsig hoch oder dunkel röhrend, völlig eintönig oder übertrieben schwankend. So viele Menschen, so viele Stimmen und Sprechmelodien. Nur bei extremen Unerträglichkeiten sollte man versuchen, den Tonfall zu verändern, d. h. ihn lebendiger und dem gesprochenen Inhalt angemessener werden zu lassen.

Den lebendigen Tonfall des kleinen Kindes erhält man und bildet ihn weiter aus, indem man den Ausdruckswillen des Kindes, das Zeigen und Darstellen seiner Gefühle, Empfindungen, Stimmungen nicht verhindert oder unterbindet durch Zurückweisungen, Lächerlichmachen oder häufige Ermahnungen irgendwelcher Art. Die Sprechvorbilder müssen so lebendig sein, daß sie gern gehört werden. Sie werden selten genau nachgeahmt. Ihre Lebendigkeit erzeugt aber im Kind ebenfalls lebendiges Sprechen, während z. B. träges eintöniges Sprechen lähmt und sprechunlustig macht. Sehr wichtig ist für die Pflege des Tonfalls, daß alles, was mit den Kindern und was für sie gesprochen wird, inhaltsvoll, interessant und reizvoll ist. Es muß als Handlung, Vorstellungsbild, Gedankengang oder Sprechspiel aufgenommen und verstanden werden können. Leeres, inhaltloses, aber auch unlebendiges chorisches Sprechen töten den Tonfall. Viele verschiedene Texte und Sprachformen, die ja auch immer unterschiedlich gestaltet werden, sind die beste Anregung und Förderung. Wenn die Kinder viel Musik hören, singen und selber musizieren, trägt das ebenfalls zur Lebendigkeit des Tonfalls bei.

Tonfallspiele, die dazu dienen sollten, einen bestimmten Ausdruck herbeizuführen oder nachzuahmen, wären ein unzulässiger Eingriff in das Wesen und Empfinden des Kindes. Eingeübter Tonfall klingt zudem immer falsch und künstlich, unwahr und dadurch abstoßend. Wenn einem Kind eine Geschichte oder ein Gedicht lebendig vorgelesen werden, bildet es sich Vorstellungen, erlebt verschiedene Stimmungen und Gefühle. Wenn es nun selber diese Geschichte oder das Gedicht wiedererzählt oder vorliest, gibt es diesen seinen Empfindungen dabei Ausdruck; und das wird notwendig etwas oder auch ganz anders klingen als das, was der Erwachsene sich vorgestellt, empfunden, gefühlt, gedacht und zum Ausdruck gebracht hat. Stellen, die vollständig getreu im Tonfall nachgeahmt werden, lassen immer darauf schließen, daß hier für das Kind die Sprachmusik wichtiger war als der Inhalt oder daß es eine Person der Geschichte (seltener den Erzähler) so ähnlich wie möglich darstellen möchte.

Eine Spaß-Nachsprechübung kann gemacht werden:
(ab 7 Jahre)

(11) Einer sagt einen Satz in irgendeinem Tonfall vor. Ein anderer oder alle gemeinsam sprechen ihn genauso nach. Besonders mutige Nachsprecher werden von mehreren anderen mit Sätzen beworfen, d. h. sie müssen sich ganz schnell umstellen.

Oder zwei Vorsprecher einigen sich auf denselben Satz, sprechen ihn auch gleichzeitig, aber jeder in anderem Tonfall. Die Nachsprecher verabreden, wer wem folgen soll. Sie sprechen dann nacheinander. Wiederholen, bis es stimmt. Das kann bis zur Fünfstimmigkeit gesteigert werden. Und daran lassen sich gut musikalische Nachsingübungen ähnlicher Art anschließen.

Ein Gestaltungsspiel ist ebenfalls möglich:
(ab 7–8 Jahre)

(12) Ein-Wort-Drama. Nur ein einziges Wort wird verwendet, um eine ganze Szene darzustellen. Dazu muß es immer wieder anders gesprochen werden. Die Mimik und einige Gesten begleiten den jeweiligen Ausdruckswechsel und helfen so zum Verständnis.
Am besten wird zuerst ein Beispiel vorgeführt, dann eigene Ideen der Kinder spielen lassen, z. B.:

- Der Spieler tut so, als ob er etwas Wichtiges schriebe, Gestik dazu. Da kommt eine vorgestellte Person; kurz aufsehen, als ob jemand neben einem stünde, und man sagt: „Ja?", hört aber nicht genau hin und schreibt weiter. Die vorgestellte Person erzählt nun etwas, will etwas besprechen. Man sagt auf verschiedene Weise „Ja" dazu, halb zuhörend und doch an das Schreiben denkend. Weil der andere nicht aufhört, wird man ärgerlich, der andere aber auch, daß man nicht richtig zuhört. So klingt das „Ja" immer gereizter, bis man ihn schließlich anschreit: „Jaaaa!", was heißen soll: „Nun laß mich doch endlich in Ruhe! Ich habe ja alles längst begriffen. Geh und stör mich nicht mehr!"
- Der Spieler freut sich auf etwas, das „morgen" geschehen soll. Da kommt – in der Vorstellung – die Mutter und sagt etwas, das „morgen" getan werden muß, so daß das Schöne nicht mehr stattfinden kann. Mit dem „morgen" nun nicht wollen, bitten, sich ärgern, hoffen, zum Schluß beinah weinen vor Kummer; oder die Mutter überreden, so daß wieder große Freude herrscht, oder Kompromißlösung, also doch zufrieden.
- Der Spieler will etwas auf dem Markt verkaufen, z. B. „Blumenkohl". Anpreisend rufen. Leute vorstellen, die kaufen oder wieder fortgehen. Was man dabei fühlt, denkt und tut, mit dem Wort „Blumenkohl" begleiten; auch wenn man z. B. erklären will, daß man keine Mohrrüben hat, dafür aber „Blumenkohl".
- Der Spieler tut so, als würde er um etwas gebeten, und sagt „nein". Aber der andere bittet so lange und so eindringlich, daß er schließlich schwankend wird und nachgibt. Trotzdem bis zum Schluß immer nur auf andere entsprechende Arten „nein" sagen. Zuletzt hört man heraus, daß eigentlich jetzt „na ja" gemeint ist, was aber nicht ausgesprochen wird.

Varianten:
- Zu zweit mit dem gleichen Wort. Dabei gut aufeinander einstellen.

- Zu zweit mit zueinander passenden Worten wie „nein und doch", „ja und nein", „morgen und vielleicht" oder „du und ich".
- Zu zweit oder zu dritt. Jeder sein Wort für sich sprechen, aber auch miteinander und auf die anderen und weitere vorgestellte Personen reagieren. Z. B. der „Blumenkohl"-Verkäufer, eine „nein"-Mutter mit gedachtem Kind und ein „morgen"-Kind mit gedachter Mutter. Alle sind auf dem Markt.

Dynamik (Die Lautstärke und ihre Schwankungen beim Sprechen)

Ziel:
Die Sprechdynamik der Kinder soll von Anfang an so beweglich gehalten werden, daß sie sich sozusagen automatisch jeder Situation richtig anpaßt.

Wie kann das erreicht werden?
Durch die unterschiedliche Energie, die beim Sprechen eingesetzt wird – jedes Wort hat eine oder zwei betonte und eine bis mehrere unbetonte Silben, jeder Satz und jede Mitteilung haben betonte und unbetontere Stellen –, wird das Gesprochene verständlicher, als wenn alles gleich laut erklänge. Die Lautstärke der ganzen Rede verändert sich dazu noch durch die Anpassung an den Raum, seine Größe, die Menge der Zuhörer darin, an die Entfernung zum Sprechpartner, an die Lärmstärke oder Stille. Die persönliche Sprechenergie wird außerdem bestimmt und verändert durch die körperliche Verfassung, in der sich der Sprechende befindet, durch die Situation, in der er spricht, und in geringerem Maße auch durch die seelische Stimmung. Energievolle, lebenslustige Kinder reden lauter als solche, die müde, schlapp oder bedrückt sind. Angst verändert den körperlichen Zustand des Menschen sehr stark, damit auch Stimme, Atem und Dynamik. Bei Furcht, Schüchternheit, Scheu wird die Stimme leiser, was bis zum Flüstern gehen kann. Bei Schreck, Schock, Entsetzen kann sie für Momente ganz wegbleiben oder in gellendes Schreien ausbrechen. Bei anhaltender starker Angst kann es zu überlautem Sprechen kommen, das bis zum Schreien anschwillt.

Heute sprechen leider viele Kinder mit schlechter Dynamik, soweit es die Anpassung an die äußeren Gegebenheiten betrifft, vielleicht bedingt durch all den Lärm und die vielfältige Geräuschkulisse, von der sie dauernd umgeben sind. Die Dynamik kann aber verhältnismäßig leicht wieder gut und lebendig gemacht werden. Vor allem braucht man einen Raum ohne zusätzliche Geräusche, Musik oder lärmende Menschen. Übungen und Spiele dazu sollten eine Zeitlang häufig durchgeführt werden. Außerdem ist es wichtig, daß die Kinder täglich an das dynamisch differenzierte Sprechen in allen Situationen erinnert werden, d. h. immer dann, wenn sie mit der falschen Lautstärke reden. Natürlich muß diese Erinnerung auf freundliche oder spielerische Weise erfolgen, und man sollte die Kinder nicht mitten im Satz unterbrechen. Der

Erwachsene selber sollte auch darauf achten, daß er laute Kinder nicht noch zu überschreien versucht. Gar nichts zu sagen, bis die Kinder aufmerksam werden, auch wenn es eine Weile dauert, oder plötzlich flüstern oder zu einzelnen Gruppen oder Kindern hingehen und sie persönlich leise ansprechen, hilft dagegen gut. Wenn man sich selbst von den Kindern im gegebenen Fall an besseres Sprechen erinnern läßt, trägt das noch dazu bei, daß sie aufmerksamer werden und damit in ihrer Dynamik angepaßter.

Psychisch bedingte, ständig schlechte Dynamik kann behoben werden:
- Zu lautes Sprechen: indem man selber immer sanft und freundlich, aber lebendig spricht und viele Erzählungen, Gespräche und Spiele, bei denen gesprochen wird, mit dem Kind oder wenigen Kindern allein durchführt.
- Zu leises Sprechen: indem man bei diesem Kind besonders darauf achtet, daß es sich mit seinem Sprechen und den dabei zum Ausdruck gebrachten Wünschen und Empfindungen angenommen fühlt. Außerdem sollte es eine Weile möglichst gar nicht in einem großen Kreis oder vor vielen allein sprechen müssen. Und man muß ihm helfen, seine Beziehungen zu anderen Kindern oder wenigstens zu einem zu verbessern und zu vertiefen.

Dynamik-Übungen und -Spiele

(ab 3 Jahre)

(13) Entfernungsübung. Namen, kurze Sätze oder Reime im Wechsel mit einem Partner in verschiedenen Entfernungen voneinander sprechen und immer nur gerade so laut, daß der andere es noch versteht, was durch Nachsprechen kontrolliert werden kann.

(14) Mit dem folgenden Text irgendwelche selbsterzeugten Geräusche mit den Händen, Füßen oder irgendwelchen Gegenständen verbinden; mehrmals den Gegensatz wiederholen, dann erst den Schluß sprechen:

Wir sind leise, leise, leise.
Wir sind laut, ganz laut, so laut!
(Schluß) Und nun sprechen wir grad so,
daß wir uns gut verstehen (mittellaut).

(15) Geeignete Texte, Reime, Zungenbrecher, Gedichte und kurze Geschichten gemeinsam sprechen und dynamisch unterschiedlich gestalten, am besten mit entsprechender Bewegung dazu.

Die folgenden Spiele mit Tierlauten können jedes für sich gespielt werden oder aufeinander folgen:

(16) Jedes Kind sucht sich ein Tier aus und stellt es in der Bewegung und im Laut oder nur im Laut dar. Die anderen erraten es.

(17) Je zwei Kinder, die aber nicht nebeneinander sitzen, bekommen das gleiche Tier ins Ohr geflüstert, bis alle Kinder eins haben. Auf ein ver-

abredetes Zeichen hin stellen alle gemeinsam ihre Tiere dar, und die Paare müssen sich finden.

(18) Die Kinder sitzen im Kreis auf dem Boden. Jedes hat sich ein Tier gewählt. Gemeinsam soll nun durch Rufen und Vergleichen herausgefunden werden, welche die leisesten, welche die lautesten sind und die ganze Skala dazwischen. Die leisesten Rufer setzen sich in die Mitte des Kreises, die lautesten an die Wand des Raumes, die anderen entsprechend dazwischen. So können die Kinder durch immer neues Rufen und Vergleichen leicht selbst überprüfen, ob die dynamische Skala stimmt. Falls die ganze Skala für die Kinder noch zu schwierig wäre, nimmt man nur drei oder vier Stufen.

(19) Der Erwachsene, bei älteren Kindern auch eines von ihnen, erzählt eine Geschichte, in der alle Tiere vorkommen, möglichst in der Reihenfolge leise bis laut oder umgekehrt. Jedes Kind stellt an der passenden Stelle rufend und vielleicht auch sich bewegend dar, was erzählt wird. Die Geschichte kann auch so erzählt werden, daß erst ein Tier ruft, dann zwei, dann mehr usw., bis alle zusammen rufen (oder umgekehrt), so daß wieder eine Skala entsteht.

(ab 4 Jahre)

(20) Lauterwerden. Zwei Partner flüstern sich eine Frage und eine Antwort zu und wiederholen das, jedesmal etwas lauter, bis sie die höchste Lautstärke erreicht haben. Sehr gern spielen die Kinder das mit einem Erwachsenen mit den Worten „Nein!“ und „Doch!“. Das immer stärkere Widersprechen zu behaupten, ist offenbar ein großes Vergnügen; auch dynamisches An- und Absteigen kann dabei geübt werden.

(21) Scherzspiel. Einen harmlosen Satz mit einer unpassenden Antwort verbinden (z. B. „Das Essen steht auf dem Tisch.“ – „Ach, wie schlimm!“ oder „Der Fußball ist kaputt.“ – „Das ist ja schön!“). Als Partnerspiel, mit immer anderer Lautstärke viele Male die Replik wiederholen. Ende, wenn einer der beiden das Lachen nicht mehr unterdrücken kann oder wenn die ausgemachte Zeit, z. B. zwei Minuten, abgelaufen ist.

(22) Leiserwerden. Ein Kind steht weit von den übrigen entfernt mit abgekehrtem Gesicht. Es soll nachsprechen, was die anderen ihm der Reihe nach vorsagen – was ihnen gerade einfällt. Das erste spricht laut, das zweite etwas weniger laut usw. bis zum leisesten Flüstern; bei geringer Kinderzahl kommt jedes mehrmals an die Reihe. Mit diesem Spiel kann auch sehr einfach festgestellt werden, ob ein Kind schlecht hört. Für die Sprecher ist es, wenn sie leiser werden und beim Flüstern, gleichzeitig eine Artikulationsübung. Die Kinder, falls nötig, darauf aufmerksam machen.

(23) Falsch betonen. Das altbekannte Spiel, z. B.: Die Kuhrannte, bissiefiel in die Vertiefung. Blumentopferde. (Im rororo-Spielbuch von Gööck

etliche auf S. 22.) Bekannte Beispiele aufgreifen oder selbst welche erfinden und raten lassen.

(ab 7 Jahre)

(24) Falsch betont lesen. Jedes Kind wählt sich einen kurzen Text. Die übrigen versuchen, ihn richtig zu verstehen und zu sprechen.

(25) Hörübung. Drei Kinder überlegen sich einen Satz oder bekannten Vers. Sie sprechen ihn gleichzeitig und möglichst rasch mit den unterschiedlichsten Betonungen mehrmals hintereinander. Die anderen sollen den Text richtig erkennen und sagen.

Artikulation

Ziel:
Die Bildung und Aussprache der Laute und Lautverbindungen soll so klar und deutlich sein, daß der Zuhörer sie gut voneinander unterscheiden kann und deshalb das Gesagte sofort versteht.

Wie kann das erreicht werden?
Wenn die Lippen nicht lebendig genug und nicht mit der nötigen Spannung benutzt werden, verlagert sich die Sprechtätigkeit auf die hintere Zunge und bewirkt Verspannungen und Verkrampfungen der Zunge, des Unterkiefers und der Halsmuskulatur. Der Erwachsene sollte deshalb bei sich und bei den Kindern zu hören versuchen: Welche Konsonanten und Konsonantenverbindungen sind klar zu erkennen, welche nicht? Über welche wird gestolpert? Welche werden durch andere ersetzt? Z. B. „t" für „k" oder umgekehrt bei kleinen Kindern. Wird genuschelt, gelispelt, genäselt? Werden Endsilben oder Endbuchstaben verschliffen oder verschluckt? Kann man die Vokale gut voneinander unterscheiden? Z. B. „o" und „u". Außerdem kann man versuchen zu sehen: Werden die Lippen oder die Zähne zu wenig geöffnet? Bewegen sich die Lippen fast nicht? Macht die Zunge sichtbare unnötige Bewegungen?

Wenn die Kinder einen Erwachsenen oder ein anderes Kind häufig mißverstehen, liegt es meistens nicht am guten Willen oder an der Lautstärke des Sprechens, sondern an der Artikulation.

Gute Artikulation wird erworben durch ein möglichst gutes Sprechvorbild, das die Kinder häufig hören, und durch vielerlei Sprechspiele und Übungen. Obwohl alle gesunden Kinder im Alter zwischen zwei und ungefähr acht Monaten alle nur erdenklichen Lautverbindungen lallen und so beweisen, daß sie ihnen möglich sind, haben doch viele später, wenn sie ihre Muttersprache erlernen, mit einigen Lauten Schwierigkeiten. Auf diese Fehler darf man das Kind nicht aufmerksam machen; denn wenn man sie bemängelte, würde es

Angst vor ihnen bekommen und sie viel schwerer, d. h. noch später und womöglich nie richtig aussprechen lernen. In Sprechspielen und Übungen sollten diese Laute jedoch besonders häufig vorkommen. Auch wenn bei älteren Kindern Schwächen, Nachlässigkeiten, Fehler festgestellt werden, stellt man Spiele und Übungen so zusammen, daß ein Fehler nach dem anderen durch häufiges Trainieren ausgemerzt wird. Artikulationsübungen und -spiele haben nur Erfolg, wenn sie regelmäßig, d. h. täglich, durchgeführt werden. Sie können jedoch ziemlich anstrengend sein und dürfen deshalb nie länger als fünfzehn Minuten dauern. Die Auswahl sollte so erfolgen, daß die Kinder immer Freude daran behalten, denn bei Langeweile oder Unlust, Angst, Abneigung spricht man unwillkürlich nachlässig oder aber verkrampft, was ja gerade behoben werden soll. Wer bei diesen Spielen selber mit Genuß die Laute bildet und spricht, überträgt diese Freude und Intensität unweigerlich auch auf die Kinder, selbst auf solche, die von anderen Menschen in dieser Beziehung sprechängstlich gemacht worden sind. Stottern und Stammeln sind Sprechfehler, die von einem Sprachtherapeuten behandelt werden müssen, wobei die Erzieher jedoch nach dessen Empfehlungen helfen können und sollen. Auch wenn es jemandem zu lange zu dauern scheint, bis ein Kind bestimmte Laute richtig spricht, sollte er sich dort Rat und Anregungen oder die notwendige Hilfe holen. Wenn Schulkinder mit ihrem undeutlichen Sprechen irgendeiner Art schon schlechte Erfahrungen gemacht haben, sind sie zu täglichen Übungen gern bereit, wenn diese nur ein kleines bißchen reizvoll sind. Diesen Kindern sollte man den Sinn einer Übung oder eines Spiels ruhig erklären. Oft üben sie für sich allein noch freiwillig weiter. Das Buch von Rösler/Geissler, Die fröhliche Sprechschule (s. Literatur) gibt viele Anregungen und genaue Hilfen und enthält viele Texte.

Artikulationsspiele und -übungen

(26) Mit den Händen sprechen. Einzelne Laute werden von einer Geste begleitet. Für Kinder mit Artikulationsschwächen sind diese Übungen eine der erfolgreichsten Hilfen. Als Zeichen nimmt man entweder das Eurhythmie-Alphabet (s. Literatur) oder die aus „Die fröhliche Sprechschule" (s. Literatur), oder man erfindet selber ein Gestenalphabet, mit älteren Kindern auch gemeinsam. Wichtig ist, daß jede Geste für die Lautbildung und die Lautvorstellung wirklich hilfreich ist. Beispiele: g = mit den Fingern etwas greifen wollen, k = mit den Fingern kratzen wollen, b = die Hände ineinander legen, beruhigen oder bitten wollen, p = die Hände ineinander platschen oder pressen. Laute wie „sch", „ch", „ng" müssen besondere Gesten bekommen. Natürlich sollte man nur eine Geste für einen bestimmten Laut benutzen!

(ab 3 Jahre)

- Dem Kind schwer fallende Laute damit verdeutlichen und sprechen.
- Einzelne Laute zeigen und sagen, dazu dann Wörter finden und sprechen, die mit dem Laut anfangen, und immer die Hände zeigen lassen.
- Einzelne Laute oder das ganze Alphabet einfach durchzeigen und -sprechen.
- Vor Zungenbrechern, Reimen, Gedichten und Sprechspielen, in denen besondere Lautverbindungen geübt werden sollen, diese Laute zeigen und dazu sprechen.

(ab 5 Jahre)

- Paarweise. Einer zeigt eine kurze Folge von Lauten, am besten Namen, kurze Worte und lustige Einfälle, auch „Spaßworte", die man sich dafür ausdenkt. Der andere sagt, was „gesprochen" wurde. Danach die Rollen tauschen.
- Bei Kindergruppen kann ein „Dirigent" Laute oder kurze Folgen zeigen. Alle übrigen sagen, was er auf diese Weise „spricht".

(ab 7 Jahre)

- Zwei unterhalten sich nur mit den Händen, solange sie möchten. Hinterher schreiben sie das „Gespräch" auf und vergleichen, wie genau es übereinstimmt.

(ab 3 Jahre)

(27) Flüsterübung. Sätze oder kurze Texte gegenseitig so leise zuflüstern, daß sie nur bei deutlichster Artikulation verstanden werden können. Durch Nachsprechen überprüfen.

(ab 7 Jahre)

(28) Schlechtsprechen. Es dient dazu, die Bedeutung von guter und schlechter Artikulation bewußt zu machen. Außerdem ist es reizvoll. Man führt schlecht artikuliertes Sprechen einer bestimmten Art so vor, daß die Kinder es komisch finden, aber auch erkennen, daß sie so nichts bzw. kaum etwas vom Inhalt verstehen. Danach probieren alle im Durcheinander, ebenso zu sprechen, z. B. lispeln, nuscheln, Endsilben verschlukken, Zähne nicht auseinander nehmen. Wenn alle meinen, es zu können, sagt nacheinander jeder etwas auf diese Weise, und die anderen versuchen es zu erraten. Wenn die Kinder so verschiedene Arten des Schlechtsprechens probiert haben, dann gemeinsam einen bestimmten Satz, Reim oder Zungenbrecher auf verschiedene Arten schlecht sprechen, eine „Unart" nach der anderen, um zu hören, wie es jeweils klingt, und um zu erspüren, wie Mund, Zähne, Zunge, Lippen sich dabei bewegen, halten, anfühlen.

Zum Schluß auf jeden Fall ein Spiel oder einen Text anschließen, bei dem gute Artikulation nun bewußt eingesetzt wird.

(29) Geheimsprachen. Eine oder mehrere den Kindern vorstellen und mit ihnen üben, dann oft mit ihnen sprechen, sie untereinander zum Sprechen ermuntern. Immer wieder einmal aufgreifen.

Beispiel: „Das ist Unsinn":

Räubersprache: Dashaslefas isthistlefist Unhunlefun sinnhinnlefinn.

Erbsensprache: Derbsen arbsen serbsen irbsen serbsen terbsen Urbsen nerbsen serbsen irbsen nerbsen nerbsen.

Kalle-Blomquist-Sprache: Dod a sos i sos tot U non sos i non non.

Be-Sprache: Bedas bedist Bedun-besinn.

Ör-Sprache: Dasör istör Unsinnör.

Sehr gut kann man auch mit den Kindern gemeinsam Geheimsprachen erfinden oder sie dazu anregen.

(30) Vokalspiel wie das bekannte „Drei Chinesen mit dem Kontrabaß saßen auf der Straße und erzählten sich was. Da kam die Polizei: ‚Oh, was ist denn das?!'". Den Text immer wieder sprechen, jedesmal durchgehend aber nur einen Vokal oder Diphtong benutzen, z. B.: „Dri Chinisin mit dim Kintribiß" oder „Dru Chunusun", „Drei Cheineisein" usw. Auch andere kurze Reime nehmen.

(31) Die Anregung geben, selber Gedichte, Reime oder Zungenbrecher zu erfinden und sich gegenseitig vorzusprechen, in denen bestimmte Laute und Lautverbindungen gehäuft vorkommen. Solche Texte vorher in Übungen als Beispiele verwenden.

Außerdem sind folgende Spiele geeignet: Nr. 16, 19, 22, 23, 25, 38, 42, 45, S. 40, Nr. 49–51, 59, 65, 83, 87, 89, 90, 96–98, 101, 102.

Redefluß (Sprechtempo und -rhythmus)

Ziel:

Die Kinder möchten frei und gewandt, lebendig fließend sprechen können. Deshalb müssen sie unbehindert erzählen, Wünsche und Spielvorschläge mitteilen, Gedanken zum Ausdruck bringen, schildern, was sie erleben, beobachten, erfahren, Phantasien verfolgen und mit der Sprache spielen dürfen.

Wie kann das erreicht werden?

Der Redefluß, d. h. ob jemand schnell spricht oder langsam, hastig oder stokkend, mit Anlauf und langen Pausen, mit vielen Füllwörtern wie „äh, mhm, nichwahr, also" und ähnlichen oder mit noch anderen Eigenheiten im Tempo und Rhythmus, verändert sich vor allem mit der Zeit, von der angenommen wird, daß sie zur Verfügung steht. Wenn Kindern z. B. selten zugehört wird, die Erzieher ungeduldig, nervös oder überarbeitet sind, eben immer „keine Zeit" haben, sprechen sie auch in Situationen, wo es nicht nötig wäre, wo ihnen ruhig zugehört wird, zu schnell, zu hastig, Silben und Wörter verschluckend oder sich überstürzend und versprechend, stolpernd vor Eifer, alles Wichtige mitteilen zu können. Wenn Kinder dagegen dauernd verbessert werden, sprachlich und inhaltlich, und überhaupt in ihrem Selbstwertgefühl beeinträchtigt sind durch ständige Ermahnungen, sprechen sie meistens so stockend und übervorsichtig, daß es klingt, als müßten sie jedes Wort mühselig irgendwo hervorziehen. Alle Hemmungen und Ängste, die ein Mensch hat, auch wenn er sie gar nicht benennen könnte, kommen im Redefluß zum Vorschein, in der Art, wie er stockt oder sich unterbricht, Anläufe nimmt und plötzlich innehält, oder in der Art und Häufigkeit der Füllwörter. Außerdem verändert sich der Redefluß mit dem Grad der Ruhe oder Erregung, in dem sich der Sprechende befindet, und damit, ob er z. B. eine Frage überlegt oder etwas höchst Aufregendes erzählt. Atemführung und Redefluß hängen eng voneinander ab, sie beeinflussen sich gegenseitig. Das bedeutet, daß auch die Übungen zur besseren Atemführung den Redefluß verbessern und ungekehrt; die Atemführung bleibt jedoch das Grundlegendere und damit Wichtigere. Im übrigen zeigen sich im Redefluß noch die Schnelligkeit des Denkens, die sichere Beherrschung der Sprache, die Lust und Freude am Sprechen oder eben das jeweilige Gegenteil und alle Zwischenstufen.

Ruhiger wird der Redefluß durch Singen, Denkgespräche, lyrische Gedichte, Rätsel, Sprechspiele. Fließender wird er durch Geschichten, Erzählgedichte, Balladen, viel freies Phantasieren. Der Sprechrhythmus wird abwechslungsreicher durch Rollenspiele, Scherz- und Lautgedichte, Sprechspiele und viele verschiedene Texte.

Jedes Kind mit schlechtem Redefluß irgendeiner Art braucht als wichtigste und dauernd gegebene Hilfe wenigstens einen geduldigen, aufmerksamen, teilnehmenden Zuhörer, der anschließend auf das Geäußerte sinnvoll eingeht. Oft muß man direkt sagen: „Sprich nur ganz ruhig! Laß dir Zeit! Ich höre dir gern (oder richtig) zu.“

Wenn der Erwachsene einen schlechten Redefluß hat, werden die Kinder, in der Schule z. B., auf die unterschiedlichste Weise unaufmerksam, unruhig und abgelenkt. Vom Inhalt nehmen sie dann nur sehr wenig auf.

Redeflußspiele

(ab 3 Jahre)

(32) Geeignete Texte unterschiedlich gestaltet sprechen und womöglich dabei in Bewegungen umsetzen.

(33) Der Spaziergang (aus „Schwalbacher Spielkartei“). Für den, der die Kartei nicht hat: Ein Erzähler. Die anderen im Kreis führen aus, was er erzählt und selbst auch tut. „Draußen ist ein schöner Tag. Wir haben Lust, einen Spaziergang zu machen, und gehen die Treppe hinunter“ (auf

die Oberschenkel gleichmäßig gehend schlagen). Haustür öffnen (pantomimisch). Auf der Straße gehen (auf Oberschenkel schlagen), anhalten und nach den Autos ausschauen (Kopf entsprechend wenden), schnell hinübergehen (Oberschenkel schlagen und das immer weiter tun mit geeigneten Abwandlungen, beim Gras z. B. reiben, bei der Brücke mit den Fäusten auf den Brustkorb klopfen) usw. Alles mögliche vorkommen lassen, Wiese, Graben, über den man springt, Sumpf, in dem man kaum vorwärts kommt, Verirrtsein und auf einen Baum steigen (auf den Stuhl) usw. bis zu irgendeinem Höhepunkt der Spannung, z. B. glühende Augen in einer Berghöhle sehen, dann aufschreien und den ganzen Weg sehr schnell zurück nach Hause laufen mit allem, was vorkam, in umgekehrter Reihenfolge.

Die Kinder dazu anregen, daß sie selbst solche „Spaziergänge" erzählen und dabei die anderen mitnehmen.

(34) Pantomimische Ausflüge im Raum, der in der Vorstellung z. B. zur Wüste oder zum Gebirge wird, zum See, in dem man badet, oder man stellt sich vor, daß man im Flugzeug sitzt und eine Reise macht. Was man sieht, hört, riecht, tut, erlebt, wird dargestellt und erzählt. Methoden: Nur einer erzählt; jeder, dem etwas einfällt; alle der Reihe nach; die Kinder in Gruppen teilen, jede bereitet für sich etwas vor und zeigt es dann den übrigen oder bezieht alle übrigen mit ein (diese Gruppen erst bei Schulkindern).

(ab 7 Jahre)

(35) Spaßübung. Einen bekannten Reim oder einen gemeinsam ausgedachten längeren Satz muß jeder in anderem Tempo und Rhythmus sagen. Die Möglichkeiten können vorher durchgesprochen, d. h. mit Beispielen deutlich gemacht werden. Wer eine schon verwendete Art wiederholt, darf es noch einmal anders versuchen.

(36) Das gleiche als Ratespiel. Einem Kind werden die Augen verbunden, die anderen tauschen leise die Plätze. Dann sagt jemand etwas in für ihn ungewöhnlichem Tempo und Rhythmus. Der Sprecher soll erkannnt werden. Das ist nicht so leicht, wie man zuerst annimmt.

(37) Redespiel „Radiosendung". Ein Stichwort wird gemeinsam ausgesucht (z. B. „lila Flanelläppchen" oder „Cowboyhut"). Jeder überlegt sich dann, in was für einen Text er es einbauen will (Reklame, Nachrichten, Schlagersendung, Hörspiel, Kinderfunk, Schulfunk usw.). Einer ist dann zuerst der „Hörer" und schaltet mit einer Geste die „Sender" an, die sofort losreden müssen und beim Abschalten sofort aufhören, auch mitten im Wort. Jeder sollte mindestens einmal zum Sprechen kommen. Die „Hörer" können unterdessen wechseln. Als Erweiterung können nach Verabredung bestimmter Zeichen dafür die Sender auch noch laut, leise usw. eingestellt werden oder ungenau bzw. von anderen gestört, so

daß Nebengeräusche wie überscharfes S-Zischeln hineingebracht werden können oder eben mehrere gleichzeitig, aber undeutlich zu hören sind.

(38) Tempoübung. Wer kann einen Text am schnellsten sprechen? Er muß aber noch zu verstehen sein (Artikulation). Wer kann es am langsamsten? Der Zusammenhang muß aber noch zu erkennen sein (sinnvolle Gliederung und gehaltene Übergänge).

Außerdem sind folgende Spiele und Übungen geeignet: Nr. 8, 9, 11, 19, 29, 39, 41, 42, 48, 50, 51, 53–59, 70, 72, 87, 88, 97.

Kommunikation

Verhalten der Erwachsenen im 1. Lebensjahr des Kindes

Ziel:
Die Grundlage für alle Kommunikationsfähigkeiten muß gelegt werden. Das Kind muß tagtäglich erleben, daß seine Mitteilungen für einen Menschen wichtig sind und daß sie richtig beantwortet werden.

Wie kann das erreicht werden?
Jedes Kind gibt vom ersten Lebenstag an Behagens- und Mißbehagensäußerungen von sich. Es zeigt damit der Mutter oder anderen Pflegeperson, wie es sich befindet und ob es sie gerade braucht. Daß darauf richtig reagiert wird, ist von höchster Bedeutung: Als Antwort ist notwendig, daß getan wird, was das Kind gerade braucht, daß es dabei liebevoll und zärtlich angefaßt, gewickelt und daß möglichst häufig auch das gerade entsprechende Mitgefühl in Stimme und Mimik ausgedrückt wird. Bleiben diese Antworten regelmäßig aus, was auch der Fall ist, wenn das Kind nur nach einem strengen Zeitplan genährt, gewickelt oder ausgefahren wird, dann erlebt das Kind vorwiegend, daß seine Kommunikationsversuche nicht angenommen werden. Und das kann zu so schwerwiegender Kommunikationsresignation und Kontaktunfähigkeit führen, auch das Sprechenlernen ist dann betroffen, daß diese Schäden später nur mit größter Mühe und manchmal auch gar nicht mehr zu beheben sind. Keine Beziehungen zu anderen Menschen aufbauen und erhalten zu können, gehört wohl zum Schlimmsten, das man sich vorstellen kann. Aber dazu kann es führen, wenn die Äußerungen des Kindes nicht oder zu wenig beantwortet werden. Genaueres darüber ist in allen Entwicklungspsychologien im Abschnitt über das erste Lebensjahr zu finden und in vielen Aufsätzen von Christa Meves.

Formen des Miteinanderumgehens

Ziel:
Das Kind möchte Formen beherrschen lernen, mit denen es gute Beziehungen zu den verschiedensten Menschen eingehen und erhalten, mit denen es sich in den unterschiedlichsten Lebenssituationen zurechtfinden kann.

Wie kann das erreicht werden?
In der Form, in der Bitten, Wünsche, Fragen, Befehle, Grüße, Dank, bejahende und verneinende Reaktionen, Auskünfte, Tätigkeits- und Spielerklärungen sowie die notwendige Verständigung während eines gemeinsamen Tuns ausgesprochen werden, kommt zum Ausdruck, welcher Grad von Achtung oder Vertrautheit bzw. Fremdheit zwischen den Sprechenden besteht, aber auch, welcher Art die Gefühle des Sprechers für den anderen gerade sind, soweit er

sie nicht absichtlich verbirgt. Z. B. Fremdheit und Höflichkeit: „Könnten Sie mir bitte den Weg zeigen?“, gleichgestellte Vertrautheit: „Sag bloß, wie komme ich denn dahin?“, freundliche und höfliche Reaktion: „Ich weiß leider selbst nicht Bescheid.“, unhöfliche Grobheit und Achtungslosigkeit: „Weiß ich doch nicht! Hau ab!“, den anderen mißachtendes Überlegenheitsgefühl: „Schau mal, daß du weiterkommst, ja!“, Unterlegenheitsgefühl oder Furcht: „Ach, bitte entschuldigen Sie, aber ich weiß es leider nicht.“

Die Art, wie man all dies mit einem Kind spricht, beeinflußt daher auch sein entstehendes Selbstwertgefühl. Z. B.: „Los, mach schon!“ oder „Würdest du bitte . . .“: Das erste enthält eine unbedingte Zwangsforderung. Das zweite läßt die Freiheit der Verweigerung oder eines Einwandes oder der Frage nach dem Grund zu, wenn es im täglichen Leben oft auch das gleiche bewirkt, nämlich die unmittelbar folgende Handlung. Ähnlich ist es mit der scheinbar bloßen Formel „Danke“. Ohne sie scheint es so – und ist auch häufig so –, als ob alles als selbstverständlich hingenommen würde, was der andere, das Kind, für einen tut, so, als müßte er es tun. Kindern, die so aufwachsen, fällt es später, wenn von ihnen Selbständigkeit, Kritikfähigkeit, Fragen nach dem Grund und Entscheidungen gefordert werden, viel schwerer, das zu leisten, als Kindern, die von Anfang an die Möglichkeit hatten, Einwände zu machen und damit Erklärungen herauszufordern und überhaupt Handlungen für andere als etwas freiwillig Getanes zu erleben. Tonfall und Mimik spielen hier allerdings eine fast ebenso große Rolle. Die Reaktion auf ein Geschenk kann z. B. sein: Lächeln vor Freude – besonders von einem Kind ist das Antwort genug; „Oh, ist das für mich?“ in jubelndem Tonfall und Herumspringen mit leuchtenden Augen ist ebenfalls ein richtiger Dank. Ein eisiges oder gleichgültig klingendes „Danke“ und gleich wegsehen oder die Sache beiseitelegen, statt sie zu betrachten, wäre besonders einem Kind gegenüber ein Unrecht.

Die Umgangsformen, die in der Familie oder der eigenen Heimgruppe herrschen, nimmt das Kind als seine Gewohnheit an. Wenn es in andere Gruppen mit anderen Formen kommt, wird es nach einiger Zeit sich auch dort „richtig“, d. h. so wie es dort üblich ist, benehmen lernen. Kinder von fünf Jahren, und oft schon jüngere, sind sehr gewandt darin, in den unterschiedlichsten Gruppen, denen sie angehören (z. B. Familie, Kindergarten, Nachbarskinder draußen), auch die jeweils von ihnen als dort üblich gefundenen Formen zu verwenden. Diese Gewandtheit sollte man fördern und unterstützen, sich also nicht wundern oder gar ärgern, wenn die Kinder unter Freunden oder in der Schule andere Ausdrucksformen als zu Hause zeigen. Man kann ihnen jedoch bei der Klärung, was wo angebracht ist, was nicht und weshalb, helfen, denn zuerst tragen sie gewohnte Formen in neue Situationen (z. B. das häusliche „Du“ verwenden sie jedem gegenüber) und probieren zu Hause andererseits aus, das anzuwenden, was sie woanders kennengelernt haben. Rollen und Puppenspiele sind neben einfachen Hinweisen und Erklärungen dazu besonders geeignet, weil man mit ihnen die Vielfalt in die richtigen Situationen einordnen, noch Ungewohntes in vielerlei Variationen üben und Unerwünschtes doch ausspielen und damit besser verstehen und verarbeiten kann. Auch Geschichten, die danach ausgewählt sind, geben Beispiele für unterschiedliche Verhaltensweisen und Ausdrucksformen und die Beziehungen, die damit erhalten, aufgebaut oder gestört, verhindert werden. Mit Schulkindern können und sollten dann auch Gespräche darüber geführt werden, warum überhaupt in verschiedenen Gruppen unterschiedliche Formen herrschen, außerdem, welche Formen, von denen, die alle kennen, als besonders angenehm empfunden werden, welche als besonders gut im Sinn von Höflichkeit und Achtung voreinander.

Wichtig für die Gewohnheitsformen, die man seinen Kindern anerziehen möchte, ist, daß die Erwachsenen den Kindern gegenüber immer so sprechen, daß diese es ihnen gegenüber genauso anwenden können, was z. B. bei „Hau ab, du Blödmann!“ oder „Ich werd dir Beine machen!“ sicher nicht der Fall ist. Es bedeutet auch mehr Achtung vor der Person des Kindes, wenn man es ihm freistellt, einen bisher mit „Sie“ angeredeten Erwachsenen zu duzen oder nicht, oder wenn man ihm zwischen mehreren geeigneten Bezeichnungen die Auswahl läßt, als wenn es einfach heißt: „Na, für dich bin ich doch jetzt auch der Onkel Rudi.“ Andererseits sollte der Angesprochene sich eher freuen, wenn ein Kind ihn sozusagen aus Versehen, d. h. aus Vertrauen und Zuneigung duzt, statt es strikt auf das „Sie“ zu verweisen und damit zurückzustoßen.

Kommunikationsspiele mit anschließenden Gesprächen

(39) Bitte oder Befehl und spontane Antwort. Einer stellt reihum jedem inhaltlich die gleiche Frage, aber in der Ausdrucksweise und im Tonfall jedesmal anders. Die Antwort soll jeweils so gegeben werden, wie der Angesprochene es auf die Art der Ansprache hin am liebsten täte, d. h. am besten so schnell wie möglich, ohne zu überlegen. Z. B. kann es darum gehen, daß beim Aufräumen oder Abwaschen geholfen werden soll: „Ihr helft mir auch nie! Kannst denn nun nicht wenigstens du heute mal abtrocknen?“ – „Nö, ich hab selber so viele Schularbeiten auf.“ oder: „Du hilfst mir jetzt auf der Stelle!“ – „Ich denk ja gar nicht daran!“ oder: „Könntest du so nett sein, mir heute beim Abwaschen zu helfen?“ und Begründung dafür. – „Ja, mach ich.“ usw. Hinterher kann man darüber sprechen, wieviel es also ausmacht, auf welche Art ein Wunsch oder eine Bitte geäußert werden.

(40) Grußformen, Anreden und ähnliche Sitten und Gebräuche. Man legt sich eine Sammlung an aus verschiedenen Völkern, Ländern, Zeiten, Menschengruppen und spielt sie mit den Kindern durch. Hinterher durchdenkt man gemeinsam, was eigentlich in den einzelnen Gesten,

Worten, Verhaltensweisen über die jeweilige Art der Beziehung zum Ausdruck kommt. Besonders notwendig ist dieses Spiel und Gespräch, wenn Kinder aus verschiedenen Ländern, Gebieten, Kulturkreisen zusammen erzogen oder unterrichtet werden, um mehr Verständnis füreinander zu bekommen und zu lernen, Verhaltensweisen nicht als ablehnend oder minderwertig zu deuten, wenn sie nur fremd sind.

Außerdem sind folgende Spiele und Übungen geeignet: Nr. 20, 41, 42, 44, 45, 47, 52, 55, 57, 59, 68, 78, 88.

Verstehen des non-verbalen Ausdrucks, der alles Sprechen begleitet

Ziel:
Den non-verbalen Ausdruck auch bewußt wahrnehmen zu können, um verschiedene Möglichkeiten der Reaktion zu erkennen und zu nutzen.

Wie kann das erreicht werden?
Es ist ein großer Unterschied für die guten Beziehungen untereinander, ob die Reaktion auf alles, was das Sprechen an non-verbalem Ausdruck begleitet, unbewußt, sozusagen automatisch geschieht oder ob man sich auch bewußtmachen kann, was der andere so zum Ausdruck bringt. Nur dann kann man entscheiden, wie man sich verhalten und reagieren will. Nur dann fragt man bei Diskrepanz zwischen Worten und non-verbalem Ausdruck nach dem Grund. Nur dann kann man die eigene Reaktion begreifen und dem anderen erklären, wo es nötig ist. Und das alles trägt sehr zum gegenseitigen Verstehen und zur Verminderung und Behebung von Mißverständnissen bei.

Überall, wo es sinnvoll und notwendig erscheint, kann man schon im kleinen Kind, ab 3 Jahren etwa, dies Verständnis und Unterscheidenkönnen wecken. Z. B.: Das Kind reagiert erschrocken oder weint sogar, weil man etwas unsanft zu ihm sagte: „Ich komme ja gleich!“ oder: „Kannst du das nicht allein tun?“ Inhaltlich also ganz neutrale Sätze, der erste sogar eine Art Beruhigung oder Trost. Die Erklärung könnte etwa so aussehen: „Ach, verzeih, ich komme wirklich gern“ oder: „Ich dachte nur, du würdest selbst froh sein, wenn du es nun schon allein fertigbringst. Anfahren wollte ich dich nicht. Ich bin nur so abgespannt von dieser gräßlichen Hitze, deshalb klang meine Stimme gereizt und unnett.“ Meistens wird man staunen, wie gut und schnell die Kinder Verständnis haben. Ja, manchmal verstehen sie viel besser als man selber und weisen einen daraufhin, wenn sie finden, daß man falsch reagiert.

Spiele, Übungen, Gespräche

Sie sollten nicht vor dem 2. Schuljahr angeboten werden.
Den T o n f a l l bewußt wahrnehmen:
Einführendes Gespräch darüber: „Ist euch schon einmal aufgefallen, daß man

nur an der Art und Weise, wie jemand ‚Guten Tag' oder ‚Guten Morgen' sagt, erkennen kann, wie es ihm gerade geht, wie gut er den anderen kennt, ob er gerade böse auf ihn ist oder wütend oder ob er sich freut, den anderen zu sehen, oder ob er sich fürchtet vor ihm?" Antworten abwarten, darauf eingehen. Falls Beispiele kommen, sie aufgreifen und in die Spiele einbeziehen. Die folgenden Beispiel-Szenen werden jeweils von zwei Kindern dargestellt. Die Aufgaben können gestellt oder von den Kindern überlegt werden, zu Anfang brauchen sie aber Anregungen, zumindest eine Auswahl von Möglichkeiten.

(41) „Guten Morgen"-sagen. Jedes Paar auf andere Weise, der Situation entsprechend:

- Zwei Freunde treffen sich morgens auf dem Schulweg und freuen sich, daß sie sich sehen, denn sie haben sich viel Interessantes zu erzählen.
- Zwei Kinder sitzen in der Schule nebeneinander. Am Tag vorher haben sie sich sehr gestritten. Eins sitzt schon da, das andere kommt dazu.
- Lehrer(in) und Schüler(in). Der Schüler weiß, daß er gleich nach den Schularbeiten gefragt wird, aber er hat vergessen, sie zu machen. Der Lehrer ahnt das schon. Er ist sehr streng darin.
- Zwei Frauen, die sich auf der Straße treffen und nur vom Sehen her kennen, weil sie im gleichen Mietshaus wohnen.
- Weitere Beispiele mit den Kindern überlegen.

Falls bei einer Szene andere Kinder nicht mit dem Tonfall einverstanden sind, wenn die Aufgabe gegeben war, dürfen sie vorspielen, wie es ihrer Auffassung nach richtig ist. Über den Unterschied mit allen unterhalten. Vor allem selber gut zuhören und erkennen, was die Kinder tatsächlich darstellen. Auch wenn leichte Verlegenheit wegen des Vorspielens mitschwingt und den Tonfall deshalb anders als gewünscht färbt, sollte man das sagen. Die Kinder spielen diese Szenen jedoch gern und meistens ohne jede Verlegenheit. Sie sollten aber nicht am Anfang stehen bei Kindern, die Sprechspiele überhaupt nicht gewohnt sind.

(42) Kauderwelschrateszenen. Als Vorübung alle gemeinsam in „Kauderwelsch", frei erfundener, im Augenblick entstehender Sprache, zornig oder fröhlich oder aufgeregt reden oder trösten, bitten, befehlen, klagen, spotten, zärtlich sein. Danach denkt sich jedes Kinderpaar eine Szene aus, z. B. Streit, Einkauf, Kummer mit Trösten, Bitte und Ablehnung, Tratsch usw. Der Reihe nach werden sie in Kauderwelsch vorgeführt. Die anderen versuchen hinterher zu sagen, was da vor sich ging, was sie im Tonfall alles hörten. Dabei immer sich bemühen, die Ausdrucksweise der Kinder zu bereichern und zu verfeinern.

(43) Spiel mit einem Satz. Ausprobieren, auf wie viele verschiedene Tonfallarten, die alle noch einen Sinn erkennen lassen, ein einziger Satz gesprochen werden kann. Den jeweiligen Sinn wieder in Worten ausdrücken.

Außerdem sind die Spiele Nr. 12, 39, 54, 55, 58, 59, 89 geeignet, wenn hinterher versucht wird, das Gehörte in Worten auszudrücken.

Die Dynamik bewußt wahrnehmen:
Einführendes Gespräch etwa: Wen kennt man, der eine schwache, leise, piepsige Stimme hat? Wen, der eine laute oder volltönende oder kräftige hat? Andere passende Bezeichnungen für Unterschiede suchen. Wen, der immer so spricht, daß man ihn gerade gut versteht? Darüber sprechen, wie man auf diese Unterschiede reagiert.

(44) Reaktion auf Stimmstärken erleben und beschreiben. Als Vorübung versuchen alle, in verschiedenen der im Gespräch gefundenen Begriffe einen Reim oder Satz gemeinsam zu sprechen. Gerade bei diesem Durcheinander kommt der Charakter noch besser zum Ausdruck. Außerdem verlieren etwas scheue Kinder ihre Schüchternheit. Danach sagt jeder reihum etwas in einer selbstgewählten Dynamik. Jedesmal danach versuchen die anderen zu beschreiben, wie sie sich dabei gefühlt haben, wie sie am liebsten reagieren würden, wenn sie so angesprochen würden oder wenn sie mit jemandem oft zusammen sein müßten, der meistens so spricht.

Weiterführendes Gespräch darüber, wann jeder im täglichen Leben flüsternd, leise, mittelstark, laut, sehr laut, rufend, schreiend, piepsig, schwach, energisch usw. spricht, z. B. Geheimnisse zuflüstern oder flüstern, weil jemand schläft, liest oder arbeitet; aus Wut beim Sprechen schreien; vor Schreck ganz leise sprechen; vor Aufregung etwas ziemlich laut erzählen; sehr energisch sprechen, weil man etwas unbedingt durchsetzen will; mit ganz schwacher Stimme reden, weil man sehr krank ist oder weil man fürchtet, was der andere wohl antwortet, usw. usw.

(45) Je zwei Kinder denken sich eine derartige Situation aus und spielen sie den anderen vor. Besonders auch in Kauderwelsch, wobei die übrigen dann sagen sollen, was sie erkannten.

(46) Eine Geschichte ausdenken, in der ganz unterschiedliche Sprechsituationen vorkommen. Entweder: Rollen entsprechend verteilen, also ein Erzähler, und die anderen sprechen nur die Dialoge, wenn sie vorkommen. Oder: Die Geschichte wird von allen weitergesponnen. Der jeweilige Erzähler muß eine neue Sprechsituation einflechten und dynamisch darstellen.

(47) Bilder austeilen, auf denen zwei oder drei Personen offenbar miteinander reden oder reden könnten. Jedes Paar oder jede Dreiergruppe soll sich überlegen und dann zu ihrem Bild darstellen, was und wie da wohl gesprochen wird, jeder übernimmt eine der Rollen.

Anschließende Gespräche über die Reaktionen, die erzählt oder dargestellt wurden. Ob auch andere möglich gewesen wären, wie dazu die Dynamik des Sprechenden hätte verändert sein müssen, bzw. wie man sein Sprechen auf ver-

schiedene Gründe zurückführen, dadurch anders verstehen und anders reagieren könnte.
Außerdem sind folgende Spiele geeignet, wenn man hinterher über die Dynamik, die Reaktionen usw. spricht: Nr. 39, 41, 52, 54, 55, 58, 59, 89.

Den Redefluß bewußt wahrnehmen:
Möglicher Einstieg: „Ist euch schon aufgefallen, daß die Menschen ganz unterschiedlich schnell sprechen? Manche sprechen so schnell, daß man kaum mitbekommt, was sie sagen; manche sprechen so langsam, daß man beinah einschläft und fortlaufen möchte; und wieder andere sprechen so zögernd und stockend oder mit so vielen unnötigen Zwischenlauten wie ‚äh, mhm, ja, em, also, ne', daß man ganz nervös wird und schon längst weiß, was sie meinen, wenn sie noch lange nicht zu Ende gesprochen haben." Von den Kindern Beispiele erzählen und auch vorführen lassen. Dann Überlegungen anstellen, wann und warum man selber wohl in der einen oder anderen Art spricht, daß es bei jedem Menschen in verschiedenen Situationen auch unterschiedlich ist. Diese Beispiele am besten gleich durchspielen. Wenn den Kindern nicht genug einfällt, was selten der Fall ist, als Anregung selber Situationen beschreiben.
(48) Redefluß-Szenen zu zweit darstellen:

- „Dein kleiner Bruder ist hingefallen und schreit, weil sein Knie aufgeschlagen ist und blutet. Er läßt sich nicht anfassen und ruft immer nach ‚Mami'. Du läufst nach Hause und willst deine Mutter holen und erzählst ihr, was geschehen ist." (Schnell, hastig, atemlos, sogar verhaspelnd vielleicht.)
- „Du sollst erklären, wie der Tintenfleck in das Buch aus der Schulbücherei gekommen ist, aber du willst deinen Freund nicht verraten, sagen mußt du aber sofort etwas." (Stocken, Füllsilben.)
- Eine gut bekannte Geschichte erzählen. Einmal als gelernte Schulaufgabe, die von der Mutter abgehört wird, während die Freunde schon draußen warten. (Rappelnd, schnell und eintönig.)
- Ein zweites Mal dieselbe Geschichte, weil man es der kleinen Schwester versprochen hat, vor dem Einschlafen. Sie weint sonst, und die Eltern sind nicht da, aber man ist selbst schon so müde, daß man kaum noch die Augen offen halten kann. (Überlangsam, absacken, neue Anläufe, wieder absacken, langweilig, Pausen.)
- Ein drittes Mal dieselbe Geschichte, weil man sie so schön findet und der Freundin deshalb auch mitteilen möchte. (Lebendig, nicht zu schnell und nicht zu langsam.)
  Die Geschichten brauchen ja nur angefangen zu werden, bis es als Illustration genügt.
- Weitere Beispiele selber finden.

Weiterführendes Gespräch: Mit den Kindern überlegen, wie man sich am besten als Zuhörer verhält, wenn jemand auf eine der gefundenen und probierten

Arten schlecht spricht. Die Kinder haben meistens sehr genaue und gute Vorstellungen davon, wie der Zuhörer helfend wirken kann.

Die Artikulation bewußt wahrnehmen:
Einführendes Gespräch und Beispielszenen wie in den anderen Abschnitten durchführen: Z. B. wie man ins Nuscheln gerät, wenn man sagen muß, was man nicht sagen möchte, oder weil man Angst hat, daß der andere einen nicht begreift. Wie man stotterig oder stammelig werden kann, wenn man sehr erregt ist oder es übereilig hat oder weiß und fürchtet, daß der andere einen dauernd unterbrechen, verbessern, schelten oder nicht ausreden lassen wird. Wie deutlich man spricht, wenn man lustige oder ungewohnte Worte probiert, übt oder genießt, daß man sie kennt und sagen kann. Und wieder die spontanen Reaktionen im Vergleich zu den helfenden, überlegten Reaktionen durchsprechen.

Blick, Mimik, Gestik und Körperhaltung bewußt wahrnehmen:
Gespräche und Beispiele wie vorher durchführen. Die Übungen dazu gehören stark ins Rollenspiel und in die Bewegungserziehung (s. Literatur). Als Hinweis nur: Blick und Mimik drücken meistens das gleiche wie der Tonfall aus, die Körperhaltung das gleiche wie die Dynamik, die Gestik ähnliches wie Redefluß und Artikulation. Aber in sehr verqueren Situationen können natürlich gerade auch zwischen diesen normalen Entsprechungen Diskrepanzen entstehen, die man versuchen könnte zu verstehen und zu beheben.

Alles, was in diesen Gesprächen und Szenen durchdacht worden ist, sollte dann im täglichen Leben angewandt werden, d. h. es müßten gegenseitige Erinnerungen gegeben werden, wenn es notwendig ist, daß auf Sprechverhalten anders und mit besserem Verständnis reagiert wird.

Gesprächsverhalten

Ziele:
Jedes Kind kann lernen, im Gespräch die Sache in den Mittelpunkt zu stellen, verletzende Urteile über andere Sprecher auszuschließen, von den eigenen abweichende Vorstellungen, Gedanken und Meinungen nicht als Kritik an sich zu deuten.
Es sollte darauf achten lernen, daß es Geduld mit jedem Sprechenden übt, daß es den anderen nicht alles zu Sagende fortnimmt und daß sie ebenfalls Zeit zum Reden bekommen.
Es sollte lernen, sich immer von neuem zu bemühen, schlechtes Gesprächsverhalten anderer zu verstehen, die Hintergründe dafür einzusehen und eigene Verhaltens- und Sprechformen zu finden, mit denen das schlechte Verhalten auf gute Weise geändert wird.

Wie kann das erreicht werden?
Ein Kind muß vor allem immer wieder erleben, daß ihm gut zugehört wird und daß auf seine Äußerungen teilnehmend, handelnd und beantwortend eingegangen wird. Zumindest einen Erwachsenen muß es haben, der sich so verhält, um selbst für andere ein guter Zuhörer und Gesprächspartner sein zu können. Daneben muß es an guten Gesprächen zwischen mehreren Personen wieder und wieder teilnehmen, so daß es durch dauernde Übung lernt, wie es sich dabei zu verhalten hat. Aber nicht nur durch aktive Teilnahme, sondern auch durch Zuhören bei Gesprächen anderer lernt ein Kind verschiedenes Gesprächsverhalten und seine Wirkungen kennen. Es hört z. B. zu, wenn die Eltern miteinander sprechen, wenn Besuch da ist für sie oder für die älteren Geschwister oder wenn Mütter, die ihre Kinder abholen, noch einige Worte mit der Erzieherin im Kindergarten wechseln. Die Kinder hören viel häufiger und intensiver zu, als es sich die meisten Erwachsenen klarmachen, gerade auch dann, wenn sie besonders vertieft zu spielen scheinen. Dieses Zuhören darf aber nicht verlangt werden, besonders nicht ohne jede Nebentätigkeit, sondern muß ganz freiwillig von den Kindern kommen.

Zu den Gesprächen, an denen das Kind teilnimmt:
Eine Gesprächsgruppe darf nie zu groß sein, weil sonst der Einzelne zu wenig zum Zuge kommt und deshalb in schlechte Verhaltensweisen verfällt, indem er entweder ohne Rücksicht redet und redet oder indem er enttäuscht schweigt, wobei er aber kaum mehr richtig zuhört und, wenn es zur Gewohnheitshaltung wird, den Mut verliert, überhaupt in einer Gruppe zu sprechen, selbst dann nicht, wenn es um der Sache oder eines Menschen willen sehr notwendig wäre. Gespräche zu zweit und in kleinen Gruppen von höchstens 6–8 Teilnehmern sind für Kinder richtig. Bei durchdachter Planung ist es im Kindergarten, im Hort und in der Schule durchaus möglich, es so einzurichten, daß ein Teil der Kinder sich selbständig beschäftigt, während mit einer kleinen Gruppe ein Gespräch geführt wird.

Bei jedem Gespräch kommt es darauf an, daß der Erwachsene dauernd in freundlicher Weise auf die Verwirklichung der Ziele bedacht ist und durch Erinnerungen dafür sorgt. Sehr bald werden ihn die Kinder darin unterstützen, weil sie die Wirkung schätzen gelernt haben. Wechselweises Reden und Zuhören, gegenseitiges Rücksichtnehmen sind das Wichtigste in jedem Gespräch. Wenn man es nicht anders schafft, kann man sich so helfen, daß die Zeit, die jeder reden darf, gemeinsam festgelegt und auch wirklich eingehalten wird.

Die Sache in den Mittelpunkt zu stellen, lernt ein Kind nur dann, wenn die Sache, also das Thema, es wirklich interessiert und wenn ihm nicht dauernd über den Mund gefahren wird. Gute Gespräche kommen überhaupt nur zustande, wenn alle Teilnehmer den Wunsch nach diesem Gespräch haben oder aus wirklichem Mitgefühl für einen anderen darauf eingehen, weil es für diesen im Moment unbedingt notwendig ist.

Um Hintergründe für schlechtes Gesprächsverhalten zu verstehen, sollte man entweder einfach danach fragen, es sich hinterher erklären lassen, wobei meistens irgendwelche Nöte zutage treten; und die sollten dann in Angriff genommen und beseitigt werden. Oder man durchschaut die Gründe und erklärt sie den Kindern, soweit es notwendig ist. Und es gibt noch die Möglichkeit, die Kinder durch Rollenspiele, z. B. Soziodrama (s. Literatur), erleben zu lassen, wie es zu dem schlechten Verhalten kommen kann.

Schulkindern kann man auch direkt die Punkte nennen, auf die beim Gespräch geachtet werden soll, und kann als Übung nach Gesprächen diese noch einmal gemeinsam durchgehen. Dazu soll jeder das nennen oder erst einmal aufschreiben, was ihm zu jedem Punkt als besonders positiv und als besonders negativ aufgefallen ist. Das Negative wird dann noch gemeinsam besprochen: Wie es in dem Augenblick, als es vorkam, in Positives hätte verwandelt werden können oder wie es beim nächsten Mal zu vermeiden wäre. Dabei darf es als Lösung nicht heißen: „Der und der hätte weniger reden müssen an der Stelle" oder: „Du mußt aber nächstes Mal aufpassen, daß du nicht zuviel redest", sondern: „Ich hätte dir sagen können, daß Peter noch gar nicht drangekommen war und schon ganz enttäuscht aussah" oder: „Ich werde nächstes Mal auf die Gesichter der anderen mehr achten." Also an sich selbst Forderungen stellen; für den anderen nur überlegen, wie man ihn erinnern oder ihm helfen könnte.

Vorsichtig sollte man damit sein, Gespräche auf Tonband aufzunehmen, um hinterher festzustellen, wie die Verhältnisse tatsächlich waren und wo man zuviel oder zu wenig steuernd eingegriffen hat. Das kann eine gute Hilfe für den Erwachsenen sein, führt aber häufig zu schlechten Gesprächen, weil sich die Teilnehmer dadurch beobachtet und gestört fühlen und nicht mehr frei sprechen. Für Kinder ist es in den meisten Fällen abzulehnen.

Ausdruck des eigenen Erlebens und Teilnahme an dem anderer

Ausdruck von Gefühlen, Empfindungen, Stimmungen

Ziel:
Das Kind möchte anderen sprachlich mitteilen können, was es fühlt und empfindet, in welcher Stimmung es ist. Es soll lernen, das zu tun, ohne den Gesprächspartner damit zu verletzen. Es möchte und sollte lernen, verschiedene Ausdrucksmöglichkeiten zu unterscheiden und in ihrem Wert für eine bestimmte Situation oder Gestaltung zu beurteilen und einzusetzen.

Wie kann das erreicht werden?
Vom ersten Lebenstag an gibt der Mensch seinen Gefühlen, Empfindungen und Stimmungen Ausdruck durch die verschiedensten Behagens- und Mißbehagensäußerungen, die jede aufmerksame Mutter oder der Vater, die Pflegerin, die Geschwister, sehr schnell richtig deuten lernen. Zu welchen Schäden es führt, wenn diese Äußerungen nicht in der rechten Weise beantwortet werden, wurde schon dargestellt (s. S. 34). Wenn das Kind anfängt, die ersten Worte selbst zu gebrauchen, muß die Mutter oder der sonst Zuständige ihm nach und nach immer mehr Sprache auch für seine Gefühle, Empfindungen und Stimmungen geben, indem sie ausspricht, was sie dem Kind anmerkt. Und wenn sie weiß, daß das Kind dieses Sprechen gut versteht und selbst auch schon allerlei in Sätzen sagen kann, sollte sie immer häufiger darauf achten, daß sie nicht nur auf die Anzeichen reagiert, sondern daß sie das Kind erst selber sagen läßt, was es fühlt und möchte und wie es ihm geht. Sie kann ihm dabei helfen, indem sie ihm die möglichen Sätze als Fragen zur Auswahl vorstellt, z. B.: „Bist du müde? Oder hast du dir wehgetan? Oder hast du dich geärgert, daß der Ball fortgerollt ist?" Zur Unterstützung des Gedächtnisses sollte sie täglich mit dem Kind zusammen allerlei, was es so erlebt hat, dem Vater oder irgendeinem anderen Menschen, zur Not auch nur dem Kind und sich selbst, erzählen, worauf dieser andere interessiert eingehen sollte. Auch dabei immer mehr Anregungen und Pausen einschieben, in denen das Kind selber erzählt. Außerdem braucht das Kind, daß die Menschen seiner Umgebung ihre eigenen Gefühle usw. auch zum Ausdruck bringen, so daß es sie verstehen und ihr Ausdrucksverhalten deuten lernen kann. Geschichten, Gedichte und Bilderbücher braucht es in reicher Auswahl, weil es dadurch am Erleben anderer teilnimmt, selbst auch Erlebnisse damit hat, die es lernt in Worte zu kleiden, wenn man mit ihm darüber spricht. In Rollen-, Puppen- und Tischtheaterspielen kann es das Gehörte nachspielen und das Erlebte in eigene Gestalt bringen, wobei der Als-ob-Charakter des Spiels noch den Vorzug hat, daß hier jede Art von Ausdruck erlaubt ist. Sie muß es sein. Denn im weiteren Verlauf der Kindheit wird jeder dazu angehalten, seine Gefühle so zu äußern, daß er keinen anderen damit verletzt, was auch Selbstbeherr-

schung und Zurückhaltung bedeutet. Das Spiel jedoch ist die Ausnahme – und für den Erwachsenen die eigene künstlerische Gestaltung –, wo alles so dargestellt werden kann, wie es wirklich empfunden und gefühlt wird. Die engste Beziehungsperson sollte allerdings auch eine Ausnahme bilden. Ihr gegenüber müssen heftige Gefühlsausbrüche möglich sein, denn einen Trog braucht das Kind, in den es alles schütten kann, was es erregt oder bewegt; und zugleich braucht es den Halt, daß dieser eine Mensch nicht durch Empfindlichkeit, Beleidigtsein, Zurückwüten, Mitschimpfen die Erregung nur steigert, sondern sie unpersönlich macht durch sein Verstehen des Kindes und sie damit abebben und ausklingen läßt.

Nur durch tägliche Übung lernt man, nicht-verletzende Ausdrucksformen zu gebrauchen. Gefühle einfach zu unterdrücken, gerade wenn sie stark und heftig sind, ist für die psychische Gesundheit schädlich. Doch müssen sie ja nicht durch wüstes Schimpfen, Schreien, Fluchen oder Umsichschlagen zum Ausdruck kommen. Die Sprache bietet dagegen viele Möglichkeiten. Besonders hilfreich und sinnvoll ist es, sich in der Ich-Form zu äußern und die Stärke des Gefühls und Erlebens durch beschreibende Wörter zu betonen, z. B.: „Ich ärgere mich so maßlos, daß ich alles kaputtschlagen könnte!" oder: „Ich könnte schreien vor Wut!" Dann hat der andere nämlich die Möglichkeit, teilnehmend und mitfühlend darauf einzugehen: „Warum denn?" oder: „Das ist ja auch wirklich zum Totärgern!" oder wenn er schuld am Zustand des anderen ist: „Es tut mir so schrecklich leid, daß mir das passiert ist!" Wird das Kind dagegen mit Schimpfnamen bedacht oder geschlagen, fühlt es sich ja seinerseits wieder verärgert und muß das zum Ausdruck bringen, wodurch sich alles immer noch steigert und verschlimmert, statt allmählich auszuklingen und sich zu beruhigen. Provozierendes Umsichwerfen mit Schimpfwörtern kommt eigentlich nur zustande, wenn das Kind sich nicht in der richtigen Weise angenommen und verstanden fühlt oder wenn von ihm völliges Unterdrücken aller Unmutsäußerungen erwartet wird. Dann platzt eben beim geringsten Anlaß der Kragen bzw. bei der kleinsten Chance, damit durchzukommen; wenn etwa vor einem jüngeren oder neuen Erzieher der Respekt oder die Angst fehlen, öffnen sich die gestauten Schleusen. Oder es ist ein Ausprobieren, wie schnell sich der „Neue", der doch durch seine Selbstsicherheit einen gewissen Halt bieten soll, beleidigt, angegriffen, geärgert fühlt, d. h. wie schwach oder stark er ist. Man könnte nun solche Provokation einfach nicht beachten, nicht darauf eingehen. Besser ist aber ernsthaft teilnehmendes Eingehen auf den Unmut, der in dieser Weise zum Ausdruck gebracht wird. Und manchmal kann man auch einfach ein ‚Schimpfspiel', d. h. ein Scherz-Sprechspiel daraus machen, um dem Reiz der unerwünschten oder gar verbotenen Wörter den Stachel zu nehmen.

Wenn man den Eindruck hat, daß die Kinder es begreifen werden, kann man alles eben Gesagte mit ihnen besprechen, um in Zukunft jedesmal, wenn es nötig ist, eine bessere, nicht so schlimme Form des Ausdrucks anzubieten, an sie zu erinnern, z. B.: „Wir wollten doch nicht den anderen beschimpfen, sondern sagen, wie wütend wir sind und worüber wir uns so ärgern!" oder so ähnlich. Das „wir" kann dabei sehr wichtig sein, denn dann bezieht man sich selber in mögliches Fehlverhalten mit ein, was ja durchaus realistisch ist; beim „du" kann das ohnehin erregte Kind sich noch zusätzlich angegriffen fühlen. Auf sich selber muß man natürlich ganz besonders gut achtgeben, denn sonst lernen die Kinder es bestimmt nicht und sehen nicht ein, daß eine Änderung nötig ist. Wenn man sich aber doch einmal verletzend ausgedrückt hat, sollte man es eingestehen und sich entschuldigen. Das wirkt sehr positiv auf die Kinder. Von den Kindern aber keine Entschuldigungen verlangen!

Hüten sollte man sich noch vor Abstempelungen wie „Heulsuse" oder „Meckerfritze" oder vor Äußerungen wie: „Ein Junge weint doch nicht!" oder: „Lach nicht so dreckig!" Durch sie fühlen sich die Kinder mit Recht verletzt und mißachtet, und man treibt sie in alle möglichen Formen verfälschten und dadurch oft wirklich unschönen Gefühlsausdrucks hinein. Auch wenn es im Scherz gesagt wird, hinterläßt es einen Stachel im Kind. Überhaupt sollte man vorsichtig damit sein, das Verhalten der Kinder zum Anlaß für Scherze und Neckereien zu nehmen. So stark und sicher ist ihr Selbstwertgefühl noch nicht, daß sie jeden Spaß vertragen, auch dann nicht, wenn sie es nicht zeigen, scheinbar mitlachen usw.

Wichtige Regel: Unerwünschtes Verhalten, unschöne oder lästige Ausdrucksformen, schlechte Stimmungen verschwinden um so eher, je teilnehmender und gewährender man auf die darin sich zeigenden Gefühle eingeht.

Spiele, Übungen, Gespräche

(ab 5–6 Jahre)
Die folgende Gruppe von Spielen kann den Kindern deutlich machen, daß die einzelnen Laute unterschiedlichen Ausdruckscharakter haben, daß man ihre Zusammenstellung also auch als Ausdrucksmittel benutzen kann.

(49) Namen erfinden. Mit den Kindern durchsprechen und probieren, welche Laute hart oder weich oder lustig klingen usw. Dann den Gegenständen im Raum neue „Klangnamen" geben. Jedes Kind sagt einen, und die anderen raten, was es wohl meint.

- Auch Geräusche oder Bewegungsvorgänge durch passende Lautgebilde darstellen lassen. Als Ratespiel oder als Vergleichsübung, was am ähnlichsten klingt.
- Sich gegenseitig neue „Klangnamen" geben. Die Kinder dann auch erklären lassen, weshalb sie finden, daß ein Name paßt, oder weshalb nicht. Sie womöglich auch herausfinden lassen, daß jeder Mensch viele Seiten hat, daß meistens also mehrere Namen verschiedener Art passen würden.

(50) Personen erfinden. Reihum denkt sich jedes Kind einen Spaßnamen aus (oder ein Kind verschiedene). Jeder stellt sich dazu eine Person vor und beschreibt sie, wie sie aussieht, was sie gern und nicht gern tut, Eigenschaften, alles, was man von ihr „weiß", was einem einfällt, wenn man den Namen hört. Beispielnamen: Pudewig, Chludewig, Ericadon, Lenku, Dolan, Meiki, Bresna, Schudije, Zazezerezezi. Mit diesen erfundenen Personen kann dann noch weitergespielt werden:

- Man läßt alle in einer gemeinsam erfundenen Geschichte vorkommen.
- Jeder malt sie so, wie er sie sich vorstellt.
- Man stellt sie aus Wolle oder Tuchresten und Kochlöffeln her und läßt sie in einem Puppenspiel lebendig werden.
- Man versucht, sich so zu verkleiden,und läßt sie in einem Rollenspiel lebendig werden.
- Man schneidet sie aus schwarzem Karton aus und spielt ein Schattenspiel mit ihnen.
- Man denkt sich für je zwei von ihnen Dialoge aus, spricht diese auf ein Tonband und später den anderen vor.
- Man läßt sie am „Telefon" Unterhaltungen miteinander führen.

(51) Fremde Sprachen sprechen. Dafür stellt man sich am besten eine kleine Sammlung fremdsprachlicher Beispiele auf dem Tonband zusammen, möglichst verschiedene, auch außereuropäische Sprachen, die man aus dem Rundfunk, von Schallplatten, Fremdsprachkursen oder direkt von Menschen, die eine der Sprachen beherrschen, aufnehmen kann. Ältere Kinder machen eine solche Sammlung gern selber. Dann spielt man sie den Kindern vor und läßt sie herausfinden, d. h. hören, welche Laute und Lautzusammenstellungen für die einzelnen Sprachen typisch sind. Das Spiel nun: Kauderwelsch miteinander sprechen, das wie Russisch oder Chinesisch oder Französisch oder anders klingen soll und es auch tut. Unterhaltungen zu zweit und in Gruppen, auch am „Telefon", mit dem Tonband und mit entsprechenden Handpuppen oder Schattenfiguren. Zwischendurch immer einmal wieder die echten Beispiele anhören. Oder als Ratespiel bzw. Quiz neue Beispiele geben, die richtig erkannt werden sollen.

Bei den folgenden Spielen geht es um den Gefühlsausdruck in Worten und Sätzen, um die Sensibilisierung für den anderen, für Verhaltens- und Ausdrucksweisen, die Spannungen vermindern und lösen können oder die angenehme Zustände erhalten helfen.

(52) Schimpfkampf. Zwei Gruppen stehen sich im Raum gegenüber. Eine ruft der anderen eine schlimme Bezeichnung zu, die antwortet, und so immer hin und her in immer größerer Lautstärke und mit immer heftigeren Drohgebärden. Auf dem Höhepunkt ertönt ein verabredetes Zeichen – kann gut ein Kind tun, z. B. Beckenschlag –, und alle drehen sich um und gehen auseinander, oder alle lassen sich zu Boden fallen

und lachen. Es muß so gesteigert worden sein, daß das Lachen eine wirkliche Entspannung und Befreiung darstellt.

(ab 7 Jahre)

(53) Gefühlsausdruck. Einer wirft die Frage auf: „Wie fühlt man sich, wenn man wütend (oder lustig, traurig, ängstlich, müde, hungrig usw.) ist?" Reihum soll jeder ca. eine Minute lang mit Worten beschreiben, wie er das von sich kennt oder es sich vorstellt. Z. B.: „Wenn ich wütend bin, dann könnte ich alles um mich herum kaputtschlagen. Mir ist, als ob der Kopf mir platzte. Ich könnte schreien, daß die Wände wackeln. Oh, ich könnte euch schütteln dann und die Köpfe zusammenschlagen!" Oder vergnügt sein: „Ich könnte singen und tanzen vor Freude und die ganze Welt umarmen. Ich möchte lachen und nicht wieder aufhören. Und ich fühle mich dann wie ein Gummiball, der über die Straße springt. Blumen möchte ich pflücken, ganze Arme voll, alles damit schmücken und sie jedem, jedem schenken."
Noch besser gelingt das Spiel mit Strumpfpuppen auf der Hand, weil deren Ausdruck dazu besonders reizt. Damit könnten sich auch immer zwei Kinder gegenseitig aneifern und steigern oder einen Dialog mit zwei verschiedenen Gefühlen beginnen, dessen Schluß offen ist und sich jedesmal von neuem ergibt.

(54) Bilder deuten. Eine Sammlung von Bildern, auf denen Menschen mit ganz verschiedenem Gesichtsausdruck dargestellt sind, den Kindern vorlegen. Zu zweit suchen sie sich eins aus und bekommen einige Minuten Zeit, um hinterher:

- das, was in dem Gesicht zum Ausdruck kommt, möglichst ausführlich, also mit vielen verschiedenen, aber passenden Worten zu beschreiben,
- in Ich-Form zu erzählen, was der Mensch auf dem Bild wohl gerade fühlt,
- den Dialog wiederzugeben, wenn auf einem Bild zwei Menschen zu sehen sind. Darin soll außer den Gefühlen auch deutlich werden, warum jeder sich gerade jetzt so fühlt und wie es bei unguten, unangenehmen Gefühlen wieder zu besseren, angenehmen kommen könnte, was vielleicht geschehen müßte oder der andere dazu tun könnte.

(55) Handpuppenszenen. Auch als Rollenspiel möglich. Eine Person kommt schlecht gelaunt nach Hause oder in die Schule, den Hort, das Heim, d. h. ein Kind nimmt eine Puppe seiner Wahl und sagt, wen es darstellt und wohin es kommt, fängt dann an, seine schlechte Laune auszuspielen, wie es will. Jeweils ein anderes Kind versucht nun mit seiner Puppe, diese schlechte Stimmung zu ändern. Der erste Spieler soll jedesmal so reagieren, wie er es aus dem Spiel heraus erlebt und fühlt, also nicht sich etwa vornehmen: „Ich bleibe auf jeden Fall brummig." oder: „Beim drittenmal werde ich mit mir reden lassen." Das Spiel wird been-

det, wenn die schlechte Stimmung verflogen ist oder der erste Spieler aufhören möchte oder wenn der Eindruck entsteht, daß nichts weiter dabei herauskommen wird. Danach wird darüber gesprochen, woran es wohl lag, daß bei dem einen Versuch die schlechte Stimmung blieb, bei einem nächsten vielleicht auch noch und bei einem dritten verschwand. Der erste Spieler vor allem sollte versuchen, das zu erklären. Zuletzt darf er noch erzählen, was er denn am allerliebsten erlebt hätte, als er in dieser Verfassung nach Hause, oder wohin sonst, kam. Mit anderen Spielern dann wiederholen, aber nicht unbedingt am gleichen Tag. Eine Erkenntnis daraus soll sein, daß die Menschen auch darin sehr verschieden sind, was sie als angenehm empfinden und was sie brauchen, wenn sie sich nicht wohlfühlen; daß man also versuchen muß, das beim anderen herauszufinden. Über die Möglichkeiten, schlechte Stimmung zu äußern, und wie diese auf andere wirkt, welche Reaktionen sie leicht hervorruft usw., sollte dabei auch gesprochen werden.

Außerdem sind folgende Spiele, Gespräche, Übungen geeignet: Nr. 12, 16, 37, 39–47, 56–59, 78, 81, 88, 89.

Erzählen

Ziel:
Das Kind möchte Erlebnisse und Ereignisse – eigene und von anderen gehörte oder an anderen miterlebte, auch Geschichten, Bildfolgen, Filme, Puppenspiele, Theaterstücke usw. – anschaulich, lebendig und dem Erleben möglichst genau entsprechend erzählen können. Es möchte außerdem Geschichten erfinden, verändern und weiterspinnen können.

Wie kann das erreicht werden?
Voraussetzung dafür ist, daß die Kinder Erlebnisse verschiedenster Art haben, daß sie nicht in einen eintönigen, langweiligen, ewig sich wiederholenden, mit immer ähnlichen Spielen, Aufgaben und Ereignissen angefüllten Tagesablauf eingesperrt sind, sondern daß sie so viele Bereiche des Lebens wie möglich wirklich selbst erleben und erfahren und die verschiedensten Interessen pflegen dürfen.

Außerdem ist es wichtig, daß ihnen viel erzählt und vorgelesen wird, damit sie sich von allem, was sie nicht selbst erleben, doch Vorstellungen machen können.

Die Erzählung ist die reichhaltigste und vielgestaltigste sprachliche Form, weil alle anderen in ihr enthalten sein können und weil sie das Leben selbst abbildet. Es gibt deshalb viele unterschiedliche Möglichkeiten, das Erzählen zu fördern und zu verbessern. Sie sollten möglichst auch alle genutzt werden:
- Die Erlebnisse des kleinen Kindes müssen häufig mit Sprache begleitet und auch noch einmal jemand anderem erzählt werden.

- Sobald das Kind selbst sprachlich dazu in der Lage ist, muß es seinen Erlebnissen Ausdruck geben dürfen. Und es muß immer wieder interessiert und freundlich dazu angeregt werden, von Ereignissen, an denen der Gesprächspartner nicht teilgenommen hat, zu erzählen. Wichtig ist, daß darauf mitfühlend eingegangen wird. Jeder weiß ja von sich selbst, wie sehr man diese Anteilnahme auch als Erwachsener noch braucht.
- Man sollte dem Kind häufig eigene Erlebnisse erzählen; natürlich nicht so, daß es damit überfordert, beunruhigt oder im Spiel gestört wird. Vieles, was man täglich nur anderen Erwachsenen erzählt, würde die Kinder ebenfalls, vielleicht sogar mehr interessieren; und ihre gefühlsstarke Teilnahme kann sehr beglückend sein.
- Man kann gar nicht genug erzählen von den Erlebnissen anderer Menschen, Tiere, Pflanzen, Wesen, von dem, was Dingen und Gegenständen, Fahrzeugen passieren kann, von dem, was durch Regen, Wind und Sonne, im Meer, im Gebirge, in der Wüste, auf dem Land, im Sommer, in allen Jahreszeiten, was früher, als andere Menschen lebten, und was heute in fernen Gegenden und anderen Ländern geschehen und sich ereignen kann. Dazu gehören auch alle Arten von Geschichten, Bilderbüchern, Tisch-, Puppen- und andere Theaterstücke, Filme, Hörspiele.
- Das Kind muß immer wieder dazu angeregt werden, selbst die Erlebnisse anderer und alles, was sich ringsum ereignet, bewußt wahrzunehmen und davon zu erzählen. Dafür kann man auch Bilder und Bildgeschichten ohne Text verwenden, d. h. solche, zu denen das Kind den Text nicht kennt, so daß es selbst die Handlung und das Erleben, die Gedanken und Gespräche usw. erzählen muß.
- Die Träume, Phantasien und freien Erzählungen der Kinder müssen ernst genommen und angehört werden.
- Man muß ihnen auch Träume, Phantasiegeschichten und vor allem Märchen erzählen.
- Man kann und sollte mit den Kindern zusammen Geschichten erfinden.
- Tischtheater, Puppenspiel und Rollenspiel, wo Geschichten eng an den Text gebunden oder auch frei nachgespielt werden, sollten regelmäßig angeboten, gut angeregt und gepflegt werden.
- Gedichte vorlesen, die Erzählungen sind oder sich zum Nachspielen eignen.
- Geschichten mit Instrumenten erzählen (s. S. 125), zu ihnen malen, sie tanzen, sie überhaupt in jeder nur möglichen Weise umgestalten.

Um gut und lebendig erzählen zu lernen, muß das Kind erfahren, daß ihm interessiert zugehört wird. Deshalb sollte man kein Kind ermuntern, vor Personen zu erzählen, die das nicht können oder wollen. Kindergartenkinder sind z. B. überfordert damit, längeren ungeschickten und damit langweiligen Erzählungen eines von ihnen zuzuhören, falls es nicht gänzlich freiwillig geschieht – und das ist nie der Fall, wenn die ganze Gruppe zusammensitzt.

Das Erzählen ist für die sprachliche Entwicklung des Kindes so wichtig, daß Eltern und Erzieher, die zu wenig Zeit für ihre Kinder haben, ohne großen Schaden alle anderen Anregungen, Spiele, Aufgaben, sprachlichen Tätigkeiten – außer dem Eingehen auf die Fragen des Kindes und den damit verbundenen Gesprächen – außer acht lassen können, wenn sie nur das Erzählen wirklich pflegen und dabei auf gutes gesundes Sprechen achten.

Erzählanregungen, -spiele und -übungen

(ab 3 Jahre)

(56) Zauberwort. Man sagt den Kindern das kleine Gedicht von Eichendorff, das am Anfang zitiert wurde, und schlägt vor, irgendein Ding im Raum, oder was man sonst will, bei seinem Namen, dem Zauberwort, zu nennen, um es ein bißchen zum Singen zu bringen. Mindestens einmal muß man das selber vormachen. Die Kinder greifen es dann schnell und gern auf. Das „Singen" besteht darin, daß das genannte Ding irgendetwas von sich erzählt; wer will und kann, natürlich auch in Gedichtform oder tatsächlich gesungen. Z. B. sagt der Stuhl: „Ich bin aus Holz und braun und fest. Ich bin stark, ich trage dich gut, wenn du auf mir sitzt. Doch du kannst auch auf mir stehen, und ich trage dich. Zwischen meinen Beinen kannst du hindurchkriechen, ich bleibe trotzdem stehen. Aber wenn du an meiner Lehne kräftig ziehst und rüttelst, ja, dann kippe ich um, und das gibt ein lautes Bumm." Die Eigenschaften müssen aber stimmen. Wenn der Stuhl anders aussieht, muß also auch anders erzählt werden. Das Buch kann sagen: „In mir sind viele schöne Bilder. Bitte, sieh sie dir mal an! Ich möchte dir so gern erzählen . . ." Und dann folgt der Text oder Inhalt. Der Ball kann sagen: „Ich bin ein Ball und rund und rot und rolle durch das Zimmer, schau! (tun) Und nun rolle ich zu dir. (tun) Bitte, rollst du mich zurück? (tun) Sieh, und springen kann ich auch, sogar fliegen, fliegen! (tun) Und manchmal verstecke ich mich unter deinem Bett. Dann mußt du mich suchen, und ich warte darauf, daß du mich wieder hervorholst, wieder mit mir spielst (alles tun)."

– Bei größeren Kindern kann man auch einige Gegenstände, die interessant erscheinen, in die Mitte legen. Jeder sucht sich einen aus, macht sein „Lied" oder Gedicht darüber, und die übrigen ergänzen oder hören zu oder raten auch, welcher Gegenstand gemeint ist.
  Das Spiel läßt sich gut auf Spaziergängen, auf Reisen oder in Wartezeiten spielen. Irgend etwas ist immer da oder kann vorgestellt werden, was mit dem Zauberwort zum Singen von sich selbst gebracht werden kann.
– Mit Schulkindern kann man auch einfach wirkliche Gedichte über das Zauberwort-Ding, das ja durchaus nicht immer ein konkreter Gegen-

stand zu sein braucht, aus verschiedenen Büchern zusammensuchen und sich gegenseitig vorlesen, um eigene Versuche, Erzählungen und Vergleiche anzuschließen.

(für jedes Alter dem Inhalt nach abwandeln)

(57) Geschichten erfinden. Abwechseln zwischen Es- und Ich-Form! Methode, die für Gruppen gut geeignet ist: Eine Glasmurmel oder etwas anderes Rundes zur „Zauberkugel" erklären. Wer gerade erzählt, hält sie in der Hand. Wenn er keine Lust mehr hat oder nichts weiter weiß oder die abgesprochene Zeit um ist, rollt er sie irgend jemand anderem zu, der nun weitererzählt.

Anregungsmöglichkeiten:

- Einen Anfang erzählen, der in einem spannenden Augenblick abbricht.
- Einen merkwürdigen oder schönen Schluß erzählen, zu dem die vorangehende Handlung gefunden werden muß.
- Nur das Thema geben wie Traum, Krimi, Märchen, Streit, Lügengeschichte, wahre Geschichte u. a.
- Drei Personen beschreiben, um die herum eine Geschichte erfunden werden soll.
- Mit einigen Tischtheaterfiguren eine Handlung erfinden und erzählen.
- Einen Gegenstand auf den Tisch legen oder im Raum zeigen, der eine besondere Rolle in der Geschichte spielen muß.
- Einen interessanten Ort beschreiben, an dem sich etwas ereignen soll.
- Ein Stichwort geben. Darum muß sich die Geschichte drehen.
- Bestimmte Worte (oder Wortgruppe) festlegen, die in der Geschichte besonders gehäuft oder gar nicht vorkommen sollen.
- Drei Worte geben, die scheinbar ganz unzusammenhängend sein können, z. B. „Brief, Nebel, Menschenmenge" oder „Kieselstein, Badezimmer, Katze". Immer lassen sich jedoch viele verschiedene Geschichten dazu erfinden.
- Einen kurzen Dialog sprechen. Personen und Handlung dazu sollen gefunden und erzählt werden.
- Geräusche auf ein Tonband aufnehmen. Hinterher eine Geschichte erfinden, in der die Geräusche in ihrer Reihenfolge vorkommen müssen.
- Wieder Geräusche aufnehmen, aber dazu verschiedene Themen stellen. Z. B. drei Kopien des Bandes für je eine kleine Gruppe oder je ein einzelnes Kind. Eine Gruppe bekommt dazu das Thema „Zirkus", die nächste „Kaufhaus" und die dritte „Schule". Die Geschichte muß dort spielen, und die Geräusche müssen als dort vorkommende eingebaut werden. Vorher vereinbaren, ob es eine realistische Handlung und realistische Geräusche bleiben müssen oder ob etwas Phantastisches dabei herauskommen darf.
- Kurz eine Situation berichten, in der jemand einem anderen etwas Auf-

regendes oder Ausgefallenes am Telefon erzählt. Dies Gespräch zu zweit darstellen.

– Ein Bild in die Mitte legen. Die Geschichte soll es lebendig werden lassen.
– Mehrere Bilder so in die Mitte legen, daß jeder sie gut erkennen kann. Jedes Kind, oder auch zwei gemeinsam, suchen sich eins aus, überlegen oder beide beraten leise miteinander, was dazu erzählt werden soll. Höchstens fünf Minuten Zeit dafür geben. Dann wird immer reihum erzählt, wobei jedes Kind zum Sprechen kommen sollte, und die anderen raten oder erkennen, welches Bild gewählt wurde. Aber erst nach der abgeschlossenen Erzählung das erkannte Bild nennen, da sonst die Spannung unterbrochen wird.
– Das gleiche Spiel. Nur werden zwei Bilder gewählt und zu einer Geschichte kombiniert.
– Drei Bildgruppen auslegen, z. B. Personen, Orte, Tiere. Je zwei Kinder suchen aus jeder Gruppe ein Bild und kombinieren sie zu einer Geschichte. Gerade scheinbar schlecht Zusammenpassendes ergibt besonders reizvolle Erzählungen. Auch höchstens fünf Minuten Zeit geben. (Aus: Daublebsky „Spielen in der Schule". Dort noch weitere gute Spiele.)

  Zur Auswahl der Bilder: Möglichst verschiedenartige. Kalenderblätter, Kunstpostkarten und Feriengrüße dafür sammeln. Gerade Fremdartiges und Ungewohntes regt die Phantasie an.

Beispiel, wie man ungeübten Erzählern anregende Hilfen geben kann: Gemeinsam überlegen, wovon und wie erzählt werden soll, z. B. von einer Trommel? Wie? z. B.:

sachlich: „Was ist sie? Was unterscheidet sie von anderen Instrumenten? Wie spielt man sie? Wie klingt sie? Für welche Lieder, Stücke und Spiele hat man sie schon benutzt?" und ähnliche Fragen stellen. Das soll dann in einer Handlung vorkommen, in der jemand die Trommel findet, ausprobiert oder zum erstenmal in die Hand bekommt oder besonders gut oder besonders schlecht spielt, realistische Ereignisse.

lustig: Fällt den Kindern immer selber ein.

phantastisch: Die Trommel soll in einem Stück nicht gespielt werden, erfindet deshalb lauter Störungen und führt sie aus. Oder: Eine Zaubertrommel wird gefunden.

lügenhaft: Alles vom Sachlichen wird ins Gegenteil verkehrt und in eine sonst realistische Handlung eingebaut, oder auch diese ist eine Lügengeschichte, z. B.: Die Trommel klingt schrill und metallen, hallt lange nach, ist aus Metallstäben und viereckig, wird mit einer Gabel gestochen und kann nur von Erwachsenen gespielt werden, die dazu auf einer Treppe auf dem Kopf stehen müssen usw.

spannende Erzählung: Am Elternabend, kurz vor Beginn, ist die einzige Trommel plötzlich spurlos verschwunden. Ohne sie klingt das ganze Stück nicht mehr richtig schön. „Wo steckt sie? Wer hat sie genommen? Warum? Wie kommt es heraus? Noch rechtzeitig vor dem Beginn?" und ähnliche Fragen stellen.

Gedankengänge enthaltend: In einer geeigneten Handlung könnte sich jemand etwa solche Gedanken machen: „Warum höre ich es eigentlich gern, wenn die Trommel leise mit den Händen geschlagen wird, aber ungern, wenn sie mit einem Holzstab hart und immer wieder ganz schnell angeschlagen wird? Ich denke, es liegt daran, daß . . ."

(ab 5 Jahre)

(58) Musik und dazu erzählen. Eine seltsame Musik, die den Ohren der Kinder zumindest fremdartig klingt und die in sich abwechslungsreich ist, nicht zu laut abspielen. Die Kinder bewegen sich dazu im Raum und stellen sich vor, daß sie gerade in einem unbekannten Reich oder Schloß, in einer Höhle, einem Palast unter dem Meer oder auf einem fremden Stern angekommen sind, sich dort umsehen und allerlei erleben. Dabei sollen sie die erklingende Musik und ihre verschiedenen Teile, Höhepunkte, Klänge mit Vorstellungen und Erlebnissen verbinden. Es muß abgesprochen werden, ob sie sich gegenseitig sozusagen gar nicht sehen, also allein dort sind, oder ob sie die anderen als Bewohner, mit denen sie aber keinen oder nur pantomimischen losen Kontakt aufnehmen können, betrachten. Gesprochen werden sollte dabei nicht, weil es die Musik übertönen und die einzelnen Kinder von ihren eigenen Vorstellungen ablenken würde. Hinterher kommen alle zusammen, und jeder erzählt, was er erlebt und sich vorgestellt hat. Dabei soll versucht werden, die Musikstellen in ihrem Charakter zu beschreiben, die bestimmte Erlebnisse anregten oder veränderten.

- Anstatt sich zu bewegen, könnten die Kinder auch entspannt auf dem Boden liegen und sich einfach vorstellen, was geschieht und was sie erleben, um das hinterher zu erzählen.
- Bewegen oder stilliegen wie vorher, aber die Musik wird von einigen Kindern auf Instrumenten (Orff u. a.) improvisiert. Beim Erzählen dann vergleichen, wie weit die Vorstellungen der musizierenden Gruppe denen der anderen ähnlich sind und wo sie abweichen.
- Eine Musik, die wie beschrieben verwendet wurde, wird noch einmal gespielt. Dazu stellt ein Teil der Kinder die Bewohner des ausgedachten Ortes dar mit pantomimisch ausgeführten Tätigkeiten und Interaktionen, wie sie ihnen im Moment und zur Musik, für den Ort und ihre Eigenart passend einfallen. Der Rest der Kinder schaut zu. Hinterher erzählen die Zuschauer, was sie zu sehen meinten, und die Darsteller, was sie sich beim Spiel vorgestellt haben.

– Eine Gruppe kleiner, kurzer Musikstücke, die zusammengehören, Tanzsuiten z. B., als Geschichte hören, d. h. nach jedem Stück das Band anhalten und erzählen, was geschah, wer da etwas erlebte, wo sich das abspielte usw. Dann das nächste Stück anhören, danach wieder erzählen usw. Die Kinder finden es sehr erheiternd bzw. spannend, daß sie dabei nicht wissen, wie die Geschichte ausgeht und was für Szenen noch vorkommen werden, da sie ja die Musik noch nicht kennen.
– Das gleiche Erzählen, nur wird hinterher – oder am nächsten Tag – die Geschichte zur Musik dargestellt, am besten getanzt. Dazu muß sie eventuell an einigen Stellen so abgeändert werden, daß die Darstellung in einem Raum und mit den vorhandenen Personen möglich wird.

(ab 7 Jahre, sehr einfache auch schon ab 5 Jahre)
(59) Hörspiele erfinden und aufnehmen.
– Gemeinsam eine Handlung entwickeln und planen, vielleicht auf der Basis von Vorschlägen des Erwachsenen, die aber ganz abgewandelt und verändert werden können. Z. B.: Zwei Kinder sind abends allein zu Hause und sollen eigentlich schlafen. Anfang: Die Eltern verabschieden sich und gehen fort. Aber die Kinder bleiben auf oder stehen auf und tun noch allerlei: Fernsehen – ist aber nicht interessant; Platten spielen und dazu tanzen – auch nicht lange; noch etwas essen und trinken; danach Versteckspiel im Dunkeln. Plötzlich klingelt es an der Haustür. Hingehen oder nicht? Die Eltern sagten: „Nein.“ Es klingelt mehrmals. Sie öffnen nicht. (Oder sie öffnen doch, und es geht damit weiter, was dann geschieht.) Eins hat dadurch Angst bekommen. Deshalb rufen sie die Eltern an. Durch das Telefon hört man die lustige Stimmung, die Musik und die Menschen, die dort zusammen feiern. Ein Elternteil wird an den Apparat geholt und beruhigt die Kinder. Sie gehen nun endlich doch schlafen. Noch Unterhaltung im Bett. Schlafen. (Damit könnte auch Schluß sein.) Jedes träumt etwas anderes, dafür viele Möglichkeiten offen. Verschiedene Schlüsse möglich: Die Eltern kommen nach Hause und sehen noch einmal nach den Kindern, die ruhig und tief schlafen. Oder: Ein Kind wacht aus einem Schrecktraum auf, rüttelt weinend das andere wach, aber da kommen gerade die Eltern, oder sie sind schon im Bett, hören die Kinder und gehen nun zu ihnen. Oder: Der Traum endet in Schlaf und alles im Gewecktwerden am nächsten Morgen.
– Den Ablauf in seine Räumlichkeiten und Szenen zerlegen. Die Räume des Beispiels: Die Wohnung, die aber jedesmal einen neuen Charakter bekommt, wenn sich die Ereignisse ändern; der Ort des Fernsehstücks; die Wohnung, wo die Eltern feiern; die verschiedenen Traumreiche jedes Kindes. Jeder Raum muß hörbar charakterisiert werden durch typische Geräusche oder besondere Musik oder verfremdende Band-Geschwindig-

keit. Das alles durchsprechen, vielleicht mit Beispielvorschlägen. Die Kinder in Planungsgruppen aufteilen, z. B. je Ort eine Gruppe, wobei Orte, in denen nur kurze Szenen spielen wie Fernsehstück und Fest der Eltern, zusammen einer Gruppe gegeben werden. In den Gruppen wird nun genauer geplant und probiert.

- Entweder erstellt jede Gruppe ein Tonband, oder alle gemeinsam tun das aufgrund der Planungen. Zuletzt muß alles, was nicht direkt von den handelnden Personen gesprochen wird, auf einem Band in der richtigen Reihenfolge enthalten sein.
- Die Sprechrollen werden nach den Wünschen der Kinder verteilt, und jede Szene wird vorbesprochen. Dann wird aufgenommen, während gleichzeitig das Raum-Band abgespielt wird, so daß nachher der Text in diesem Hintergrund erklingt. Die Kinder sollten frei und aus dem Augenblick heraus sprechen. Nur wenn jemand es von selber tut, könnte er sich eine bestimmte wichtige Textstelle aufschreiben, wie er sie wörtlich sagen will. Meistens wird das Sprechen jedoch schlechter dadurch. Lieber mehrmals probieren und aufnehmen.

  Das ganze Hörspiel erfordert Zeit, Geduld und Arbeit. Aber es fördert das gute Sprechen und die Selbstbeherrschung, die um der notwendigen Ruhe willen bei den Aufnahmen aufgebracht werden muß. Und die Kinder zeigen dabei gern viel Geduld. Sie freuen sich an dem gelungenen Ergebnis sehr. Außerdem haben sie von da an Verständnis dafür, wie Hörspiele entstehen und können ihnen zukünftig in jeder Hinsicht besser folgen.

  Die Handlung kann natürlich auch viel einfacher und kürzer sein. Das ist vor allem bei besonders jungen Kindern zu empfehlen, ferner bei Zeitmangel, wenn man selbst mit Hörspielen noch wenig Erfahrung oder die Absicht hat, weitere Hörspiele folgen zu lassen.

Außerdem sind geeignet: Nr. 12, 19, 33, 34, 42, 45–48, 50, 54, 55, 70, 72, 80, 81, 87–89, 103.

Sprache als Medium für Erkenntnisprozesse

Wortwahl

Ziele:
Die Kinder möchten für alles, was sie sagen, schreiben, denken wollen oder müssen, die treffendsten und passendsten Ausdrücke kennen und gebrauchen können.
Vom Schulalter an möchten sie auch bewußt unterscheiden lernen, welches der verschiedenen Wörter, die sie für eine Sache, einen Inhalt kennen, in der betreffenden Situation und dem bestimmten Partner gegenüber der passendste Ausdruck ist. Das bedeutet auch, daß jedes Kind neben den familiären oder schichteigenen oder zum Dialekt gehörenden Ausdrücken die allgemeinverständlichen, also hoch- bzw. schriftdeutschen Wörter kennen und gebrauchen können sollte.

Wie kann das erreicht werden?
Jeder Mensch hat den dringenden Wunsch, für alles, was er sagen möchte, für alles, was er denken, fühlen, träumen, erleben, sich vorstellen, tun und spielen, wahrnehmen kann, Worte zu kennen, die das Gemeinte verdeutlichen, die aber auch vom anderen verstanden werden. Jedes kleine Kind macht sich deshalb Privatworte zurecht, d. h. sie fallen ihm ein, wenn es den allgemeinen Ausdruck seiner Muttersprache noch nicht kennt. Die Eltern und Geschwister lernen sie verstehen. Es wäre jedoch falsch, wenn sie ebenfalls diese Wörter gebrauchten: denn nur durch die Menschen seiner Umgebung kann das Kind seinen Wortschatz erweitern und die Sprache lernen, die von den Menschen seines Landes verstanden und gesprochen wird, d. h. die Sprache derjenigen, mit denen es im späteren Leben am häufigsten zusammensein wird.

Kein noch so kompliziertes Wort ist einem gesunden Kind zu schwierig. Es möchte sie alle lernen, auch wenn es sie zuerst falsch ausspricht. Nur auslachen oder schelten darf man es nicht, sondern muß einfach selbst das Wort immer richtig gebrauchen, dann lernt das Kind es mit der Zeit auch. Die meisten Kinder sind so versessen auf das Lernen von Wörtern, daß man ihnen alles nur Erdenkliche beibringen kann, selbst Ausdrücke, mit denen sie gar keinen Sinn, keine Vorstellung verbinden. Solche „leere Sprache“ ist aber nicht ungefährlich. Dagegen ist das Erlernen schwer zu begreifender Worte als reine Sprachmusik innerhalb eines Sprechspiels durchaus sinnvoll. In Gedichten und Geschichten, in denen ihre Bedeutung durch den Zusammenhang, in dem sie stehen, zumindest geahnt werden kann, brauchen sie nicht vermieden zu werden. Als Einpauken von Begriffen, mit denen das Kind jedoch keine Tätigkeit und kein Spiel, keine Vorstellung, kein Erlebnis, kein Gefühl verbindet, mit denen es also nicht erzählend oder denkend selber umgehen kann, sind sie abzulehnen; denn damit ein Wort sich einprägt, muß es in verschiedensten Zusammenhängen und in seinen Abwandlungen oft gehört werden. Das bedeutet also:

Je mehr Tätigkeiten, Spiele, Erlebnisse des kleinen Kindes und der Menschen, mit denen es zusammenlebt, von den Erwachsenen mit genauer, treffender Sprache verbunden und begleitet werden, je mehr Interessengebiete mit genauer Ausdrucksweise an das Kind herangebracht und je mehr Geschichten, Gedichte und andere Texte ihm gegeben werden, je mehr zudem über das alles mit ihm gesprochen wird, soweit es dazu Lust hat – und die ist meistens viel größer und ausdauernder, als der Erzieher und andere dafür Zeit haben –, desto reichhaltiger und besser wird der Wortschatz eines Kindes.

Jeder Mensch hat einen sogenannten passiven Wortschatz, das sind alle Wörter, die er kennt, und einen aktiven Wortschatz, das sind alle Wörter, die er tatsächlich zum Sprechen verwendet, und das sind sehr viel weniger. Jeder Erzieher und Lehrer, der den Wortschatz, die Wortkenntnis der Kinder erweitern will, muß sich also bemühen, immer wieder seinem Bequemlichkeitsdrang, d. h. selber einen brauchbaren, aber sehr einfachen aktiven Wortschatz zu verwenden, entgegenzuwirken und seinen aktiven Wortschatz so reichhaltig und genau wie möglich zu gestalten, wenn er mit den Kindern spricht. Am besten ist es, wenn nicht ein einziger Erwachsener über Jahre hinaus die Sprachquelle für ein Kind darstellt, sondern wenn es mit mehreren Menschen oft zusammen ist, daß sie alle seinen Sprachschatz erweitern helfen. Um den aktiven Wortschatz eines Kindes zu erweitern, d. h. es zu veranlassen, genauere Bezeichnungen und Formulierungen zu wählen, ist es nötig, daß der Erzieher oder Lehrer immer wieder bessere Ausdrucksweise fordert, also nicht gleich zufrieden ist und versteht, was das Kind meint, auch wenn er es weiß. Selbstverständlich darf das nicht in Tyrannei und Quälerei, in dauerndes Nichtverstehen und Wiederholen ausarten! Es soll ja dem Kind helfen, sich verständlicher zu machen und es nicht dazu bringen, überhaupt nichts mehr sagen zu wollen. Alle Ratespiele, jede Anregung, anderen etwas zu erzählen, alle Rollenspiele, Puppenspiele und Tischtheaterspiele, die die Kinder durchführen, regen ebenfalls zur Verwendung der neu gelernten oder der bisher wenig gebrauchten Wörter an.

Wenn Eltern und Erzieher wünschen, daß ihre Kinder nicht nur im engsten Umkreis, sondern auch in der Schule, in Berufen eigener Wahl und mit anderen Menschengruppen des eigenen Landes Gespräche führen können, sich mitzuteilen verstehen und die anderen begreifen in dem, was sie sagen, daß sie einen Zugang zu allem Geschriebenen und Freude daran bekommen, dann müssen sie die Bemühungen der Schule, die Kinder einwandfreies Hoch- bzw. Schriftdeutsch zu lehren, unterstützen. Sie können das tun, indem sie z. B. den Kindern regelmäßig Geschichten vorlesen, sich von ihnen vorlesen lassen und sich auch manchmal hochdeutsch mit ihnen darüber oder über gemeinsam im Fernsehen Angeschautes unterhalten.

Jedes Kind muß außerdem lernen, daß es für fast alles verschiedene, gleich gut treffende Ausdrücke gibt, von denen man beim Sprechen immer den jeweils passendsten zu finden sucht. Entweder nimmt man den, den man im Augenblick für den genauesten hält, oder den, der dem Sprechpartner der vertrauteste ist, oder den, der in der bestimmten Sprechsituation der geeignetste zum gegenseitigen Verständnis zu sein scheint. Z. B.: Die Namen, die man der Mutter zu Hause gibt, sehr zärtliche vielleicht, und diejenigen, mit denen man sie in der Schule anderen gegenüber bezeichnet, neutralere, allgemeingültigere also. Oder die innerhalb einer Familie oder Freundesgruppe üblich gewordenen Abkürzungen und Privatausdrücke, die Fremden und entfernt Bekannten gegenüber nicht gebraucht werden können, da diese sie ja nicht verstünden. Dieses Finden des geeigneten Ausdrucks geschieht meistens unbewußt. Vom Schulalter an sollten jedoch auch Übungen zur bewußten Auswahl gemacht werden, oder man regt in geeigneten Situationen dazu an.

Der Erzieher oder Lehrer, der neu in eine Gruppe oder Klasse kommt, fragt sich oft, wie er sprechen soll. Er muß zwei Wege gleichzeitig beschreiten:

1. Die Sprache der Kinder so schnell und so gut wie möglich verstehen lernen und auf sie reagieren, sie von den Kindern annehmen, wie sie ist.

2. Die Kinder an seine eigene Sprechweise gewöhnen, indem er ohne Scheu spricht, um Fragen bittet, falls sie etwas nicht verstehen, indem er geduldig ist im Erklären unbekannter Ausdrücke und indem er die Kinder in ihren Versuchen, seine Sprache zu erlernen, mit allen Mitteln unterstützt.

Zu 1.:
Jeder, der fremd in eine Gruppe kommt, die viele Privatausdrücke benutzt, wird diese bald verstehen, sollte aber vorsichtig und überlegt im eigenen Gebrauch dieser Ausdrücke sein. Es wird meistens als Anbiederung oder Aufdrängen mißverstanden, wenn er sie zu schnell verwendet. Besser ist es, damit zu warten, bis die Gruppenmitglieder sie ihm gegenüber häufig und ganz selbstverständlich benutzen, denn das ist das Zeichen dafür, daß sie ihn als zur Gemeinschaft gehörend anerkennen. Trotzdem sollte er noch auf die spontanen Reaktionen achten, wenn er nun die Worte gebraucht: Ob die Kinder nämlich Rückzieher machen oder ihm auf andere Weise zu verstehen geben, daß er nicht mehr geschätzt oder nicht mehr für ganz voll genommen wird.

Zu 2.:
Besonders wenn es sich um Kinder handelt, denen die allgemeingültigen Ausdrücke noch weitgehend unbekannt sind und die nur einen sehr kleinen Wortschatz haben, würde ihnen nur geschadet, ihr Lernen verhindert, wenn der Erzieher oder Lehrer in der Hauptsache genauso mit ihnen spräche, wie sie es tun. Das gilt vor allem für sehr junge Kinder, die noch „Baby-Sprache“ sprechen, für alle Randgruppen und Unterschichtkinder, denen durch die öffentliche Erziehung (Kindergarten, Hort, Heim, Schule) ja gerade der Zugang zur

besseren Ausbildung geöffnet werden soll, und es gilt für Kinder, die zu Hause und alltäglich Dialekt sprechen. Beispiel, wie das konkret vor sich gehen kann: Ein Kind sagt, liebevoll gemeint, aber keine geeigneten Ausdrücke kennend, außerdem scheu, die freundschaftlichen Gefühle direkt zu zeigen: „Na, Oller, hilfste mir mal hierbei?“ Falsch wäre es, auf die Bezeichnung: „Oller“ – oder auf noch ganz andere! – gereizt oder beleidigt zu reagieren oder gar zu sagen: „Sowas sagt man aber nicht!“ Richtig ist es, einfach zu helfen oder nett zu antworten, daß man es gleich tut oder gerade leider nicht kann. Besser noch, in die Antwort eine freundschaftliche Benennung einfließen zu lassen, z. B.: „Gleich, mein Lieber!“ oder: „In zwei Minuten bin ich fertig, dann komme ich zu dir, Karsten“, wobei der Tonfall die Freundlichkeit mitteilt. Im Fall der Babysprache oder der Unkenntnis von richtigen Sachbezeichnungen – Kind: „Atta-atta?“ oder: „Gibste mal das Dings?“ – ist es am besten, in die Antwort einfach den richtigen Ausdruck aufzunehmen: „Ja, wir gehen jetzt spazieren.“ bzw.: „Hier hast du die Feile (oder was eben gemeint ist).“ Mit älteren Kindern kann man durchaus auch darüber sprechen, warum man sich so verhält, wenn sie in irgendeiner Form danach fragen. Immer ist es das Ziel (das man auch benennen sollte), ihnen Hochdeutsch oder die Gruppensprechweisen anderer Menschen zu vermitteln. Nie sollte man sagen, man wolle sie „besser“ sprechen lehren. Schon beim Schulkind gehört die Sprache so eng zur Person, daß jeder Mensch sich verstimmt oder abgelehnt und mißachtet fühlt, wenn man seine Sprache für schlecht, häßlich, falsch erklärt. Dagegen gibt es kein Kind, das nicht willig ist, noch mehr und noch andere Sprache kennenzulernen und zu gebrauchen. Und gerade weil die Sprache zur Person gehört, verlieren die Kinder etwas von der Achtung und dem Zutrauen zu Erwachsenen, die ihre eigene persönliche Sprechweise verleugnen, indem sie sich zu sehr der Sprache der Kinder anzupassen suchen.

Die Erziehung zur rechten Wortwahl ist das Komplizierteste und Schwierigste an der ganzen Spracherziehung. Verschiedene Menschen gebrauchen dieselben Begriffe für ganz Unterschiedliches, und sie können gleichen Worten völlig unterschiedliche persönliche Gefühlswerte beilegen. Beides kann zu großem Mißverstehen führen. Deshalb sollten ältere Schulkinder (etwa ab 9 Jahren) Beispiele für derartige Unterschiede bekommen und immer einmal wieder dazu angehalten werden, zu überprüfen, ob in einem Gespräch alle Beteiligten unter bestimmten Worten wirklich das gleiche begreifen und welchen Gefühlswert sie für die einzelnen Teilnehmer haben. Unbefriedigung und Mißgestimmtheit bei und nach Gesprächen können damit oft auf ihre Gründe zurückgeführt und dann zu besserem Verstehen aufgelöst werden.

Alle Spiele, Übungen, Gespräche und Textbeispiele des Buches tragen entweder zur Erweiterung des Wortschatzes oder zur Verbesserung der Wortwahl bei. Deshalb sind hier im besonderen keine aufgeführt.

Wahrnehmen und Beschreiben

Ziel:
Das Kind möchte Wahrgenommenes (mit allen Sinnen, nicht nur Gesehenes) so gut beschreiben können, daß ein anderer es sich genau vorstellen kann bzw. das Gemeinte unmißverständlich erkennt.

Wie kann das erreicht werden?
Hier gilt alles, was unter „Wortwahl" über die Genauigkeit des Ausdrucks geschrieben wurde. Alles genaue Wahrnehmen und Beschreibenkönnen kommt durch lebendiges Tun zustande. Z. B. werden die Farben schon im Vorschulalter in vielen Abstufungen gelernt, wenn man dem Kind genügend Möglichkeiten bietet, mit den verschiedensten Farben, Kreiden, Stiften, Materialien zu malen und anderweitig farbig zu gestalten, und die Farbtöne dabei mit passenden Ausdrücken benannt werden. Zum Teil kann man diese Namen mit den Kindern gemeinsam durch Vergleiche finden, z. B. „tomatenrot", „birkengrün" usw. Außerdem ist im Raum ebenso wie draußen alles voller Farben, die man sehen, sich zeigen, vergleichen und erraten kann. Man kann über längere Zeit zu einer Farbe und ihren Abstufungen eine besondere Sammlung auf einem Tisch oder in einer Ecke des Zimmers anlegen, die stehenbleibt, bis eine andere Farbe an die Reihe kommt. Sehr schöne und vielfältige Anregungen mit interessanter Sprache verbunden gibt für das Malen das Buch „Das rosa Pferd" von U. Blaich (s. Literatur). Mit jedem anderen unserer Sinne kann genauso sorgfältig an differenzierter Wahrnehmung und Beschreibung gearbeitet werden. Alle Montessori-Tätigkeiten dienen dazu (Bücher s. Literatur). Für das Hören ist sehr reich an Aufgabenstellungen und Spielen das Buch „Hören lernen – Musik erleben" von L. Auerbach (s. Literatur). Ein wichtiges Hilfsmittel sind beschreibende Ratespiele und überhaupt Rätsel, die man zu allem und jedem erfinden kann, was die Kinder sehr gern selbst tun.

Bei den fünf- bis achtjährigen Kindern ist die Aufnahmebereitschaft und Sensibilität für alle Ausdrücke des Empfindens, Fühlens, der Stimmung und Atmosphäre, der Beziehungen zwischen Menschen oder eines Menschen zu Dingen und zur Natur besonders groß. Es muß also häufig darüber gesprochen werden, wie das Kind solche Beziehungen bei sich selbst erlebt oder an anderen wahrnimmt. Außerdem tragen Gedichte und lyrisch beschreibende Erzählungen sowie das Gefühl besonders ansprechende Bilder und Geschichten zum besseren Wahrnehmen und Beschreiben in diesem Bereich bei.

In jedem Alter sollte beim täglichen lebendigen Tun und Spielen geübt werden, Tätigkeitserklärungen, Spielbeschreibungen sachlich genau und möglichst einfach und verständlich zu geben. Der Erwachsene muß darin selbst immer Vorbild sein und die Kinder sollten, wo immer es möglich ist, Gelegenheit bekommen, anderen etwas zu erklären. Aber es muß einen Sinn haben, als bloße

Übungsaufgabe wäre es reizlos und öde. Man muß also Situationen schaffen, in denen es notwendig ist, daß die Kinder anderen etwas erklären. Wenn z. B. nicht alle Kinder jederzeit das gleiche tun – gerade auch in der Schule –, gibt es dafür genug Möglichkeiten. Der Erzieher oder Lehrer kann im Notfall Ergänzungen einfügen oder durch hilfreiche Fragen den nützlichsten Aufbau, die beste Reihenfolge herbeiführen.

Spiele und Übungen

(ab 3 Jahre)

(60) „Ich seh, ich seh was!" sagt ein Kind. Die anderen fragen: „Wie glänzt das?" Das Kind nennt eine Farbe und denkt sich dabei etwas, was es gerade sieht. Die anderen sollen das Gemeinte herausbekommen, indem sie abwechselnd alles benennen, was diese Farbe hat und was sie sehen können. Das Spiel ist auch gut für Wartezeiten, Spaziergänge und Reisen geeignet.

(61) Personen, Bilder, Geschichten, Gedichte, Dinge und anderes raten. Einer denkt sich etwas, das die anderen kennen, und beschreibt es solange, bis jemand es errät und richtig bezeichnet. Man kann auch ein Bild vor sich liegen haben, ohne daß die anderen es sehen. Kleine Kinder können z. B. auch in eine Ecke des Raumes gehen und dort etwas beschreiben, das die anderen nicht sehen.

(62) Kimspiele aller Art: Mit geschlossenen Augen oder einer Binde davor etwas ertasten, beriechen, schmecken (oder alle drei Versuche) und beschreiben, wie es sich anfühlt, riecht, schmeckt. Andere können es danach erraten. Leichter ist es, einfach zu benennen, was man zu erkennen meint. Auch Hör- und Seh-Kimspiele durchführen (Beispiele im rororo-Spielbuch, s. Literatur).

(63) Rätsel aufgeben und selber machen. Anregungen aus Rätselbüchern entnehmen (s. Literatur) und ähnliches versuchen. Von Kindern aber nicht verlangen, daß sie Reim-Rätsel herstellen. Wenn sie es fertigbringen oder versuchen, ist es schön, aber es muß nicht sein. Wichtiger ist das geschickte Beschreiben, das gerade genug verrät und doch das Gemeinte nicht preisgibt, eben das verhüllende Umschreiben. Mit hierin schon geübten Kindern sollte man auch zu einer Lösung mehrere Rätsel erfinden, die unterschiedlich schwer zu erraten sein sollen, damit die Kinder merken, woran es liegen kann, ob es leicht oder schwer zu raten ist. Mit den Kindern, die Rätsel nicht gut lösen können, weil sie es noch nicht oft getan haben, sollte man die Lösung hinterher noch einmal am Rätseltext durchgehen, damit sie verstehen, wie man auf die Lösung kommt, z. B.:

Es ist größer als Gott.
Die Toten essen es.
Und wenn die Lebenden es essen,
müssen sie sterben.

Lösung: Nichts.

Durchsprechen: „Versteht ihr: Nichts ist größer als Gott. Die Toten essen ja nichts. Und wenn die Lebenden nichts essen, müssen sie sterben.“ Deshalb sollte man auch nicht verbieten, die Lösung nachzuschlagen, oder sollte die Kinder nicht auslachen, wenn sie es tun. Nach einiger Zeit, wenn sie hinter die Tricks gekommen sind, lassen sie es nämlich von selber.

(ab 5 Jahre)

(64) Bienenkönigin. Alle gehen zu Paaren im Raum spazieren. Einer ist übrig und die „Bienenkönigin“. Er gibt die Anweisungen, wie die Paare miteinander gehen sollen, z. B. eingehakt, am rechten Knie anfassen, Rücken an Rücken, tief gebeugt, ans linke Ohrläppchen gegenseitig fassen usw. Wenn er sagt: „Alle fleißigen Bienen schwärmen aus!“, sucht sich jeder einen neuen Partner, die Bienenkönigin auch, so daß ein anderer übrigbleibt, der nun die Anweisungen gibt.

(65) Herr Schluppdiwupp. Einer sitzt oder steht für alle gut sichtbar da und führt möglichst rasch hintereinander alles aus, was er gleichzeitig sagt. Z. B.: „Herr Schl. sagt, wir zupfen uns alle am Haar. Herr Schl. sagt, wir tippen mit dem Finger gegen die Stirn. Herr Schl. sagt, wir scharren mit den Füßen.“ usw. Alle sollen tun, was er s a g t. Irgendwann tut er etwas anderes, als er sagt. Wer dann nicht aufpaßt und das gleiche tut, was er ausführt, der wird nun Herr Schluppdiwupp. Wenn es mehrere sind, müssen sie alle eine Scherzaufgabe vollziehen, z. B. einmal rückwärts durch den Kreis gehen oder sagen: „Ich halt' meinen Arm!“ und sich dabei aber am Ohr kraulen. Der alte Herr Schl. wählt in dem Fall den neuen aus. Die Kinder lieben dieses Spiel, obwohl es ihnen zuerst sehr schwer fällt; sie ahmen zu schnell nach und hören nicht einfach nur zu.

(66) Berufe aus Tätigkeiten erraten. Einer geht hinaus. Die anderen überlegen einen Beruf. Der Wartende kommt herein und stellt Fragen dieser Art: „Was tust du morgens um 8 Uhr?“ oder: „Benutzt du irgendwelches Handwerkszeug zu deiner Arbeit?“ oder: „Mit was für Menschen gehst du bei der Arbeit um und wie?“ In der Antwort muß jedesmal eine Tätigkeit beschrieben werden, aber möglichst so, daß sie nicht gleich eindeutig erkannt wird.

(67) Teekessel. Das bekannte Spiel. Zwei Kinder überlegen sich ein Wort, das zwei Bedeutungen hat, z. B. Hahn, Birne, Strauß, Schloß, Bauer, Absatz usw. Jedes Kind beschreibt seine Bedeutung, z. B. das eine den

Vogel Strauß, das andere einen Blumenstrauß, nennt das Wort aber nicht, sondern sagt stattdessen immer: „mein Teekessel". Wer das Wort errät, redet und beschreibt einfach mit. Erst wenn alle es erraten haben, wird es mit seinen Bedeutungen genannt. Bei Worten mit drei und mehr Bedeutungen können auch entsprechend viele Kinder beschreiben. Auch hier kommt es darauf an, das Erkennen nicht zu leicht zu machen. Es ist ein sehr gutes Spiel und sollte häufig gespielt werden. Wenn die Kinder es neu kennenlernen, suchen sie meistens noch tage- und wochenlang nach doppel- und mehrdeutigen Wörtern und beschäftigen sich auch auf diese Weise mit der Sprache.

(ab 7–8 Jahre)

(68) Zwei Spieler sitzen in der Mitte. Jeder hat einen Zettel auf dem Rücken. Alle außer ihm selbst wissen, was darauf steht. Die beiden beschreiben sich nun gegenseitig und abwechselnd, was der andere darstellt, bis jeder erraten hat, was er ist. Möglich sind zwei Spielzeuge, Figuren aus Bilderbüchern, Geschichten, Fernsehfilmen, bekannte Menschen, Personen aus dem Spielerkreis, aber auch Städte, Landschaften oder Länder.

(69) Was wäre X, wenn er ein Möbelstück wäre? Einer soll eine Person, die er kennt und die sich die anderen überlegt haben, erraten. Dazu stellt er Fragen wie die im Spieltitel und dann z. B. nach X als Musikinstrument, Blume, Tier, Märchenfigur, Edelstein, Handwerkszeug, Haushaltsgegenstand, Backwerk, Frucht usw. Die Antwortenden müssen gut überlegen, dürfen vielleicht auch gemeinsam beraten, denn die Antwort soll tatsächlich zu X passen.

Außerdem sind folgende Spiele und Übungen geeignet: Nr. 18, 26, 28, 29, 33, 34, 41–45, S. 41, Nr. 49–51, 53, 54, 56–59, 70, 75, 80, 81, 84, 89, 99, 103.

Denken

Ziel:
Das Kind möchte anderen klarmachen können, was es denkt und warum es so denkt. Es möchte jemandem, der etwas nicht versteht oder es nicht weiß, dies erklären können. Es möchte lernen, eigene und fremde Verhaltensweisen zu begründen. Es möchte Probleme in seiner Umgebung und in Geschichten usw. erkennen und Lösungsmöglichkeiten finden können. Diese Lösungsmöglichkeiten möchte es in ihrem Wert für eine bestimmte Situation beurteilen lernen.

Wie kann das erreicht werden?
Alles Sprechen, das nicht einfach unbewußter Ausdruck des eigenen Befindens oder nur Nachplappern unverstandener Begriffe und Sprachgebilde ist, ist mit Denken verbunden. In der Fähigkeit, Worte sinnvoll miteinander zu

verknüpfen und für die Verknüpfung die richtige Form des Wortes, die richtige Reihenfolge der Worte, Satzteile und Sätze zu gebrauchen, kommt das sprachliche Denkenkönnen zum Ausdruck. Die Qualität des Denkens zeigt sich in der Wortwahl und in der Art, wie die Verknüpfungen innerhalb des breiten Spielraums, den die Grammatik einer Sprache bietet, vorgenommen werden. Nur wenn das kleine und heranwachsende Kind von Menschen umgeben ist, die grammatisch richtig sprechen und ihm verschiedenste Möglichkeiten von Satzgefügen durch ihr Sprechen zur Verfügung stellen, kann es die Sprache gut und richtig beherrschen lernen. Erzieher, die ihrer eigenen Sprache nicht ganz sicher sind, sollten oft auf Texte verschiedenster Art zurückgreifen, also viel vorlesen und sich darüber dann mit den Kindern unterhalten. Immer sollte man sich dessen bewußt sein, daß jedes Kind komplizierter Sprache versteht, als es selber spricht. Man würde es in seiner Entwicklung hemmen und zurückhalten, wenn man versuchte, nur so einfache Texte zu verwenden und selbst nur so zu sprechen, wie das Kind es gerade tut.

Das selbständige Denken des Kindes äußert sich vor allem in den Fragen, die es stellt. An diesen Fragen kann man feststellen, was es versteht, was noch nicht, was für Geschichten, Texte und Probleme an das Kind herangebracht werden können, welche noch nicht. Und das Wichtigste, was der Erwachsene tun kann, um das denkende Sprechen des Kindes zu fördern und auszubilden, ist, daß er auf die Fragen gut eingeht. Da das kleine Kind mit seinen Fragen viel mehr und Umfassenderes meint, als es in Worten ausdrücken kann, ist es notwendig, auf diese Fragen etwas näher einzugehen. Bei allen Kindern ist die Reihenfolge gleich. Die Altersangaben stimmen jedoch nur ungefähr, und eine Fragestufe braucht noch nicht ganz abgeschlossen, also ausgefragt, zu sein, wenn die nächste schon in Erscheinung tritt. Außerdem wird für alles Neue jedesmal die ganze Reihenfolge wiederholt. Ausgesprochen werden jedoch nur die Fragen, die das Kind sich nicht selbst beantworten kann oder die sich auf gefundene Lösungen beziehen, für die es eine Bestätigung haben möchte.

Was ist das? (1–2 1/2 Jahre)
Wenn das kleine Kind erst einmal entdeckt hat, daß jedes Ding, jede Person, jede Tätigkeit, überhaupt alles in der Welt mit einem Wort benannt werden kann, möchte es für alles, was es sieht, was ihm auffällt und interessant erscheint, den Namen wissen. Deshalb stellt es unaufhörlich diese Frage. Von Anfang an steckt hinter ihr jedoch nicht nur der Wunsch nach dem Namen, sondern das Kind möchte vor allem auch wissen, was das, wonach es fragt, für es selbst bedeuten kann. Es interessiert sich dafür in dieser Reihenfolge:

Was kann ich mit dem Ding (der Person usw.) alles tun und anfangen?
Was wird dieses Ding (Person usw.) mit mir tun?
Was wird uns zusammen passieren?
Was tut das Ding (die Person usw.) ohne mich, allein oder mit anderen?

Und jedesmal gehört dazu:

Was davon ist angenehm, was nicht?

Alle diese Erfahrungen macht es am liebsten selber im Handeln und Spielen. Nur wenn es das nicht unmittelbar kann, stellt es die Frage.

Was machst du da? (1 1/2–2 2/1 Jahre)
Früh begreift das kleine Kind, daß eigentlich jede Handlung eines Menschen eine Bedeutung, einen Sinn hat, eine Freude ist oder einen Zweck, ein Ziel hat. Wenn es solche Zusammenhänge selber nicht durchschaut, fragt es mit diesen Worten danach. Und genauer kann es das noch nicht ausdrücken. Die Antwort, die nur den tatsächlichen, augenblicklichen Handlungsvorgang kurz beschreibt, z. B. „ich schreibe“ oder „ich wasche Fleisch“, genügt ihm deshalb in den meisten Fällen nicht, und es wiederholt seine Frage solange, bis es erfährt, was z. B. da geschrieben wird und wozu, warum das Fleisch gewaschen wird, was das für Fleisch ist, was danach mit dem Fleisch geschehen wird und wozu.

Was noch? (2 1/2–3 1/2 Jahre)
Aus den vorangegangenen Fragen und Denkvorgängen ergibt sich, daß es viele ähnliche oder gleiche Dinge (Personen usw.) gibt, über die das Kind nun etwas erfahren möchte, d. h.:

Wie weit geht die Ähnlichkeit?

Worin bestehen die Unterschiede?

Z. B. lauter runde Dinge: Ball, Glasmurmel, Kugelvase, Kartoffel, und alle von derselben Sorte können dennoch verschieden sein. Die unbeschreibliche Vielfalt und Fülle der Welt, die jedoch in überschaubare Gruppen geordnet werden kann, geht dem Kind dabei auf. Der letzte Schritt dieses Lernvorgangs ist, daß es von selbst sagt: „viele Bücher, viele Menschen, viele Kinder, viele Bäume“ usw., während es vorher staunte über: „noch ein Baum, noch ein Baum und noch ein Baum“ usw.
Außerdem besteht jede Handlung aus einer Vielzahl von Einzelvorgängen. Nach diesen fragt es, wenn es an „Was machst du da?“ sein „Was noch?“ immer wieder anschließt. Oft meint es auch: „Was *könntest* du noch damit tun?“ Oder es hat gemerkt, daß eine Handlung mehreren Zielen und Zwecken dienen kann. Die möchte es alle erfahren. Beim Fleischwaschen z. B.: Es wird dadurch sauber, sieht frischer aus, wird gesünder, weil der Schmutz krank machen könnte, wenn die Mutter ihn daran ließe. Es soll dann gekocht werden, damit es zu Mittag gegessen werden kann; ungekocht würde es zu hart sein zum Kauen und auch wie ein Stein im Magen liegen, d. h. das Kind und alle würden davon Bauchweh bekommen. Es wurde gekauft und wird zubereitet, weil der Vater es so besonders gern ißt und die anderen es auch mögen. Außerdem macht es stark und kräftig, wenn man Fleisch ißt. Dieses besondere Fleischstück kann allein und ohne Aufsicht im Topf kochen, während die Mutter und das Kind etwas anderes tun, und ist dann gerade fer-

tig, wenn der Vater und die Geschwister zum Essen nach Hause kommen, usw. usw.

Und dann? (3–4 Jahre)
Nur zu häufig erlebt das Kind, daß Personen und Dinge aus seinem Gesichtskreis entschwinden, manchmal wiederkommen, manchmal auch nicht. Es ahnt, daß sie dann nicht einfach nicht mehr vorhanden sind, sondern allerlei tun und erleben, was es nur selber nicht mitbekommt. Deshalb beziehen sich die ersten und-dann-Fragen meistens auf das, was die Mutter oder der Vater tun, wenn es selbst nicht dabei ist, weil es schläft oder weil die Eltern allein fortgehen. Es möchte genau und in vielen Einzelheiten erfahren, was da fortlaufend alles geschieht, bis zu dem Zeitpunkt, wo es selber an den Ereignissen wieder teilnimmt.
Sehr schnell wird ihm bei diesen Erzählungen jedoch klar, daß es immer weitergeht. Zumindest vermutet es das und meint nun mit der Frage auch: „Ist da irgendwo ein richtiges Ende, ein Schluß?“ Es möchte sozusagen durch die unaufhörlich fortgesetzte Erzählung erfahren, daß tatsächlich kein Ende abzusehen ist. Der Antwortende kann sich deshalb am besten so helfen, daß er z. B. sagt: „Und nun höre ich auf. Jetzt geht es wieder von vorne los“ (der Tageslauf z. B.) oder: „Und nun kann ich nicht mehr erzählen, jetzt denk dir selber aus, wie es weitergeht.“ Auch die häufige Schlußformel der Märchen „und wenn sie nicht gestorben sind, dann leben sie noch heute“ entspricht diesem Bedürfnis. So lernt das Kind mit den Antworten auf diese Frage auch, daß der Mensch selber Grenzen, Abschnitte setzt in das immer weiterfließende Leben, außerdem, daß es in dem Fortfließen Rhythmen gibt, sich wiederholende Abläufe und natürliche Haltepunkte oder Wendezeiten. Nach den Unterschieden in all diesem, was sich so ähnlich ist, fragt es, wenn es seine und-dann-Frage so abändert: „und heute?“ oder: „was tut er diesmal?“

Wo gibt es das? (geschieht das? ist das?) (3 1/2–4 1/2 Jahre)
Durch sein tägliches Leben und auch durch die Antworten auf seine und-dann-Fragen wird dem Kind bewußt, daß es viele verschiedene Orte gibt, die eine wichtige Rolle für einen Menschen, eine Sache, ein Ding spielen können. Diese Orte möchte es sich als lebendigen, ereignisreichen Handlungsraum, Lebensraum vorstellen können. Wenn es den Ort selber gut kennt, z. B. Supermarkt, Kindergarten, Park, Flußufer, Großmutters Wohnung, genügt die Bezeichnung als Antwort. Meistens möchte es jedoch noch wissen, welchen Platz die Sache (Ding, Person) dort einnimmt, und bald, wie sie von dort hierher gekommen ist oder umgekehrt und wozu.
Ebenso merkt es, daß es Orte gibt, die es selber nicht kennt, und die möchte es durch die Antwort dann ausführlich dargestellt bekommen, durch die Beschreibung und Erzählung selber als lebendigen Handlungsraum erleben. Auch die Jahreszeiten sind für seine Vorstellung solche Orte, Räume: im Sommer sieht es so und so aus und man kann das und das tun. Ebenso ist es mit frühe-

ren Zeiten oder mit den Welten, die es nachts im Traum erlebt, oder in denen Märchen, phantastische Erzählungen und Bilderbücher, Fernsehfilme spielen; alle sind ihm Handlungsräume, einfach verschiedene Orte. Auch die Unterscheidungen „wirklich“ und „unwirklich“, „konkret“ und „abstrakt“ kennt es noch nicht und kann es noch nicht verstehen. Es lebt jedoch sehr sicher mit den unterscheidenden Vorstellungen: „Das gibt es bei uns. Das andere gibt es nur im Film. Das nur im Traum. Das nur im Märchen“ usw. Dazu müssen aber die Erwachsenen seine wo-gibt's-das-Fragen in dieser Richtung und ausführlich genug beantworten.

Warum? (aber – wenn nun . . .) (4–5 Jahre)
Viele Erfahrungen hat das Kind schon gemacht, viele Menschen kennt es, viele Erklärungen und Erzählungen. So bleibt es nicht aus, daß ihm häufiger aufgeht, daß verschiedene Menschen nicht immer die gleiche Erklärung geben, daß Regeln, die zu Hause gelten, woanders nicht eingehalten werden, daß überhaupt Unterschiede im Erleben bestehen, daß z. B. das eine Kind weint, wenn es geboxt wird oder hinfällt, ein anderes jedoch nicht. Den Sinn für diese Unterschiede möchte es einsehen; deshalb fragt es nun dauernd: „warum?“ Außerdem fragt es damit nach all dem, was es schon bei „was machst du da?“ wissen wollte, nur kann es sich jetzt genauer ausdrücken. Die Antworten werden gerade bei dieser Frage nicht einfach hingenommen und akzeptiert, sondern in vielen Fällen folgt ein „ja, aber – wenn nun . . .“, und es werden andere Möglichkeiten erwogen oder bekannte genannt. Wichtig für den Antwortenden ist, daß die Kinder mit dieser Frage nicht nach dem Grund und dem Woher-kommt-das? fragen, sondern daß sie den Sinn, den positiven Zweck des Unterschiedes, den sie festgestellt haben, einsehen lernen möchten. Antworten wie „Du darfst das nicht, weil du unser Kind bist“ oder „ . . . weil du ein Mädchen bist“ oder „ . . . weil ich es dir sage“ leuchten ihnen daher nicht ein. Keine andere Frage ihres Kindes kann Eltern und Erzieher so in Verlegenheit bringen, keine andere sie so zum ernsthaften wirklichen Nachdenken anregen über ihre eigentlichen Verhaltensgrundlagen, ihre Einstellung zu den wichtigsten Dingen des Lebens und des Miteinanderumgehens. D. h. in dieser Zeit haben sie die beste Gelegenheit, durch ihre Kinder selber noch ein großes Stück Bewußtheit zu erwerben, an Reife des Denkens, des Verhaltens und an Ausdrucksfähigkeit zu gewinnen, weil sie komplizierteste Dinge wahrhaftig, ernst gemeint und doch klar, einfach und einleuchtend erklären müssen.

Woher kommt das? (5–6 Jahre)
Bisher waren alle Fragen auf den Augenblick und die Zukunft gerichtet. Bei den Warum-Fragen deuteten die Antworten jedoch oft auf die Vergangenheit, in der Gründe liegen, hin. Das Gewordensein interessiert jetzt das Kind, vor allem sein eigenes: „Wo war ich, als ich noch nicht auf der Welt war?“ – „Was habe ich als kleines Kind getan?“ – „Woher kommt es, daß ich ein Junge geworden bin?“ – „Woher kommt es, daß gerade ihr meine Eltern seid?“ Aber

auch das Entstehen, die Entwicklung der Personen und Dinge, die es umgeben, die es kennt, von denen es hört, möchte es sich nun vorstellen können.

Wie geht das? Wer hat das gemacht? Wer kann das? (5–6 Jahre)
Diese Fragen hängen mit „woher kommt das?“ eng zusammen, ergeben sich daraus und werden oft zum selben Sachverhalt gestellt: „Wie bin ich in deinen Bauch gekommen? Und wie heraus?“ – „Wer kann das machen, daß die Bäume wachsen? Werde ich das auch mal können?“ Oder auf Dinge bezogen: „Wie geht das: Autofahren?“, womit nun nicht mehr die Handlungen des Zündens, Gasgebens, Steuerns, Bremsens usw. gemeint sind, sondern verborgene Vorgänge, das, was im Innern des Autos beim Zünden, Gasgeben, Steuern bewirkt wird und vor sich geht, alles, was das Kind nicht selbst feststellen kann.

Auf alle Antworten zu diesen Fragen, die dem Kind nicht einleuchtend und klar genug sind, folgt unweigerlich das forschende: „Wieso?“ und oft auch noch allerlei Wenns und Abers, d. h. wieder verschiedene Möglichkeitserwägungen.

Kann das jeder, wenn er groß ist? (5 1/2–6 1/2 Jahre)
Aus seinen bisherigen Lebenserfahrungen und aus allem Denken, das mit den gerade vorangegangenen Fragen zusammenhängt, wird dem Kind klar, daß es jeweils einer Gruppe ganz bestimmter Fähigkeiten bedarf, um etwas Schwieriges tun zu können. Mit dieser Frage nun möchte es erfahren – oft sagt es auch schon genauer, was es wissen will –, was alles man sein und wissen und können muß, um etwas Bestimmtes fertigzubringen, aber auch, wie man diese Fertigkeiten erwirbt, was man alles dazu lernen muß und wie und wo. Und von alldem sollten die Antworten handeln. Dabei ist es wichtig, daran zu denken, daß das Kind vor allem seine eigenen Möglichkeiten kennenlernen möchte, die ihm selber offenstehen mit den Fähigkeiten, die es schon hat, und wie es sie durch die Schule und anderweitiges Spielen, Üben, Lernen, Erproben ausbauen kann. Die ganze Breite und Fülle, die einem Fünfjährigen noch offensteht, sollte der Erwachsene ihm vorstellen; die Begrenzungen ergeben sich im Lauf der Jahre von selbst. Gerade mit den Antworten auf diese Fragen werden Lernmotivationen verstärkt oder zunichte gemacht. In dieser Zeit auch viele Märchen erzählen, in denen Verhaltensweisen und ihre Folgen dargestellt werden.

Ist das immer so? (6–7 Jahre)
Alle Fragen dieser und ähnlicher Art entstehen aus dem Erleben der Veränderung und Verwandlung, die mit jedem Kind dieses Alters vor sich geht, und beziehen sich auf alle wichtigen Veränderungen, die im Leben noch bevorstehen, z. B.: „Behaltet ihr mich immer lieb? Auch wenn ich heirate? Muß ich dann von euch wegziehen?“ – „Kann ich noch spielen, wenn ich zur Schule gehe oder wenn ich später arbeite?“ – „Fallen die neuen Zähne auch wieder

aus? Und wachsen dann immer wieder neue?" – „Haben schon immer die Mütter die Kinder bekommen?" – „Darf ich meine Puppen immer behalten?" usw. usw. Wenn diese Fragen nicht aus rein sachlichem Interesse gestellt werden – was selten der Fall ist –, muß man herausfinden, welche der folgenden Ängste hinter einer Frage verborgen ist:

1. Das Neue geschieht zwar jedem Menschen. Es erscheint dem Kind aber so fremd und mächtig, daß es fürchtet, davon überwältigt zu werden, nur Unangenehmes damit zu erleben, zuviel von dem, was es gewöhnt ist und liebt, dafür aufgeben zu müssen.

In dem Fall müssen die Antworten das Positive an der Änderung betonen und einleuchtend vorstellen, also das Angenehme und dem Kind sinnvoll Erscheinende an der Schule, an den neuen Zähnen, am Heiraten, Wegziehen usw. schildern. Daneben muß erzählt werden, in welchem Verhältnis das Neue zu den bisherigen liebgewonnenen Gewohnheiten steht, also z. B. wieviel Zeit neben der Schule zum Spielen bleibt, daß die Mutter weiter jeden Abend eine Geschichte vorliest, obwohl das Kind nun selber lesen lernt, usw. Das, was nicht so angenehm daran ist, sollte nicht verschwiegen werden, aber in der Schilderung nicht im Vordergrund stehen. Es sei denn, das Kind fragte ausdrücklich danach. Vor allem müssen diese Unannehmlichkeiten jedoch als ertragbar und überwindbar dargestellt werden.

2. Es ist zu der Änderung wirklich noch nicht fähig, hat aber von ihr gehört und möchte darüber beruhigt werden, daß sie erst eintreten wird, wenn es sie ertragen kann, wenn es bereit dazu ist. Diese Beruhigung sollte man dem Kind unbedingt geben. Z. B.: „Du kannst dein Leben lang bei uns wohnen bleiben, aber du wirst es selbst einmal gar nicht mehr wollen." Oder: „Man braucht nicht zu heiraten, wenn man nicht mag." – „Mutter und Vater haben ihre lebendigen Kinder lieber als Puppen, deshalb brauchen sie keine mehr." Vor allem sollte man die Absicht haben und sie das Kind fühlen lassen, es vor Änderungen, die es noch nicht ertragen würde, soweit irgend möglich zu bewahren.

3. Es fürchtet sich vor Änderungen, die der Mensch nicht selbst in der Hand hat, vor Schicksalsschlägen wie Tod, Trennung von geliebten Menschen, Krankheiten, Verlusten jeder Art, Unfällen usw. und möchte erfahren, ob und wie man damit fertigwerden kann, ob man damit überhaupt weiterleben und danach auch wieder glücklich werden kann. Es wird viele Gespräche erfordern, diese Fragen mit dem Kind zu klären, denn es stellt sie meistens aus einem konkreten Anlaß, den es z. B. bei Spielkameraden mitbekommen hat. Man muß erzählen, wie auf solche schlimmen Zeiten auch immer wieder gute folgen und mit welchen Hilfen man sie durchstehen kann. Am besten gibt man dazu geeignete Beispiele aus dem eigenen Leben oder dem naher Bekannter,

weil das am deutlichsten zeigt, wie das Schwere überwunden wurde und daß man jetzt wieder gesund und glücklich ist.

4. Es erlebt eine ihm aufgezwungene Änderung – Schule, Umzug, Zahnarztbesuch mit Zahnverlust, Trennung der Eltern o. a. – als schrecklich und fragt, ob das nun immer so bleibt, d. h. es braucht Hilfen, die es aus seinem augenblicklichen Zustand herausführen. Diese Hilfen muß es bekommen, und man sollte ausführlich mit ihm darüber sprechen.

Wer aber gerade solche Fragen schlecht und für das Kind unbefriedigend, d. h. nicht ausführlich genug oder, schlimmer noch, nur pessimistisch beantwortet, der kann die Kinder in tiefe Lebensängste hineintreiben, es können psychische und psychosomatische Krankheiten daraus entstehen, die dann Jahre der Heilung brauchen. Dieser Verantwortung sollte man sich als Erzieher bewußt sein und auf die Fragen dementsprechend eingehen. Manchmal hilft man mit diesen Gesprächen nicht nur dem Kind, sondern auch sich selbst, wenn man nämlich durch intensivste Bemühungen um des Kindes willen Lösungen oder Wege oder positive Seiten des Lebens dabei entdeckt, die man vorher selbst nicht mehr oder noch nicht zu sehen vermochte.

Wann wird das so sein? Wann war das? (6–7 1/2 Jahre)
Aus dem Vorangehenden ergibt sich die Frage nach dem Zeitpunkt von selber. Nach ihm wird nun oft gefragt, und die Zeit als solche fängt an, eine Rolle im Denken und Erleben des Kindes zu spielen. Es interessiert sich deshalb nun auch ernstlich für Zeitbegriffe wie „Woche“, „Monat“, „Kalender“, „Stunde“ usw. Vorher dachte es so: „Wie viele Male muß ich vorher noch schlafen?“ oder: „War ich da schon auf der Welt?“ „Erzählst du mir eine Geschichte, wenn du staubgesaugt hast? Oder siehst du dann erst noch fern?“ Um Zeitbegriffe anschaulich zu machen, ist es jedoch noch eine ganze Weile gut und sinnvoll, derartige Vergleiche aus dem Erleben des Kindes zur Erklärung heranzuziehen.

Ist das wirklich so (wahr)? (6 1/2–7 1/2 Jahre)
Aus den Erfahrungen der unterschiedlichen Welten des Tages und des Traums, der Erzählungen anderer und dem eigenen Erleben, dazu aus unterschiedlichen Aussagen verschiedener Menschen, begreift das Kind, daß nicht alles „wirklich“ ist, was es sich vorstellt, was es im Film sieht, was es von jemandem hört oder was es liest. Es möchte einfach wissen, wie es das Gehörte und Gesehene einordnen soll. Vor allem solche Kinder stellen diese Frage, die nicht vorher schon genügend oft gehört haben, daß es etwas nur im Traum, nur im Märchen, nur bei uns usw. gibt. Aber alle sind noch unsicher über das, was tatsächlich mit ihrem lebendigen konkreten Körper oder mit Dingen und anderen Menschen und Tieren geschehen kann. Sie hören und sehen soviel Unvorstellbares, d. h. Nieselbsterlebtes, daß sie einfach wissen möchten: Kann mir dies jemals passieren oder nicht und wenn, wie werde ich

es dann erleben: als angenehm oder als unangenehm? Werde ich es überhaupt spüren und wissen, daß es passiert, z. B. wenn ich sterbe?
Außerdem gibt es leider immer törichte Menschen, die Kindern allerlei weismachen wollen, was nicht stimmt, aus „Spaß“ oder um ihnen Angst zu machen. So stellen Kinder oft diese Frage, um von einem Menschen, dem sie vertrauen, von dem sie annehmen, daß er ihnen bisher immer die Wahrheit gesagt hat, zu erfahren, was nun wirklich stimmt. Viele Erwachsene wissen allerdings oftmals selbst nicht, ob und wie etwas möglich ist. Als Erzieher sollte man deshalb versuchen, immer wieder dazuzulernen, sich von anderen informieren zu lassen und selber genauer und intensiver nachzudenken. Auf jeden Fall müssen die Antworten so ehrlich wie möglich sein. Und wenn man es nicht weiß, muß man das zugeben.

Magst du das (die, den) leiden? (7 1/2–8 1/2 Jahre)
Die Unterschiede des Geschmacks und der Sympathie gehen dem Kind auf. Nun möchte es wissen, welche Eigenschaften die Person oder das Ding für den Menschen, den es fragt, liebenswert machen. Einfaches „Ja“ oder „Nein“ genügen also nicht als Antwort. Außerdem ist mit der Frage häufig das Nachdenken verbunden: „Soll, kann, darf ich das (die, den) leiden mögen?“ oder: „Müßte ich so sein, damit der oder die mich liebhaben?“ In die Antworten müßte also einfließen, wie derselbe Mensch (Tier, Pflanze, Ding) für verschiedene Menschen auch verschiedene Bedeutung, verschiedenen Wert haben kann und wieso. Wichtig ist, daß weder im Kind ein schlechtes Gewissen, weil es etwas oder jemanden nicht mag, noch die Vorstellung geweckt werden, daß dieser Mensch oder diese Sache an sich wertlos, schlecht, unliebenswert ist. Wenn man sich hier als Erzieher richtig verhält und gut antwortet, kommt mit ungefähr neun Jahren eine Zeit, wo das Kind häufig sozusagen mit Absicht einen anderen Geschmack, eine andere Bewertung als die Erwachsenen zu haben behauptet und des öfteren auch tatsächlich hat. Das ist ein weiterer Schritt zur Selbständigkeit, und deshalb sollte man sich darüber freuen, auch wenn es einen im Augenblick vielleicht stört. Solange man dem Kind selber genügend Richtiges und Gutes vorlebt, ihm anregende Literatur verschafft, dafür sorgt, daß es mit verschiedenen Kindern und Menschen zusammenkommt, braucht man nicht zu fürchten, daß es immer nur das Falsche lieben wird. Und sehr oft gibt es ja eben gar kein Falsch oder Richtig, sondern wirklich nur unterschiedliche Vorlieben.

Alle weiteren Fragen kann das Kind inzwischen so gut formulieren, daß der Erwachsene weiß, was es möchte – zumindest wird er es mit ihm gemeinsam herausfinden können.

Nicht jede Frage eines Kindes ist so ernst gemeint, wie auf den vorangehenden Seiten ausgeführt. Das kann man leicht feststellen: Wenn das Kind mit einer einfachen kurzen Antwort zufrieden ist, genügt diese auch im Augenblick. Fragt es weiter oder wiederholt es seine erste Frage, muß man im beschriebenen Sinn ausführlicher werden. Manchmal möchte das Kind auch nur eine Bestätigung dessen erfahren, was es sich selber als Antwort oder Lösung denkt. Deshalb ist es eine gute Methode, nicht jedesmal sofort ausführlich zu antworten, sondern erst einmal die Frage zurückzugeben: „Was denkst du denn selbst?" und sich die Gedanken des Kindes anzuhören, auf sie einzugehen, bestätigend, richtigstellend oder weiterführend, was eben gerade nötig ist. Man sollte aber erst überlegen, ob dieses Zurückgeben der Frage im betreffenden Fall sinnvoll ist, denn viele Antworten kann ja gerade das junge Kind gar nicht kennen. Wo man das genau weiß, sollte man lieber gleich antworten. Durch zu häufiges Zurückgeben der Fragen fühlen sich die Kinder auf die Dauer enttäuscht und abgewiesen oder überanstrengt und hören auf zu fragen. Schließlich kann es noch der Fall sein, daß ein Kind gerade Zuwendung braucht und deshalb aus Spaß und Vergnügen Fragen stellt, deren Antwort es eigentlich kennt. Da kann man eine Weile auf das Spiel eingehen oder selber fragen, was man denn jetzt vielleicht gemeinsam tun sollte, oder das Spiel in ein Sprechspiel oder Ratespiel überleiten, so daß es etwas mehr Inhalt bekommt.

Alle aufgeführten Fragen stellt das Kind gerade im angegebenen Alter besonders häufig und in der Folge immer wieder, wenn es ihm unbekannten Dingen auf den Grund gehen möchte. Machen wir ihm aber mit unserer Antwort Angst oder bleiben sie ihm gar schuldig, dann wird es die Frage dennoch – oft jahrelang und ohne Hilfe – im Kopf wälzen, bis es sie eines Tages doch wieder zu stellen wagt oder die Antwort selbst findet durch das, was es erlebt, sieht, hört und lernt.

Nur Kinder, deren Fragen so gut wie nie oder immer unzureichend beantwortet werden, verlieren die Lust und das Interesse am Fragen und werden deshalb oft für „dumm" gehalten. Ihr Denken später wieder zu wecken, kann sehr schwierig sein. Auch muß das jeweilige Problem auf jeder altersbedingten Fragestufe vom Kind ausreichend durchdacht und dementsprechend beantwortet worden sein, damit die nächste Stufe ganz zwanglos und im Zuge der normalen Entwicklung des Kindes folgen kann. Bei sprachlich und denkerisch nicht ihrem Alter gemäß entwickelten Kindern muß deshalb der Erzieher damit beginnen, ihren Wissensdurst so zu wecken, daß sie von sich aus die erste Frage stellen. Zusätzlich sollte man sie dann auch an Gesprächen mit Kindern ihrer eigentlichen Altersstufe teilnehmen lassen, denn oft gibt das den Anstoß für besonders intensiv geäußertes Interesse des vorher interesselos scheinenden Kindes; die dazwischenliegenden, bisher versäumten Fragestufen müssen aber trotzdem noch nachgeholt werden.

Neben dem Eingehen auf die Fragen gibt es noch folgende Möglichkeiten, das denkende Sprechen des Kindes zu fördern und anzuregen:

- Der Erzieher muß selber Gedankengänge und Überlegungen äußern, die ihm durch den Kopf gehen und die für die Kinder auch interessant sein könnten;
- zu kurz oder falsch formulierte Gedankengänge, unrichtige Grammatik des Kindes durch richtige und reichhaltigere, aber klarere Sprache ergänzen oder wiederholen; aber nicht so, daß das Kind sich verbessert vorkommt, sondern so, daß es sich gut verstanden fühlt;
- selber Fragen und Denkaufgaben stellen, die sich nach der augenblicklichen Fragestufe des Kindes richten sollten:
  - konkret mit Hilfe von Spielen und Sachkundeaufgaben
  - konkret in bezug auf Spiele, die gerade durchgeführt werden sollen
  - abstrakt, d. h. nur vorgestellt, an Erlebnisse, Vorkommnisse anknüpfend
  - indem irgendwelche Möglichkeiten erwogen werden (realistische, scherzhafte, absichtlich falsche, phantastische, märchenhafte)
  - an Geschichten, Bilderbücher, Filme, Puppentheater usw. anknüpfend;
- Rätsel aller Arten lösen und vor allem auch selber machen und aufgeben;
- Denkspiele aller Arten. Ausprobieren, was dem Kind Spaß macht, was ihm gelingt und doch schwierig genug ist, um es weiter zu fördern.
- Witze, Spaß und Unsinn, Lügengeschichten erzählen und vor allem auch gemeinsam mit den Kindern erfinden oder von ihnen erfinden und erzählen lassen;
- Geschichten und Bilder erzählen, zeigen, anbieten, in denen irgendein Problem oder eine Denkaufgabe enthalten sind, die von den Kindern gelöst werden müssen, bevor das Ende erzählt wird oder weil gar kein Schluß vorhanden ist;
- soziales und freies Rollenspiel anregen, anleiten und pflegen; sehr gut dargestellt bei Smilansky in Flitner „Das Kinderspiel" (s. Literatur).

Zur Auswahl von Denkaufgaben, Denkanregungen und Denkspielen ist folgendes zu überlegen: Fragestellungen zu Erlebnissen und Problemen werden mit desto stärkerem Interesse verfolgt, je näher sie das Kind im Augenblick angehen. Wenn sie ihm zur Zeit noch ganz fernliegen und fremd sind, hat es kein Interesse an ihnen und kann auch nicht darüber nachdenken. Sollte es aus irgendeinem Grund wichtig sein, daß es das dennoch tut, müssen eine Geschichte, ein Bild, ein Film oder ein Rollenspiel vorausgehen, worin das Fremde miterlebt werden kann, um dadurch begreifbar zu werden. Aber selbst das ist nicht in jedem Fall möglich. Wenn die Fragen oder das Gespräch jedoch unangenehme Gefühle im Kind berühren, kann es um so schlechter darauf eingehen, je stärker das Gefühl der Angst oder die Empfindung des Schmerzes dabei werden. Überhaupt: wenn Gefühle zu stark vorherrschen, gerät das Denken immer mehr in den Hintergrund. Für alle Kinder mit irgendwelchen Störungen emotionaler und sozialer Art, mit großen Problemen oder psychischen Krankheiten kann also auch in bezug auf das Denken nichts Eiligeres getan werden, als sie wieder gesund zu machen und ins Gleichgewicht zu bringen. Und solange darf man keine oder nur geringe Denkleistungen von ihnen erwarten außer solchen, die sich direkt auf ihre augenblicklichen Probleme beziehen und damit zur Heilung beitragen.

Abschließend zum Denken noch: Je klarer, wahrer und besser der Erwachsene selber denkt und seine Gedanken zum Ausdruck bringt, Fragen und Aufgaben stellt, Gespräche mit den Kindern führt, desto besser, klarer und richtiger lernen auch die ihm anvertrauten Kinder denken und sprechen. Es gibt nichts in der Welt, worüber man nicht nachdenken könnte und dürfte. Es gibt nur Zeiten und Situationen, in denen manche Gedankengänge und Fragen einem anderen Menschen zuliebe besser unausgesprochen bleiben. Das läßt sich auch kleinen Kindern nach und nach sehr gut klar machen. Ebenso gilt: Je weitherziger, reichhaltiger und verständnisvoller das Denken des Erwachsenen ist, desto reicher und besser in diesem Sinn wird es auch bei den Kindern werden.

Spiele und Übungen

(ab 3 Jahre)

(70) Kurze Spaßgeschichten erzählen, deren Witz das Kind erkennen soll, d. h. der Erzähler muß sicher sein, daß es den richtigen Sachverhalt kennt, so daß es die Übertreibung oder das lustig Falsche herausfinden kann. Auch das Kind ermuntern, sich selbst solche Spaßgeschichten auszudenken und zu erzählen. Auf den Witz darin eingehen, auch und obwohl er dem Erwachsenen in vielen Fällen nicht oder weniger komisch erscheinen wird als dem Kind. Einfachstes Beispiel: Man selber oder das Kind kleckert beim Essen. „Na, so etwas! Die Soße hat wohl gedacht, der Pullover möchte so gern mal wieder gewaschen werden!“

(71) Ratespiele, bei denen nicht beschrieben wird, sondern Fragen gestellt werden, die das Gemeinte allmählich einkreisen. Z. B.: „Denk dir mal eins von deinen Spielzeugen!“ „Ich weiß eins.“ Und dann Fragen wie: „Hast du heute schon damit gespielt?“ wenn man weiß, was das Kind gespielt hat und was nicht. „Schläft es nachts in deinem Bett?“ falls Puppen oder Stofftiere das tun. „Kann es rollen und springen?“ womit man den Ball meint, usw., bis man glaubt, die Antwort zu haben. Dann sagt man es direkt. Es ist wichtig, daß zuerst Erwachsene oder ältere Kinder die Fragen stellen und das kleine Kind nur antworten muß. Wenn es vorschlägt, daß es nun auch selbst raten möchte, wird es meistens völlig unzureichende, nicht weiterführende Fragen stellen. Dann kann man Tips geben, was es fragen soll, ganz direkt. Und man muß flexibel darin sein, zu erkennen, wie gut das Kind allein zurechtkommt, wann und worin es keine Hilfe mehr braucht.

(ab 5 Jahre)

(72) Lügengeschichten gemeinsam erfinden und gegenseitig erzählen.

(73) Was würdest du tun, wenn ... Etwas möglichst Unwahrscheinliches fragen und darauf möglichst sachlich antworten. Beispiel: „... wenn die Decke jetzt herabfiele?" „Eine Burg bauen." Antworten wie „weglaufen, Angst haben, schreien" und so ähnlich sind nicht erlaubt, werden von Kindern auch selten gegeben.

(74) Warum – weil. Das gleiche umgekehrt. Eine ganz gewöhnliche Frage stellen und eine möglichst seltsame, aber passende Antwort geben, z. B.: „Warum hältst du die Hand vor den Mund?" „Weil ich sonst an den Zähnen friere."

(75) Das Vergleichsspiel. Es kommt darauf an, Dinge miteinander zu vergleichen, die in Wirklichkeit gar nicht nach gemeinsamen Maßstäben zu beurteilen sind. Das zwingt häufig dazu, Gemeinsamkeiten zu erfinden oder an den Haaren herbeizuziehen. Z. B.: Hausschlüssel und Elefant. Beide sind nicht zum Zähneputzen zu gebrauchen, können sehr alt werden, sind in der Regel für ihre Besitzer unentbehrlich. Oder: Kieselstein und Tomate. Beides Naturprodukte, der Erde entsprossen, können in die Tasche gesteckt und als Wurfgeschosse verwendet werden.

(ab 7 Jahre)

(76) Einsilbig oder gar nicht. Ein Kind wird von allen anderen mit Fragen schnell hintereinander beworfen, die es beantworten muß. Dabei darf es weder Ja noch Nein gebrauchen, sondern nur Umschreibungen jeder Art, die ausschließlich aus einsilbigen Wörtern bestehen müssen. Sobald sich das Kind verspricht, kommt das nächste, das möchte, an die Reihe.

(77) Einkreisen, auch „Konkret und Abstrakt" genannt oder „17 und 4". Bei den ersten beiden Formen ist die Fragezahl nicht begrenzt, deshalb sind sie für Kinder besser geeignet. Die Geschicklichkeit besteht darin, gute Fragen zu stellen, die zuerst allgemeine übergreifende Begriffe abklären, die Ort, Zeit, Entfernung oder Nähe bestimmen, um dann immer spezieller zu werden, bis das Gemeinte erraten ist. Die Antworten dürfen nur Ja oder Nein heißen.

(78) Fixe Idee. Einer geht hinaus. Die anderen denken sich aus, welche fixe Idee sie haben wollen, z. B. daß sie alle im Krankenhaus liegen oder alle wieder Säuglinge sind oder Napoleon oder daß jeder eine andere Stellung in einem Zirkus innehat. Der Ratende stellt reihum Fragen nach ihm bekannten Lebensumständen oder Tatsachen, die er im Moment feststellen kann, z. B.: „Trägst du gern rote Pullover?" oder: „Kommst du nachher wieder mit zum Fußballspielen?" Die Antworten sollen aus der Rolle heraus gegeben werden und genügend verhüllt sein, daß erst nach und nach erkennbar wird, worum es sich handelt. Beispielantworten – einfach: „Ja, ja, Herr Schmidt, wenn Ihr Fieber

wieder gesunken ist, halten Sie meine Schürze nicht mehr für einen roten Pullover.“ Schwer: „Sind Sie farbenblind? Ich trage doch natürlich nur Weiß!“

Außerdem sind folgende Spiele und Übungen geeignet: Nr. 21, 23–25, 29 bis 31, 33, 34, 37, 40, S. 37 bis S. 43, Nr. 49, 50, 54–61, 63, 65–67, 69, 80 bis 103.

Sinnzusammenhang des Gesprochenen

Ziele:
Die Kinder sollen jeder Aussage und Erzählung eine sinnvolle, dem Inhalt angemessene Gestalt geben können.
Dazu gehören: richtige Wortwahl, richtige Grammatik, richtiger Satzbau, sowohl in einfachen Satzfolgen als auch in komplizierten Satzgefügen, Erkennen des Wesentlichen, d. h. ohne Abschweifungen und Umständlichkeiten sprechen können, genauso jedoch, wichtige Einzelheiten nicht unerwähnt lassen, und unterscheiden können, was für den Sprecher selber und was für den Zuhörer von Bedeutung ist. Vom Schulalter an soll den Kindern auch deutlich bewußt werden, daß es nicht gleichgültig ist, in welcher Reihenfolge der Wörter ein Satz, mit welcher Gliederung ein Text und in was für einem Zusammenhang ein bestimmtes Wort gesprochen werden. Es soll ihnen weiter Freude bereiten, in diesem Sinn Versuche vorzunehmen und mit der Sprache zu spielen.

Wie kann das erreicht werden?
Vor allem müssen die Kinder vielfältigste Beispiele sinnvoll gestalteten Sprechens, guter Sprache bekommen und genügend Anregungen, auch Zeit dazu, um eigene kreative und nachahmende Versuche machen zu können.
In der Qualität, die der Sinnzusammenhang des Gesprochenen hat, kommt zum Ausdruck, wie klar und gut ein Mensch denken kann, wie anschaulich er sich vorstellt, was er spricht, ob er erkennen kann, was für den Zuhörer an der Sache im Augenblick das Wesentliche ist bzw. was besonders wichtig ist zu sagen. Es zeigt sich auch darin, wie die Beziehungen zwischen den Sprechpartnern vom Sprechenden erlebt werden. Sind bei ihm Ängste, Befürchtungen irgendeiner Art vorhanden, die sich auf den anderen beziehen, ist er oft nicht imstande, das Wesentliche in geeigneter Form zum Ausdruck zu bringen. Oft zeigt sich in solchen Störungen auch, daß zur Zeit des Sprechenlernens und des Spracherwerbs dem Kind nicht genügend gute Möglichkeiten gegeben worden sind, seine Gedanken, Vorstellungen, Phantasien, Erlebnisse zu äußern, oder daß auf diese Äußerungen falsch reagiert worden ist. Vieles umständliche, abschweifende, ungeordnete, aber auch unsachliche oder lauter unnötige Höflichkeitsfloskeln enthaltende Reden hat derartige Gründe.
Wenn jemand also in diesem Sinn schlecht spricht, muß zuerst erkannt werden, woran es liegt bzw. welches Fehlverhalten er genau zeigt. Dann kann

daran gearbeitet werden, in dieser ganz bestimmten Richtung Änderungen zu schaffen. Liegt es z. B. an der ungenauen Vorstellung dessen, was erzählt wird, kann man dem Kind für das zu Sagende Vorstellungshilfen geben und zusätzlich eine Zeitlang verschiedenste Vorstellungsübungen mit ihm machen. Liegt es an einer Furcht, die sich auf Sprechpartner bezieht, muß diese Furcht abgebaut werden, wozu auch gehört, daß Erfolgserlebnisse mit dem Sprechen gerade bei diesen Partnern erfahren werden. Liegt der Fehler vor allem im Ungeordnetsein, kann man längere Zeit mit dem Kind immer wieder das, was es sagen will, gemeinsam ordnen, in die rechte Reihenfolge bringen, Unwichtiges weglassen, Vergessenes hinzufügen. Man stellt dazu die entsprechenden Fragen, hilft auch direkt und läßt das so Geordnete dann vom Kind noch einmal selber sagen oder auch schreiben, wenn es sich um Schulaufgaben handelt. Im übrigen tragen alle Arbeit an der Sprache sowie das Vorlesen und Spielen verschiedenster Texte zur Verbesserung des Sinnzusammenhangs bei.

Spiele und Übungen

(ab 3 Jahre)

(79) Lückentexte. Gedichte, Reime, kurze Geschichten so sprechen und erzählen, daß wichtige Worte nicht gesagt werden. Diese muß das Kind an der passenden Stelle, wenn man die Pause macht, einsetzen, z. B.:
„Muh, muh, muh,
so ruft im Stall die . . . (Kuh).
Wir geben ihr das Futter,
sie gibt uns Milch und . . . (Butter)."
Bei Schulkindern auch geschriebene Texte, in die sie die Wörter hineinschreiben können.

(80) Vorstellungsübungen. Z. B.: „Mach mal die Augen zu und stell dir deine Puppe Lisa vor. Und nun beschreib mir, wie sie aussieht!" Dabei Hilfen durch Fragen und Aufforderungen geben wie: „Fang beim Kopf an. Was für Haar hat sie?" Oder nach einem Spaziergang: „Sag mir doch bitte, wie du die Blume gefunden hast, die du mir da bringst. Wo hat sie gestanden? Waren noch andere Blumen in der Nähe? War sie besonders hoch oder groß oder klein? Oder sahen die anderen ganz anders aus? Wie? Oder saß eine Biene darauf und ist dann weggeflogen?" Oder: „Erzähl mir doch bitte etwas davon, was ihr heute im Kindergarten getan habt! Wovon möchtest du erzählen?" Nach der Antwort, z. B „in der Puppenecke gespielt", Fragen dieser Art: „Wer hat denn noch mitgespielt? Was habt ihr zuerst getan? Und was hat Peter als Vater da gesagt? Was hast du geantwortet? Habt ihr denn dann eine Suppe auf dem Puppenherd gekocht? Wie habt ihr das denn gemacht?" Immer möglichst genau und geordnet beschreiben, erzählen und Gespräche

wiedergeben lassen. Auch einfach sagen: „Mach mal deine Augen zu und erzähl mir, was du dann siehst (oder hörst)!"

(ab 5 Jahre)
„Denk dir doch bitte mal eine Geschichte aus und erzähle sie mir!" Auch dazu Fragen stellen, die auf eine gewisse Ordnung, Anschaulichkeit und Lebendigkeit abzielen. Oder: „Mach mal die Augen zu und stell dir vor, du siehst jetzt zu, wie der Trommler aus dem Märchen (Grimm „Der Trommler") durch den Wald zieht. Erzähl mir mal genau, was du siehst und hörst!" (auch riechst und fühlst, wo angebracht). Ebenfalls durch Fragen weiterhelfen oder durch vorsichtige eigene Vorstellungsbilder wie: „Oh, ich sehe jetzt den ersten Riesen herankommen. Hörst du, wie laut er trampelt und stampft? Und siehst du, wie er die dicke Eiche nur so im Vorübergehen mit dem Arm beiseitefegt, daß alle Bäume daneben umknicken? Ja? Oder was siehst du? Was tut der Trommler da nur! Ob er sich hinter der Buche verkriecht, deren Zweige fast bis auf die Erde hängen?" Oder: „Ihr habt heute ein Experiment im Kindergarten gemacht? Ach bitte, beschreibe mir das doch mal genau, damit ich mir vorstellen kann, wie das geht!" Fragen zur genauen Reihenfolge der Tätigkeiten und zu den gemachten Beobachtungen stellen. Immer ist der Hinweis wichtig: „Sieh es vor dir!" bzw.: „Höre, fühle, rieche, schmecke, denke es noch einmal!"

(81) Bildkärtchen ordnen. Eine kleine Gruppe von Bildkarten, die zusammen einen Handlungsvorgang zeigen, in die richtige Reihenfolge bringen und den Vorgang dazu erzählen lassen (2–5 Karten).

– Das gleiche, aber die Karten mehrerer Folgen durcheinander hinlegen und da herausfinden lassen (2–3 Folgen).
– Nur zwei Kärtchen hinlegen, in der richtigen Ordnung, Anfang und Schluß. Die Zwischenstücke müssen aus vielen weiteren Kärtchen herausgefunden werden.
– Das gleiche, aber die Zwischenstücke werden nur erzählt.
– Überhaupt Bilderbücher ansehen, Geschichten dazu hören und selber erzählen.

(ab 7 Jahre)

(82) Rückwärtssprechen. Einen Satz oder einen kurzen Reim rückwärts (die einzelnen Worte) sagen. Die anderen müssen es vorwärts richtig zusammenbekommen. Auch Zahlenreihen, das Alphabet, das kleine Einmaleins oder Telefonnummern.

(83) Satzzerlegen. Die Kinder in Gruppen teilen. Jede denkt sich einen Satz aus, verteilt die Wörter auf die Mitglieder, und dann führt jede Gruppe den anderen ihren Satz vor, aber bunt durcheinander und auch gleichzeitig gesprochen. Er soll richtig erraten und gesagt werden.

(84) Ungeordnete Reihenfolge. Einer oder eine Gruppe beschreibt den anderen eine kurze Folge von Tätigkeiten in ungeordneter Reihenfolge. Die anderen sollen sie in der richtigen, d. h. sinnvollen Reihenfolge ausführen.

(85) Wortverstecken. Einer geht hinaus. Die anderen verabreden ein Wort, das nicht zu auffällig sein darf. Der draußen Wartende wird hereingeholt und stellt reihum irgendwelche Fragen. Sie müssen sinnvoll beantwortet werden und das verabredete Wort enthalten. Da es in jeder Antwort wiederkehrt, wird es bald erraten.

(86) Liederraten. Statt eines Wortes wird reihum der Liedtext verteilt. Jedes Wort muß in der Antwort in der im Text gebrauchten Form vorkommen, also „geht" z. B. und nicht „ging, gehen oder gehst". Das Lied muß dem Ratenden natürlich bekannt sein.

(wenn die Kinder lesen können; auch als Anreiz zum Lesen)

(87) Sonderbare Geschichten. Hierzu braucht man eine Sammlung von Texten aus verschiedenen Geschichten, einige Sätze jeweils oder einen Absatz, am besten so vervielfältigt, daß man sie zusammen oder einzeln und jeden Text auch noch wieder in mehrere Teile zerschnitten den Kindern in die Hand geben kann. Spiele damit:

- Die Kinder bekommen zu zweit oder zu dritt einen Text, der in lauter Stücke geschnitten ist, bunt durcheinandergewürfelt. Sie sollen ihn richtig zusammensetzen und dann vorlesen.
- Die Kinder haben zu zweit je einen Text. Der Erwachsene liest alle nacheinander vor, aber ganz falsch gegliedert, also mit Pausen zwischen Wörtern, die eng zusammengehören im Satz, über Punkte hinweg, mit Ausrufe- und Fragezeichen, wo sie gar nicht hingehören. Die Kinder sollen herausfinden, ob sie den Text auf ihrem Zettel haben. Sie dürfen ihn dann richtig vorlesen.
- Einige Kinder haben Texte, die falsch gegliedert sind. Sie lesen sie so vor. Alle gemeinsam versuchen, den Text richtig zu gliedern.
- Mehrere Gruppen, nicht zu groß. Jede bekommt zwei bis drei in Stücke geschnittene Texte bunt durcheinandergewürfelt. Sie soll versuchen, daraus einen neuen sinnvollen Text zusammenzustellen. Bedingung: Es sollen möglichst alle Stücke verwendet werden. Wenn man es vorher selber ausprobiert, kann man sicher sein, daß es auch geht, aber die Kinder sind oft phantasievoller darin als der Erwachsene. Notwendige Übergangswörter dürfen eingefügt werden, aber möglichst wenige. Jede Gruppe bekommt die gleichen Textstücke, damit man nachher vergleichen kann, was jeweils daraus geworden ist.
- Jedes Kind, das Lust hat, versucht, ein Stück Text einer Geschichte, die alle kennen, falsch gegliedert zu erzählen. Das ist schwer! Die übrigen versuchen, den richtigen Text zu erkennen und zu erzählen.

(ab 9 Jahre)

(88) Lustige Erzählstil-Spiele. Den Kindern Beispiele für unterschiedliche Erzählstile geben, mündlich oder schriftlich, z. B. Einwort-Sätze: „Kommst du? – Nein. – Nein? – Nein! – Warum nicht? – Will nicht. – Bitte! – Morgen. – Heute! – Quälgeist!"; Bandwurmsätze verschiedener Art, z. B. Aufzählungen beschreibender Art, und-dann-Reihungen, Denkfolgen usw.; kurze Tatsachen, die durch unnötige Erklärungen oder Schilderungen oder abschweifende Erzählungen verundeutlicht, eventuell sogar unerkennbar werden; Tätigkeitserklärungen, Rezepte oder dergleichen, die durch Bemerkungen über die eigenen Erfahrungen mit der Sache oder durch Gefühls- und Empfindungsausrufe oder durch Geschimpfe, weil es nicht klappt oder weil der Helfer es nicht gleich kann, so häufig unterbrochen werden, daß sie nicht mehr zu verstehen sind, oder die in so verkehrter Reihenfolge gegeben werden, daß man sie nicht nachvollziehen kann; Beschreibungen von Gegenständen, Personen, Bildern oder anderem, die nur das Unwichtige enthalten, das Wesentliche nicht, so daß man sich das Gemeinte trotz langer Reden nicht vorstellen kann oder es nicht erkennt; alles, was man sonst an guten oder schlechten Sinnzusammenhängen den Kindern deutlich machen will. Daran eigene Versuche anschließen: Gemeinsam ein Thema finden. Jedes Kind kann dazu eine Handlung oder einen Text erfinden und erzählen, deren Eigenschaften vorher festgelegt wurden, durch freie Wahl oder durch Loszettel, auf denen z. B. steht: „Einwort-Sätze" oder „Gefühlsausrufe" oder „Umständliche Erklärungen".

Beispiele für Themen:

- Zwei gehen in den Wald hinein, einer kommt nur wieder heraus.
- Eine Kiste steht am leeren Strand. Wer hat sie hingestellt, und was wird aus ihr?
- Erklären, wie man sich auf einen Stuhl setzt oder ein Fenster öffnet, ein bekanntes Spiel spielt oder sich etwas zu trinken holt, mit dem Bus fährt u. a.

Außerdem sind folgende Spiele und Übungen geeignet: Nr. 14, 19, 21, 23–25, 33, 34, 37, 39, S. 37 bis S. 41, Nr. 50, 53–59, 61, 63, 66–78, 89–91, 93, 94, 96, 97, 99, 100, 101, 103.

Sprachformen aufnehmen und wiedergeben

Ziele:

Jedes Kind hat Freude an allen Formen der Sprache. Sie muß ihm nur erhalten werden. Ist sie verlorengegangen oder auf nur wenige Formen beschränkt, weil es die anderen nicht genügend kennenlernen konnte, so muß sie wieder geweckt werden.

Im Schulalter sollte das Kind ohne Scheu jede beliebige Form in verschiedene andere verwandeln können, d. h. aus Gedichten z. B. Lieder, Sprechspiele, Tischtheater machen können, aus Bildern Geschichten, Dialoge, Gedankenfolgen, aus Geschichten Rollenspiele, Puppenspiele, Bilder, Tanzgeschichten, Instrumentalstücke usw.

Wie kann das erreicht werden?
Mit all dem, was für das Kind sprachlich getan wird, nimmt es auch Sprachformen auf, denn in ihnen geschieht ja die Sprache. Wenn ihm diese Formen deutlich gemacht werden, so daß es sie erkennt und voneinander unterscheiden kann, dann bedeutet das mehr Klarheit und Ordnung im Kopf, bedeutet Sprachbewußtsein und bessere Sprachbeherrschung, ist die Grundlage für alles Nachdenken über Sprache, und es trägt in hohem Maße dazu bei, selber sprachlich Gutes zu leisten und sprachliche Gestaltungen schaffen und umformen zu können. Die verschiedenen Formen lernt das Kind am besten auf folgende Weise kennen und beherrschen:

- Von Anfang an jede Form richtig benennen, wenn sie verwendet wird, z. B.: „Jetzt singe ich dir ein ‚Lied' vor, sagen wir einen ‚Zungenbrecher', erzähle ich dir ein ‚Märchen'. Hör mal dies schöne ‚Gedicht' an! Erfinde doch mal wieder eine ‚Lügengeschichte'! Ist das nicht ein hübscher ‚Witz'?"
- Von ungefähr drei Jahren an das Kind immer wieder dazu anregen, eine Form in eine andere zu verwandeln, z. B. eine Geschichte in ein Tischtheaterstück, eine Bildhandlung in ein Rollenspiel, Gedankengänge in eine Geschichte, einen Freudenausdruck oder ein Spaßgespräch in ein Gedicht. Oder Geschichten in Bilder, Musik, Tanz, Rollenspiel; Bilder, Musik, Tänze in Geschichten; Kenntnisse in Rätsel.
- Von ungefähr drei Jahren an immer neue Anregungen geben, selbst eine Form zu gestalten, also Geschichten zu erzählen, Rätsel zu machen, Ratespiele zu erfinden, Gedankengänge zu sagen, Gedichte und Lieder zu machen usw. usw.
- Vom Schulalter an sich über Merkmale der einzelnen Formen immer einmal wieder unterhalten oder das als Unterrichtsstoff nehmen. Dazu auch Vergleichsübungen und -Spiele durchführen, z. B.: Merkmale verschiedener Gedichtformen sind gesammelt worden. Nun jedem Kind ein Blatt mit einer Gruppe von Gedichten geben, die es den einzelnen Merkmalen zuordnen soll. Oder verschiedene Geschichten lesen und herausfinden lassen, wieviel und was vom Text Handlung ist, was Gespräch, was Sprachspiel, was Gedankengänge von Personen sind, was solche des Verfassers, was Beschreibungen. Vergleichen, welche man am liebsten liest oder hört, und dann sehen, was sie am meisten enthalten. Wichtig ist dabei, daß es nicht auf langweilige Art geschieht, sondern daß die Kinder Freude daran haben, d. h. es muß sie selber interessieren.

  Das Benennen, das Anregen zum Umwandeln und Selbermachen ist auch bei Schulkindern bis zu 12 Jahren noch das Wichtigste. Z. B. könnten

Schularbeiten in Deutsch, schriftliche und mündliche, in derartigen Gestaltungsaufgaben bestehen, jede kleinste Form wie Vers, Kurzrätsel oder kleiner Scherz ist hier schon möglich. Sie würden dann viel lieber und besser getan, weil sie interessanter sind.

Spiel mit den Sprachelementen

Ziel:
Jedes Kind hat Freude daran, mit den Elementen der Sprache – Laute, Silben, Reime, Wörter, Textbruchstücke, sprachliche Formgebilde aller Art – phantasievoll zu spielen. Sie muß nur erhalten werden und immer neue Nahrung bekommen. Das Kind soll dauernd fähig bleiben, Neues aufzunehmen und zu erlernen, es soll keine Scheu davor haben und selbst kreativ sein.
Wie kann das erreicht werden?
Jedes Kind beginnt ungefähr im Alter von zwei Monaten seine Sprechwerkzeuge auf unterschiedlichste Weise auszuprobieren und zu üben, natürlich zunächst unbewußt. Damit wird die Grundlage dafür gelegt, daß es später jede Sprache der Welt – in die es eben hineingeboren ist, aber auch noch andere – erlernen kann. Die Sprechwerkzeuge müssen während der ganzen Kindheit geschmeidig und gewandt bleiben, da ja unaufhörlich Neues an Sprache gelernt werden muß, viele, viele Lautkombinationen, immer kompliziertere Wortverbindungen usw. Dann kommen Fremdsprachen hinzu, die ihm nicht schwer, sondern leicht fallen sollen, und zu jeder Lebenszeit eine große Zahl neuer Fachbegriffe aus jedem Interessengebiet, dem es sich zuwendet.
Um das alles zu erreichen, sollte das Kind vom 3. Lebensmonat an nicht die ganze Zeit, die es wach ist, allein in einem Raum verbringen, sondern immer länger in einem, wo die Familie sich aufhält und wo gesprochen wird. Außerdem ist es wichtig, daß die Mutter (oder andere) ihm Lieder vorsingen, Lustiges oder einfach Liebes und Zärtliches zu ihm sagen und dabei möglichst oft auch mit seinen Händen und Füßen und dem ganzen kleinen Körper spielen, ihm später auch die ersten Spielzeuge nahebringen. Was dabei gesagt wird, ist noch gleichgültig. Auf den Tonfall und auf die Vielfalt kommt es an. Etwa vom 10. Monat an sollte die eigene Sprache vorherrschen, auch in Liedern, Spielen, Reimen, weil nun zwei Jahre lang das Sprechenlernen vor allem im Verstehenlernen der Bedeutungen besteht. Mit dem Nachsprechen der gebräuchlichen Wörter, Ausdrücke, Sätze usw. werden die Sprechwerkzeuge genügend geübt. Reime, Lieder und lustige Sprechspielereien bedeuten in dieser Zeit nur die Erholung vom dauernden Verstehenwollen und -müssen. Dafür sind sie wichtig.
Von ungefähr 3 Jahren an brauchen die Kinder dann Lieder, Gedichte, Sprechverse, Zungenbrecher, Sprechspiele, Anregungen zum kreativen Umgang mit der Sprache und Erzählübungen jeder Art. Welche Spiele und Anregungen gewählt werden, ist nicht so wichtig, wenn es nur unterschiedliche sind. Die Hauptsache ist, daß man auf die eigenen Ideen der Kinder anregend eingeht, daß man ihnen immer wieder Neues anbietet und daß man selber den oben genannten Sinn darin sieht, damit man die Versuche und Spiele der Kinder nicht als überflüssigen Unsinn abtut. Dazu gehören auch alle Wortverdrehungen und Wortneuschöpfungen.

Spiele und Anregungen

(ab 5 Jahre)

(89) Laut-Hörspiel. Ein Wort, mit dem allerlei interessante Vorstellungen verbunden werden können, wird in seine Lautbestandteile zerlegt, d. h. jeder kann mit jedem verbunden werden. Das Hörbare ist dafür die Grundlage, nicht die Schreibweise. Jede Lautverbindung wird so gewählt, daß eine bestimmte Vorstellung damit dargestellt wird. Das alles wird mit den Kindern gemeinsam ausprobiert und geübt. Danach wird eine kurze Handlung erfunden und erzählt, in der alles Gefundene vorkommt. Die Kinder nun in Sprechgruppen teilen, auch Einzelrollen möglich, und jede Gruppe noch einmal ihren Ruf, ihre Sprechweise kurz probieren lassen. Das Spiel durchführen, indem man mit Handzeichen dirigiert, was bei älteren Kindern auch eins von ihnen übernehmen kann. Die Kinder finden es besonders reizvoll, wenn ein Tonband mitläuft und sie hinterher hören können, wie das Laut-Hörspiel klingt. Sie kommen dann auch von selber auf Verbesserungen, die noch nötig sind, damit die Handlung und ihre Höhepunkte deutlicher zum Ausdruck gebracht werden. Dazu Wiederholung. Sehr gern suchen die Kinder selber Worte, um sie zu zerlegen, eine Handlung zu erfinden und mit den anderen durchzuspielen.

Beispiele:

– „Hamburg“: Die Vorstellung eines großen Flusses und Hafens. Lautverbindungen:

(das g wird einmal zu ch verschliffen verwendet, einmal als harter Schlußlaut)

rrchch	=	Wasserwellen (lautes rr, langes starkes chch)
hhuuu	=	Wind (auf verschiedene Weise wehen lassen)
a	=	Möwenrufe damit nachahmen (hell, scharf, kurz)
rrrkkk	=	rostige Baggerkettengeräusche (sehr hart)
buuuu	=	Schiffstuten (gleichmäßiger Ton! unterschiedlich hoch und lang, aber alle mehr dunkel gefärbt)
ham! ham!	=	Kaufleute, die alles haben wollen, was die Schiffe bringen (unterschiedlich damit reden, lachen, Angst haben, Gier, Aufregung, Freude)
mmm	=	Motorboot, das in Gang kommt und davonbraust

Möglicher Handlungsablauf:

Wind und Wasser sind zu hören, dahinein rufen die Möwen. Der Bagger kommt dazu, wird lauter und wieder leiser. Die Kaufleute sprechen und rufen sich gegenseitig ihr zu „ham! ham!“ verschliffenes „Haben!“ zu. Ein Motorboot wird angeworfen und braust davon. Möwen und Wind verstummen, auch der Bagger, nur das Wasser bleibt, dicker Nebel zieht herauf. Die Schiffe tuten sich in Abständen und durcheinander ihre Warnrufe zu, fahren aneinander vorbei. Die Kaufleute bekommen Angst, zuerst nur Sorge, dann Furcht, dann wirklich aufgeregte Angst und zuletzt erlöstes lautes Lachen auf „Hahahaha!", denn alle Schiffe kommen heil an. Dann gieriges Zupacken und Ausladen und Einsacken der Waren und Forteilen damit, alles mit „ham! ham!", bis es verklingt, mit Lachen noch untermischt. Am Ende bleiben nur Wasser und Wind und vereinzelte Rufe der Möwen. Gemeinsam (Zeichen) enden.

– „Disteln und Pusteblumen": Die Vorstellung einer Wiese mit vielerlei Blumen, hohem Gras, einem kleinen Bach, Insekten, einem Reiter und zwei Kindern, die dort spielen.

Lautverbindungen:

mmm, sss	=	summende Insekten
sst	=	Käfer, die ihre Flügel reiben
blum-blum-blum . . .	=	kleiner Bach (das u ganz kurz, fast unhörbar, das blum auf Leiermelodie, wie sie einem gerade einfällt, singen, leise, schnell laufend)
Schnalzen auf t	=	Pferdegetrappel, also rhythmisiert
poppopop	=	Sprungrhythmus, dabei gesungen, als Hopsen und Springen von Kindern auf der Wiese
popopopop	=	gleichmäßiges, schnelles Laufen der Kinder
blub	=	einzelne Steinchen fallen in den Bach
Ee oder ei?!	=	fragender Ruf
du-u!	=	gerufenes Du, als Anrede gemeint
mmm	=	genüßliches Einatmen von Blumenduft oder Einsaugen von Blumenhonig
t t t t	=	genüßliches Schnalzen bei einer angenehmen Vorstellung, wie es Kinder manchmal tun
iii! oder uuu!	=	schriller lauter Schreckensruf
ee, du!?	=	erschrockene Frage, gerufen
ii!	=	mitfühlendes Anteilnehmen
nunu	=	beruhigend, sozusagen: ist nicht so schlimm
uuuu, fuuuu	=	langes Pusten, wie man es tatsächlich tut, um die Samen von Pusteblumen fortzublasen
Blumen Pusteblumen Puste-, Puste-, Pusteblumen Blut siehst du? sieh!	=	Alle diese Worte können aus den Lauten der beiden Titelworte gebildet werden (Schreibweise spielt keine Rolle, nur der Klang). Sie werden in die Handlung sinngemäß eingebaut und verschieden in Tonfall und Ausdruck gesprochen oder gerufen.

Dies ist die beste!
Dies! Dies! Dies

Möglicher Handlungsablauf:
Die Wiese wird dargestellt mit den verschiedenen Insekten und dem Bach. Ein Reiter kommt daher, wegen der Lautstärke besser von mehreren Kindern ausgeführt, nähert sich und entfernt sich wieder. Dann kommen zwei Kinder angehopst und -gesprungen.
1. Kind glücklich: „Blumen, Blumen!" Beide riechen daran oder saugen Honig heraus und genießen das. Laufen und Hopsen zum Bach. Sie werfen Steinchen hinein. 1. Kind hopst allein weiter und ruft dann laut: „Du-u!" 2. Kind noch ein-, zweimal: „blub, blub", dann ruft es fragend zurück: „Ee?!" 1. Kind ruft glücklich: „Pusteblumen! Puste-, Puste-, Pusteblumen!" 2. Kind schnalzt genüßlich mit der Zunge und sagt ebenso genüßlich vor sich hin: „Pusteblumen!" läuft und hopst schnell über die Wiese, um dorthin zu kommen, plötzlich stößt es ein schrilles: „Iiiii!" (oder Uuu!) aus. 1. Kind ruft fragend und erschrokken: „Ee, du!?" läuft hin. 2. Kind empfängt es mit quengeligem: „Uuu! Blut!" 1. Kind fragend und interessiert: „Blut?" 2. Kind bestätigt bekümmert: „Blut, siehst du?" 1. Kind teilnehmend: „Ii, Disteln!" 2. Kind abschließend, es hinnehmend, sozusagen: es läßt sich ja nicht ändern, so schlimm ist es auch wieder nicht: „Nunu", und fragt: „Pusteblumen?" 1. Kind bestätigt: „Pusteblumen." Beide laufen schnell und gleichmäßig über die Wiese, bis 1. Kind jubelnd ruft: „Sieh!" und beide in einen lustigen, sich übertönenden Streit ausbrechen: „Dies ist die beste!" – „Dies ist die beste!" – „Dies!" – „Dies!" – „Dies!" Danach ist nur noch das Pusten zu hören. Zwischendurch singen sie vergnügt: „Pusteblumen, Puste-, Puste-, Pusteblumen!", hopsen herum und pusten wieder in verschiedenen Längen und Abständen, auch gemeinsam, pusten, pusten. Damit ist Schluß. Die Insekten und der Bach können entweder die ganze Zeit als Untergrund zu hören sein oder aufhören, wenn das 1. Kind „Du-u!" ruft, und etwas später mit dem Pusten wieder einsetzen, dann bis zum Ende bleiben. Je nach Kinderzahl das Springen und das Laufen den beiden Kindern selbst oder jeweils einer anderen Gruppe zuteilen.
Von den Kindern können sicher noch weitere Lautverbindungen dazu mit Vorstellungen verknüpft und in die Handlung eingebaut werden. Oder sie erfinden eine andere Handlung.

(90) Wortkette: Es müssen reihum Doppelwörter gebildet werden, z. B. „Türschloß, Schloßkette, Kettenhund, Hundehütte, Hüttendach" usw.

(ab 7 Jahre)

(91) Keine – ohne. Zweizeiler werden reihum gebildet, z. B.: „Kein Haus ohne Dach", sagt der erste Spieler, der nächste findet dazu: „Kein

Schrank ohne Fach“ und gibt einen neuen Anfang. Man kann auch solange auf „Dach“ Reime suchen, bis niemand mehr einen findet, erst dann neuer Anfang. Auch mit Knotentuch spielen, das dem zugeworfen wird, der den Reim finden soll.

(92) „Was bringt die Zeitung?“ Ein Spieler sagt das und wirft Knotentuch oder Ball einem anderen zu. Der muß ein Wort, das auf „ung“ endet, nennen, die Frage neu stellen, das Tuch werfen usw. Also Wörter wie „Verlobung, Verzeihung, Beleidigung, Verlosung“.

(93) Autokennzeichen. Gut auf Spaziergängen zu zweit oder zu dritt zu spielen. Immer abwechselnd die Buchstaben eines Kennzeichens – von Autos, die vorüberfahren – in der richtigen Reihenfolge zu einem Satz machen, z. B. „Hi KR = Hanna ißt kalte Rüben“.

(94) Afrikareise. Einer schlägt ein Land vor, in das alle reisen, und jeder muß nun einen Satz bilden über das, was er dort tut oder wie es dort ist, entweder in der Reihenfolge der Buchstaben oder indem jedes Wort mit dem Anfangsbuchstaben anfängt, z. B.: „Afrika“ = „Abends fliegen riesige Insekten, kriege alle!“ oder: „Alles anders, als Anna angab, aber auch angenehm.“

(95) Buchstabierspiel. Zubehör sind 10–15 Spielmarken oder Knöpfe, Münzen, Muggelsteine. Es ist ein Wort zu raten, dessen Konsonanten auf dem Tisch durch die Knöpfe markiert werden. Die Vokale werden auf Papierstücke geschrieben und dazwischen gelegt. Das Opfer wartet solange draußen. Als Anhaltspunkt bekommt es gesagt, ob es sich z. B um eine Stadt, ein Tier, ein Spielzeug handelt.

(96) Namenvertauschen. Tieren, Blumen, Möbeln, Früchten oder anderem neue Namen geben, indem je ein Anfang und ein Schluß zusammengesetzt werden, z. B.: „Rose und Nelke“ = „Roke und Nelse“, „Apfel und Banane“ = „Apnane und Bafel“, „Stuhl und Tisch“ = „Stusch und Tihl“. Die anderen raten, was gemeint ist. Auch ganze Sätze können damit gestaltet werden, z. B.: „Schrafa und Sonk stauf ehen dem Bommers des Ziden“ = „Schrank und Sofa stehen auf dem Boden des Zimmers“. Kinder erfinden auch so etwas: „Schrecksam und einlich if aust's dede Heir“ = „Schrecklich und einsam ist's auf der Heide.“

(97) Rückwärtssprechen. Es ist bei jüngeren Schulkindern sehr beliebt und wird von einigen unglaublich fließend gesprochen und verstanden, nicht nur einzelne Wörter, sogar ganze Sätze, Reime, Rätsel und Witze sagen sie sich so.

(98) Buchstabensalat. Die Buchstaben eines Namens ganz anders zusammenstellen. Der richtige Name soll geraten werden. z. B.: „Nana = Anna“, „Thros = Horst“, „Bethaseil = Elisabeth“, „Rormadde = Dromedar“.

(99) Buchstabenrätsel aufgeben und erfinden, wie: „Mit A sind es Blumen, mit O ist's ein Fest, allein steht's hoch am Himmel droben“ = „Astern, Ostern, Stern“.

(100) Drei oder vier interessante Wörter vorgeben, gerade auch solche, die nicht gut zusammenpassen. Daraus soll jeder ein Gedicht machen.

(101) Einen oder zwei schwierig zu sprechende Laute geben. Jeder soll einen Zungenbrecher daraus machen oder einen nennen, den er vielleicht schon kennt.

(102) Fremdländische Namen. Die eigenen Namen aus Spaß zu russischen, schwedischen oder Hottentottennamen machen, z. B. russisch: an den eigenen den des Vaters fügen mit angehängtem „owitsch" bei Jungen oder „owna" bei Mädchen, also „Peter Hansowitsch" und „Elke Hansowna"; oder schwedisch: „Peter Hansson" und „Elke Hansdochter". Hottentottennamen leben von Verdoppelungen wie: „Peterter", „Horstorstorst", „Ellalla" oder „Vinvincent".

(103) Scharaden (Rätselrollenspiele). Es können dargestellt werden: Jahreszeiten, Jahresfeste, Monate; Abendspaziergang, Morgenbeschäftigung, Kaufhausbummel u. ä.; Sprichwörter; bekannte Titel von Geschichten, Büchern, Filmen usw.; lange Wörter, die in ihre Silben oder Einzelwörter zerlegt werden. Es wird verabredet, was von diesen Möglichkeiten diesmal genommen werden soll. Die Kinder in Gruppen teilen. Jede denkt sich aus, was sie spielen will, und erfindet die dazu nötigen Szenen. Diese werden gegenseitig vorgespielt, und die anderen raten. Entweder nur Pantomime oder auch mit Sprache, was viel reizvoller ist. Verkleidung gehört immer dazu. Dabei wird geübt, ein Wort so in eine Szene einzubauen, daß es versteckt ist und doch erkannt werden kann. Die Ratenden werden mit der Zeit sehr geschickt darin, das Wesentliche einer Szene herauszufinden. Als Regel aufstellen, daß erst ganz am Schluß, wenn eine Gruppe zu Ende gespielt hat, das Geratene laut gesagt werden darf. Zwischen den Szenen wird natürlich gemeinsam beraten und gerätselt.

Beispiel für ein langes Wort, das in Silben zerlegt wird: „Kindergartenausflug": 1. „Kinn" = Boxszene mit deutlichem Kinnhaken; 2. „der" = Hundepreisausstellung. Welches ist der schönste? Der, nein, der? usw.; 3. „gar" = irgendeine Szene, in der gekocht wird und etwas gar ist oder sein sollte; 4. „ten" = Englischunterricht, in dem die Zahlennamen geübt werden und einer sie alle verwechselt; 5. „aus" = Fußballspiel, bei dem Bälle ins Aus gehen, oder Streit zweier Freunde, mit dem die Freundschaft erst einmal aus ist; 6. „Flug" = irgendeine Szene, bei der ein Flug eine Rolle spielt, eine Reise im Flugzeug z. B. oder jemand kommt davon zurück und erzählt, oder jemand fragt im Reisebüro danach; 7. das Ganze spielen, also „Kindergartenausflug" irgendwie darstellen.

Außerdem sind geeignet: Nr. 11, 12, 19, 21, 22, 25–31, 37, 40, 42, 45, 48–52, 57, 59, 64, 70, 73, 76, 79, 82–84, 87, 88.

Beispiele für die Verwendung von Texten

Alle Beispiele sollen dazu anregen, selber ähnliches zu finden, sie nach eigenen Vorstellungen abzuwandeln, die Ideen der Kinder weitestgehend einzubeziehen und auch ganz andere Texte als die genannten zu verwenden.

Zu den Gedichten

Die gesamte Weltliteratur kann verwendet werden. Man sollte sich durchaus nicht nur auf Gedichte „für Kinder" beschränken.

Keineswegs muß man jedes Gedicht, das man verwenden will, auswendig können. Das ist nur sinnvoll, wenn es nachgespielt, als Sprachspiel gestaltet, vom Kind auswendig gelernt oder wenn eine Melodie dazu gefunden werden soll. In allen übrigen Fällen kann es sogar störend wirken, wenn das Gedicht „aufgesagt" und nicht einfach gelesen wird.

Die Altersangaben sind nur ungefähr zu nehmen. Meistens wird den Kindern jedoch zu wenig Verständnis zugetraut, denn oft sind die eigenen Vorstellungen und Kenntnisse von Gedichten ziemlich unzureichend, weshalb sie von einem Nimbus umgeben erscheinen, der die Arbeit mit ihnen schwierig wirken läßt, obwohl sie es nicht ist. Diese Scheu sollte durch die folgenden Anregungen überwunden werden, denn gerade Gedichte stellen ein unerschöpfliches Material dar, das von den Kindern überaus geliebt wird, wenn man es ihnen richtig anbietet, d. h. früh genug und interessant genug. Und sie vermitteln ausdrucksstärkste, geformteste Sprache, eben Dichtung = verdichtete Aussage.

Zu den Reimen, Zungenbrechern, Nonsens-Versen

Die Beispiele können durchaus den verschiedensten Sprachen entstammen; die älteren Kinder finden das sogar besonders lustig und reizvoll, die Kleinen bemerken den Unterschied gar nicht. Um den Inhalt braucht man sich nur wenig zu kümmern, denn die Kinder nehmen ihn kaum auf, weil das Sprachspiel das Vorherrschende ist. Trotzdem sollte jeder nach seinen Maßstäben urteilen, um ganz Ungeeignetes fortzulassen; besonders unter den sogenannten älteren Ammenreimen sind höchst fragwürdige Texte zu finden.

Für das Baby von zwei Monaten an sollten sie danach ausgewählt werden, daß sie genug Abwechslung in den Lautzusammenstellungen enthalten und daß sie hauptsächlich angenehm, zärtlich, sanft oder lustig, fröhlich oder leise und einschläfernd klingen.

Von zwei Jahren an werden sie dem Kind vor- und mit ihm gemeinsam nachgesprochen. Von vier bis fünf Jahren an können die Kinder sie allein nachsprechen. Die Auswahl auf bestimmte Laute und Lautverbindungen hin treffen, um diese eine Weile besonders zu üben; auch zwei gegensätzliche Lautgruppen nebeneinander sind möglich. Für alle anderen Ziele ist die Auswahl beliebig.

Zu den Bilderbüchern

Bilderbücher sind eins der besten und wirksamsten Mittel zur Sprach- und Vorstellungsförderung im Kindergartenalter und noch in den ersten Schuljahren, besonders, wenn die Kinder vor der Schule sprachlich nur wenig gefördert worden sind. Täglich sollten deshalb den Kindern Bilderbücher zur Verfügung stehen, die von Zeit zu Zeit ausgewechselt werden. Büchereien nutzen! Auch Tausch mit anderen.

Für Kindergarten und Schule ist es wichtig zu beachten, daß nur wenige Kinder auf einmal, höchstens sechs, wirklich durch ein Bilderbuchangebot gefördert werden, daß also Lösungen für die praktische Verwirklichung gefunden werden müssen. Nur in Ausnahmefällen kann ein besonders geeignetes Buch mit von weitem deutlich erkennbaren Bildern und einer Erzählung dazu, die alle gleichermaßen interessiert, der ganzen Gruppe oder Klasse gleichzeitig angeboten werden. Kinder, die es besonders nötig haben, müssen einzeln oder zu zweit, wenn sie im gleichen Entwicklungsstadium sind, mit dem Bilderbuchansehen vertraut gemacht werden. Die verschiedenen Methoden sollten ausgewogen angewendet werden:

Was tut der Erzieher/Lehrer?	Was tun die Kinder?
– Zeigen und vorlesen oder erzählen. Keine Fragen stellen! Handlungsablauf nicht unterbrechen.	– Schauen, zuhören, vorstellen, miterleben.
– Zeigt ein Bild, fragt nach dem Inhalt und ob ein Kind ähnliches schon einmal erlebt hat. Meistens erzählen die Kinder jedoch von selber. Diese Erzählungen führen dann oft vom Bild fort. Das macht nichts. Auch an ein ganzes Buch können solche Gespräche geknüpft werden.	– Erzählen eigene Erlebnisse, an die sie durch bestimmte Bilder oder den Text erinnert werden.
– Stellt Beobachtungsfragen, Suchhinweise zu den Einzelheiten eines Bildes. Kinder, die es können, mit einer Anregung allein lassen. Auch Ratespiele daraus machen.	– Beobachten, betrachten genau, zeigen und nennen Gesehenes.
– Rät, welches Buch und welches Bild daraus gemeint ist, darf nicht zu schnell erkennen,	– Beschreiben ihnen bekannte Bilder mit dem

damit die Kinder länger und in immer genaueren Einzelheiten sprechen müssen.	Buch in der Hand. Auch allein unter sich.
– Stellt Denkfragen zu einem oder mehreren Bildern oder zum Text. Gedankengänge anregen. Möglichkeiten vorschlagen. Auf die Überlegungen der Kinder eingehen.	– Überlegungen anstellen, denken und die Gedanken äußern. Fragen zu Bildern stellen.
– Einmal oder mehrmals mit verschiedenen Bildfolgen vormachen. Dann die Kinder dazu ermuntern. Hinweise geben und weiterführende Fragen stellen. Darauf achten, daß es keine Beschreibung, sondern wirklich eine Geschichte wird. Kinder, die es können, damit allein lassen oder für andere, z. B. jüngere, tun lassen.	– Den Handlungsablauf einer Bildfolge als Geschichte erzählen.
– Erst vormachen, dann anregende Fragen stellen und weiterhelfen, z. B. Informationen geben.	– Zu einzelnen Bildern Geschichten erfinden.
– Schaut das Buch auf eine der genannten Arten mit den Kindern an, macht dann Vorschlag zum Tun, stellt Utensilien zur Verfügung, hilft, falls notwendig und gewünscht.	– Das Buch als Anregung zu eigenen Tätigkeiten nehmen.
– Liest das Buch vor, läßt die Kinder gleich dazu spielen oder schlägt hinterher ein Nachspiel vor, stellt Verkleidung oder Material, Instrumente, wie gewünscht oder sinnvoll, zur Verfügung, spielt mit oder hilft. Geübte Kinder allein spielen lassen.	– Das Buch in irgendeiner Form nachspielen: Darstellendes Erzählen, freies Rollenspiel, Tisch- oder Puppentheater, mit Instrumenten begleiten.

Zur Auswahl der Bilder:

Sie müssen das, was gesehen und erkannt werden soll, deutlich enthalten. Ineinanderlaufende Farben, Graufotos, verwaschene Konturen sind schwierig zu entziffern. Erst mit drei Jahren etwa ist ein Kind imstande, aus einer Fülle von Einzelheiten eines vielfarbigen Bildes diese zu erfassen, mit dem Auge herauszulösen und dabei doch das Bild im ganzen zu erkennen. Deshalb müssen folgende Stufen vom Kind mit Hilfe der Erwachsenen und der älteren Kinder durchlaufen werden, um dann jede Art von Bild wirklich wahrnehmen und jedes Buch aufnehmen zu können. Das geschieht am besten im Alter zwischen ein und drei Jahren:

– Wiedererkennen von bekannten Gegenständen, Personen, Tieren, die allein und deutlich vom Hintergrund abgehoben, realistisch dargestellt sind. Der Erwachsene zeigt und benennt sie, holt eventuell die wirklichen Gegenstände usw. als Vergleich dazu (z. B. „Erstlingsbuch“ von A. Dependorf).

- Einfache Tätigkeiten und Handlungsvorgänge auf einem Bild wiedererkennen. Möglichst sollte das, was dargestellt ist, anschließend oder vorher mit dem Kind ausprobiert werden, oder es sollte es kurz vorher in der Wirklichkeit beobachtet haben (z. B. „Kinderspiele").
- Unbekannte Gegenstände, Personen, Tiere, die aber bekannten ähnlich sind, auf einem Bild als solche erkennen. Sie müssen allein oder zu zweit, deutlich vom Hintergrund abgehoben, dargestellt sein. Dazu ist wieder das Benennen und einfachstes Erzählen notwendig, z. B. wie das Tier sich anfühlt, was es für Laute von sich gibt, wo es schläft, wo es sich am Tag aufhält, was es ißt und trinkt (z. B. „Drei Bären", „Das kleine Lamm").
- Personen oder Tiere als lebendig, d. h. als fühlend, denkend, sprechend erkennen, vorstellen und erleben. Dazu muß der Erzieher die Personen des Bildes sprechen, denken und fühlen lassen in Worten, die das Kind versteht und die zur Haltung, Mimik, Gestik, Farbgebung auf dem Bild passen (z. B. „Emma", „Die Kinder aus Bullerbü", „Kunterbuntes Jahr", „Freunde", „Tim und Tina im Garten").
- Eine kurze Folge von Bildern als zusammengehörenden Handlungsablauf erkennen. Das Geschehen dazu erzählen (z. B. „Kikeri, wacht auf!", „Das Häschen und die Rübe").
- Bilder mit vielen, aber nun schon bekannten und deutlichst voneinander abgehobenen, gut gezeichneten Einzelheiten entziffern, d. h. nach und nach alles darauf entdecken und benennen, sich gegenseitig zeigen oder als Suchaufgabe stellen, z. B.: „Ich sehe einen roten Ball. Wo ist er?" Für das gleiche Bild später auch noch den Inhalt durch Erzählung lebendig werden lassen (z. B. „Alle Tage fröhlich sein", „Benjamins Bilderbuch").

Danach können Bilderbücher jeder Art folgen. Inhalt und Darstellung müssen dem Kind natürlich verständlich sein.

Bei Karikaturen, häßlichen oder grellen Farben, abstoßenden oder erschreckenden, angstmachenden Darstellungen und Inhalten sollte sehr sorgfältig überlegt werden, ob man sie dem Kind überhaupt vor Augen führt, denn Bilder aller Art prägen sich tief ein, und das Kind muß mit diesen inneren Bildern, mit dieser Sichtweise dann jahrelang leben. Eigentlich dürften sie nur als Aufarbeitung von etwas verwendet werden, das das Kind leider schon erlebt, aber noch nicht wieder abgebaut und aufgelöst hat.

Zu den Geschichten

Realistische Geschichten, phantastische Erzählungen und Märchen sollten einander die Waage halten, weil jede Form eine andere Seite im Kind anspricht, Erleben, Fühlen und Denken anders anregt.

Wann ist eine Geschichte gut? Grundlage und Hauptinhalt ist die Handlung, das Geschehen, eben die Erzählung, die fortläuft. Alles andere muß sich der Handlung und ihrer Abfolge unterordnen. D. h. eine Geschichte darf nicht zum Sachtext werden – zu viele Beschreibungen und Erläuterungen –, nicht zur Moralpredigt oder zur Lehrmeinung – zu viele Gedanken und Urteile des Verfassers, die direkt ausgesprochen sind –, nicht zum Geschwafel – zuviel unnötige Umgangssprache, überflüssige Dialoge und Tätigkeitsberichte –, nicht zur Philosophie – zu viele Gedankengänge jeder Art – und nicht zum bloßen Sprachspiel – keine Geschehnisse, keine Handlung. Alle Texte dieser Art haben natürlich ebenfalls einen Sinn und ihren Wert für die Spracherziehung, nur nicht für das Erzählen, für das Miterleben und Einfühlen in das, was anderen geschieht, weil sie eben keine Geschichten sind.

Der Inhalt der Geschichten hängt von der Reife, von den schon bekannten und gelebten Ereignissen, vom Interesse der Kinder und von dem ab, was man ihnen nahebringen möchte. Geschichten, die eine Spannung aufbauen, müssen sofort zu Ende erzählt werden, da man sonst den Kindern Schaden zufügt, sie auf die Dauer nervös und unkonzentriert macht. Geschichten, die schlecht und untröstlich ausgehen, sind für Kinder unter sieben Jahren schädlich und ungeeignet, wenn man nicht gemeinsam oder als Erzähler für die Kinder einen erträglichen Schluß, eine Weiterführung, eine später eintretende Lösung findet und darstellt. Bis zur Pubertät hin wird jedoch keinem Kind Gutes getan, wenn furchterregende Probleme in Geschichten oder im Leben aufgeworfen, aber nicht gelöst werden. Geschieht das häufig und regelmäßig, so baut man damit Lebensängste auf, verstärkt vorhandene und vermindert die Aufnahmebereitschaft der Kinder für alles Neue, da sie zu oft einen Schock befürchten müssen. Man kann sehr wohl ganz realistische und auch traurige oder schreckliche Ereignisse erzählen; die Kinder werden ja selbst allerlei derartiges erleben und davon erzählen oder mit jemandem darüber sprechen wollen; nur muß ein Sinn, eine Lösung, ein Neuanfang irgendeiner Art, eine Hoffnung zumindest am Ende stehen oder gefunden werden, im Leben und genauso in der Geschichte. In phantastischen Erzählungen wirkt Schreckliches und Schauerliches nicht ganz so lebensnah, deshalb wird es besser ertragen. Und zwischen zehn und dreizehn Jahren gibt es bei fast jedem Kind eine Zeit, wo es sich sozusagen seinen eigenen Mut, seine Lebenskraft beweist, indem es sich alle möglichen Schauerlichkeiten, z. B. Todesarten, vorstellt, überdenkt und auch im Film und in Geschichten dargestellt sehen möchte. Man kann und sollte das nicht verhindern, aber man sollte selber trotzdem nicht viel derartiges anbieten, vor allem bei Filmen aufpassen, weil sie zu stark nachwirken.

Mit den sogenannten Grausamkeiten in den Märchen ist es eine andere Sache, da sie ja nie realistisch, sondern bildlich zu verstehen sind, was den Kindern viel leichter begreiflich ist als offenbar manchem Erwachsenen. So wie man, ohne sich besonders grausam zu fühlen, sagen kann: „Der hat wohl seinen Kopf zu Hause gelassen“ oder „sie hat nun völlig den Kopf verloren“ und „der ist blind vor Eifersucht“, und wie die Kinder spielen: „Du bist totgeschossen, du mußt jetzt umfallen!“, wobei sie genau wissen und voraussetzen, daß der andere nach dem Spiel gesund und munter wieder aufsteht, so müssen auch diese Stellen im Märchen verstanden werden. Deshalb können dort verlorene Köpfe wieder aufgesetzt werden und anwachsen, können Blinde wieder sehen, Tote wieder lebendig werden. Die damit verbundenen und gemeinten Erlebnisse sind natürlich nicht schön, wer ist z. B. gern „blind vor Eifersucht“? Aber im Märchen wird ja gerade dargestellt, wie es dazu kommen kann und wie man aus solchen Zuständen wieder herausfinden kann. Diese Geschichten nun aber im Bild oder Film, gleichsam eben doch realistisch, zu sehen, wirkt ebenso schlimm wie entsprechende reale verfilmte Ereignisse. Deshalb sollte man den Kindern derartiges nicht vorsetzen, sie auch daran hindern, es anzuschauen. Bilder prägen sich zu tief ein. Wer zu viele gräßliche, schreckliche in sich trägt, kann nicht anders, als auch das Leben und die Welt überhaupt schrecklich und beängstigend finden, weil ihm automatisch an allen Erlebnissen das besonders stark auffällt, was er als prägende Vorstellung schon in sich vorfindet. Ausschließlich schöne, angenehme, harmlose, vor allem verharmlosende Vorstellungen sind natürlich genauso unbrauchbar und auf die Dauer ungenügend und schaffen viele Schwierigkeiten. Gerade in den Märchen und in den symbolischen Kinderromanen unserer Zeit (s. Literatur) ist aber das Verhältnis in bester Weise ausgewogen und sinnvoll. Und ebenso gibt es viele gute realistische Erzählungen.

Methoden: Erzählen, vorlesen, anderen wiedererzählen, mit Instrumenten begleiten, zum Erzählen darstellen, frei nachspielen, in Tisch- und Puppentheater, Schatten- und Maskenspiele verwandeln, malen und zeichnen, auch fotografieren, Anfänge weiterspinnen, enthaltene Probleme im Gespräch lösen und dann erst den Schluß vorlesen. Im Schulalter die Kinder auch für sich lesen lassen, eventuell vorher neugierig machen durch Anlesen oder kurzes spannendes Erzählen, gegenseitig vorlesen, Unterhaltungen und Gespräche über Inhalt, Form und Darstellung, Vergleiche verschiedener Lösungen oder Erzählweisen.

Reim-Beispiele

(ab 2 Jahre)

O Sonne, ich liebe dich so!
Du machst meine Blumen froh!
O böser Hagel, nun geh!
Du tust meinen Blumen weh!
O Regen, du glitzerst so blank,
Dir sagen die Blumen Dank!

Es schleichen, es schleichen die traurigen [Pferde,
Sie hängen die Köpfe bis tief an die Erde.
Es traben, es traben die hurtigen Pferde,
Sie klopfen mit klingenden Hufen die Erde.
Es springen, es springen die mutigen Pferde,
Sie werfen die Köpfe, sie stampfen die Erde!

Wer geht gern mit großen Schritten?
Will um Riesenschuhe bitten?
Riesengang,
Schritte lang,
durch den Wald komm ich bald!

Wer geht gern mit kleinen Schritten?
Will um Zwergenschuhe bitten?
Trippeltritte,
kleine Schritte,
Das ist bei den Zwergen Sitte!

(ab 3 Jahre)

Schwan, weiß wie Schnee,
schwimm über den See!
Schwimm, schwimm, Schwan!
Schwimm zu uns heran!

Schwan, schwimm, schwimm!
Schwimm, Schwan, schwimm!
Schwimm, schwimm, Schwan!
Da kommt er bei uns an.

Meister, Meister,
wo ist Kleister?
Im Gebüsch,
Hase Plüsch,
in dem Topf,
dummer Tropf.
In der Pfanne,
liebe Hanne.
Topf und Pfanne,
Meister, Kleister,
Katzendreck –
du bist weg.

Doppelt gemoppelt

Auf den Feldern hinter Oppeln,
wo die braunen Hasen hoppeln,
geht ein Jäger mit zwei Moppeln
über gelbe Roggenstoppeln.

Doch er findet gar kein Wild –
nur sein eigenes Spiegelbild:

Über gelbe Roggenstoppeln
geht ein Jäger mit zwei Moppeln,
wo die braunen Hasen hoppeln,
auf den Feldern hinter Oppeln.

Zungenbrecher: (ab 5 Jahre)

Abraham aß abends Ananas.

Zwischen zwei Zwetschgenzweigen zwitscherten zwei Schwalben,
zwei Schwalben zwitscherten zwischen zwei Zwetschgenzweigen.

Wir Wiener Waschweiber wollen weiße Wäsche waschen,
weiße Wäsche waschen wollen wir Wiener Waschweiber.

Ein Hahn, zwei Hühner, drei Enten, vier Gänse, fünf Ochsen, sechs Schweine, sieben milchweiße Mäuse, acht wicklige wacklige Waschweiber, neun picklige packlige Paukenschläger, zehn konstantinopolitanische Dudelsackpfeifenkopfmachergesellenvereine.

Grammatischer Schnellsprechspaß: (ab 4 Jahre)

Ich hol dich, du holst mich!
Ich geb's dir, du gibst's mir!

Ich fahr n a c h Amerika
und z u meiner Uroma.

Alle diese Reime können zur Übung deutlicher Aussprache dienen (Artikulation), in verschiedenen Lautstärken und Lautstärkeschwankungen und mit verschobener Betonung gesprochen werden (Dynamik), aus Spaß mal traurig, mal fröhlich, mal wütend, mal ängstlich usw. (Tonfall), langsam und schnell, im Tempo immer mehr steigend oder abfallend und mit allen anderen Redeflußeigenheiten (Redefluß). Sie können den Atem verlängern helfen, wenn sie auf einen Atemzug so langsam wie möglich oder so oft wie möglich hintereinander gesprochen werden und wenn das täglich etwas gesteigert wird (Atemführung). Sie können teilweise mit Bewegungsspielen verbunden werden, wodurch sich Tempo und Dynamik noch besser einprägen. Die Deutlichkeit des Sprechens sollte auch bei höchster Geschwindigkeit immer gefordert werden; solange Versuche anstellen, bis es gelingt (allgemeine Sprechgewandtheit). Älteren Kindern kann man auch die unterschiedlichen Sprechrhythmen bewußt machen, z. B. langer gleichlaufender Rhythmus in „Es schleichen, es schleichen ...", kurzer, rufender, abgerissene Einzelmotive in „Meister, Meister. . .", dreigliedriger, bei jedem Glied länger und anders gestaltete Rhythmenfolge in „O Sonne ...". „Ein Hahn ..." kann auch als Gedächtnis- und Pfänderspiel im Kreis gespielt werden: erst alle „Ein Hahn", dann alle „Ein Hahn, zwei Hühner" usw. möglichst schnell. Wer sich verhaspelt, gibt ein Pfand, darf aber weiter mitspielen, da sonst kein Übungseffekt.

Vorstellungs- und Lernhilfen für Gedichte

Gesten (ab 2 Jahre)

Mein Ball
zeigt, was er kann,
hüpft
hoch wie ein Mann,
dann
hoch wie eine Kuh,
dann
hoch wie ein Kalb,
dann
hoch wie eine Maus,
dann
hoch wie eine Laus,
dann
ruht er sich aus.

Jedes Hüpfen des Balles im Sprechen leiser darstellen, das Aushüpfen und -rollen so nachvollziehen. Dabei die eine Hand das Hüpfen in immer kleineren Bögen mit darstellen lassen. Das „dann" ist jedesmal der Ruhepunkt der Hand auf dem Tisch und der Stimme beim Sprechen. Einmal vorsprechen, dann gleich gemeinsam.

Das ist die Erde,	*Beide Hände rund auseinander – und*
kugelrund und dick,	*wieder zusammenführen,*
mit Land und Meer,	*linke Hand flach (Land), rechte Hand Wellenbewegung (Meer),*
mit Berg und Tal,	*beide Hände Bogen nach oben (Berg), nach unten (Tal),*
mit Städten, Schnee	*beide Hände und Unterarme Dächer, Wände, eckige Gebäude bilden lassen (Städte), sanfte Fallbewegungen (Schnee),*
und Wäldern,	*als Bäume in die Höhe wachsen lassen (Wälder),*
wie sie fliegt	*groß kreisende schnelle Bewegung einer Hand,*
durch Nacht und Tag,	*Augen schließen, Hände davor legen (Nacht), Hände weit öffnen, Augen auf (Tag),*
ein Stern wie alle andern.	*erst einen Stern am gedachten Himmel zeigen, dann viele mit Fingerbewegungen.*

Damit die Kinder mit Sinn und Verstand behalten und sprechen, etwa sagen: „Jede Zeile dieses Gedichtes sagt etwas Wichtiges über die Erde; was es auf ihr gibt oder was sie ist.“ Einmal vorsprechen und die Gesten dazu zeigen, dann gemeinsam. Danach abwechselnd: Selber nur sprechen, die Kinder zeigen; selber nur zeigen, die Kinder sprechen dazu. Ausprobieren, daß dies eins von den Gedichten ist, die man fast ebenso gut rückwärts und durcheinander, immer in ganzen Zeilen, sprechen kann. Dazu die Kinder in Sprechgruppen teilen mit je einer Zeile. Dann durch die Gesten dirigieren, wer sprechen soll. Das gleiche auch die Kinder tun lassen. Zum Abschluß noch einmal richtig von vorne.

Tischtheater (ab 3 Jahre)

Mutters kleiner Olle geht in den Wald,
blau ist sein Mund von Blaubeeren bald,
rot sind die Wangen, sein Blick ist licht –
doch denkt er: Wär nur allein ich hier nicht!

Brummelibrumm, wer strolcht im Grund?
Die Büsche knacken! Sicher ein Hund . . .
Zottig das Fell. Olle ist ohne Sorgen:
Einer zum Spielen. „Hallo, guten Morgen!“

Er streichelt ihn, sie verstehn sich im Nu,
er hält ihm sein Körbchen hin: Bitte greif zu!
Und Mischa schleckt: Wenn du mich schon fragst –
schmeckt herrlich! Mir scheint, daß du Bären magst.

Da kommt die Mutter, schreit, ringt die Hände.
Fort springt der Bär, das Spiel ist zu Ende.
„Mutter, warum nur erschreckst du ihn so?
Hol ihn zurück – wir waren so froh!“

Aus Naturmaterial einen Wald als Tischtheaterkulisse aufbauen. Kleine Figuren herstellen oder benutzen als Olle, Mutter und Bär. Damit das Gedicht den Kindern vorspielen. Dann Kinder, die Lust haben, als Figurensetzer und eventuell schon als Sprecher ihres Rollentextes einbeziehen. Danach es den Kindern ganz selbst überlassen, den Text zu sprechen und die Handlung auf dem Tisch zu vollziehen. Nur wo sie Hilfen wünschen und brauchen, den Text liefern. Wenn der Text sich durch die Kinder etwas verändert, schadet es nichts. Sie werden in den nächsten Tagen selber darum bitten, daß er ihnen noch einmal richtig vorgesprochen und -gespielt wird.
Den kleinsten Kindern muß man noch erklären, warum die Mutter sich so erregt und den Bären fortjagt.

Rollenspiel (ab 5 Jahre)

Mann, darf ich über die Brück?
Geh.
Wieviel Schritt?
Drei große.
Darf ich?
Du darfst.
Ich will nicht mehr.
Warum nicht?
Möcht hier bleiben.

Warum?
Hab Angst.
Angsthase.
Bin keiner.
Drüben ist's anders.
Angst habend, geh ich.
Weshalb?
Angst habend,
will ich aus der Haut fahren.

Alle sitzen im Stuhlkreis oder auf dem Boden, in der Mitte eine Brücke bauen aus Möbeln, Seilen oder Stangen, Kissen. An jedes Ende ein Kind stellen, die

übrigen sehen und hören zu. Gleich spielen, dazu zum einen Kind sagen: „Du bist ein Mann, der schon oft über die Brücke gegangen ist, der jetzt nur dasteht, um ins Wasser zu schauen." Zum anderen Kind: „Du bist jemand, dem die Brücke oder das andere Ufer gefährlich erscheint, der auch nicht genau weiß, ob der Mann auf der anderen Seite ein Brückenwächter ist und ob das Hinübergehen erlaubt ist." Zu beiden: „Ihr sprecht immer abwechselnd. Ich sag es euch jedesmal leise vor. Was ihr dazu tun könnt oder müßt, werdet ihr ja merken, hauptsächlich ist es jedoch ein Gespräch." So geschieht es dann. Zum Schluß geht das zweite Kind schnell und doch voll Angst über die Brücke. Abschließend kann man eventuell noch sagen: „Jetzt bist du froh, daß du drüben bist, nicht wahr?" Falls gewünscht, Wiederholung mit anderen Spielern.
Möglichkeiten für Gespräch: Die Tonfall- und Tempoänderungen des Fremden, unsicher, zögernd, angstvoll-schnell, gegenüber dem ruhigen Gleichmaß des Kundigen, der sicher und fließend spricht. Auch, daß erst der eine fragt, der andere antwortet, nachher umgekehrt. Den letzten Satz gemeinsam interpretieren; ähnliche Erfahrungen als Erläuterung erzählen lassen.

Anregung: Ähnliche Situationen mit eigenem, ähnlich aufgebautem Text spielen.

Besonderes Sprechen (ab 4 Jahre)

Das Hemmed

Kennst du das einsame Hemmed?
Flattertata, flattertata.

Ders trug, ist baß verdämmet!
Flattertata, flattertata.

Es knattert und rattert im Winde.
Windurudei, windurudei.

Es weint wie ein kleines Kinde.
Windurudei, windurudei.

Das ist das einsame Hemmed.

Einführung etwa so, der Text ist den Kindern noch unbekannt: „In diesem Gedicht kommt Kauderwelsch vor. Fragt euch mal gegenseitig etwas mit ‚Flattertata, flattertata'!" Alle sprechen. „Jetzt seid mal erstaunt damit!" Alle sprechen. „Und nun lassen wir den Wind singen und knattern, so: ‚Wwwwwwinnnnndurrrudeiiiiii!' oder so: ‚Wwinndhhuuuuuuurruuuuuuudeiiii!' Wie wollt ihr es sprechen, auch zweimal nacheinander?" Entscheidung, und alle sprechen. „Nun weinen wir beinah mit ‚windurudei, windurudei'." Alle tun es. „Genauso brauchen wir es im Gedicht. Ich werde nun immer eine Zeile Text sagen und dann wir alle zusammen im passenden Tonfall das Kauderwelsch. Ein Wort muß ich vorher noch erklären: ‚verdämmet'. Das gibt es gar nicht. Das hat der Dichter als Spaßwort erfunden. Gemeint ist damit: ‚verwundert, erstaunt‘. Und ‚baß verdämmet‘ heißt ‚sehr erstaunt‘. So, nun geht es los.“ Gedicht folgt im Wechselsprechen. Bei Wiederholungen Kinder die Zeilen sprechen lassen; sie lernen sich ja von selbst.

Vorgestellter Spaziergang (ab 3 Jahre)

Winter

Vom Norden der Winter kam heut in der Nacht.
Was hat er der Stadt alles mitgebracht?
Dem Mann auf dem Denkmal einen schneeweißen Hut,
der Turmuhr eine Mütze, die steht ihr sehr gut,
der Tanne im Park einen Pelz aus Hermelin,
der Fensterscheibe Blumen, die trotz Eis und Kälte blühn,
den Dachrinnen Bärte und der Pumpe einen Zopf,
den Kindern rote Nasen und ’nen Schneeball an den Kopf.

Einmal vorlesen. Dann die Kinder einen Spaziergang vorstellen und in ihren eigenen Worten erzählen lassen. Wo geht man los? Vom Marktplatz mit dem Denkmal, an der Kirche vorbei in den Park und nach Hause zurück, wo man zum Schluß noch eine Schneeballschlacht schlägt. Unterwegs alles im Gedicht Beschriebene „sehen“ und mit dessen Worten sagen. Nun noch einmal das ganze Gedicht richtig hören und von einzelnen Kindern, die das gern möchten, selber sprechen lassen.

Ein Bild im Geist malen (Augen schließen) (ab 4 Jahre)

Ringsum Schnee
alles ist weiß und schwer
oder schwarz
in keinen Farben
ist es so still
rot ist nur
der Zigeunerwagen
hinten im Feld
aber seine Farben
hat er vergessen
er träumt
von ziehenden Pferden
weiß wie Schnee

Die Kinder auffordern, die Augen zu schließen und zu sehen, was gesagt wird, als ob sie ein Bild davon malen möchten. Dann jede Zeile ruhig sprechen mit sinnvoller Aussage in Betonung und Rhythmus, Pause danach, um es sich selbst gut vorzustellen und den Kindern Zeit dafür zu lassen, dann erst die nächste Zeile sprechen usw.

Hinterher die Kinder erzählen lassen, was sie „gesehen" oder „gemalt" haben. Viele werden das Gedicht wörtlich wiederholen, andere in eigenen Worten genau seinen Inhalt wiedergeben, und einige werden noch allerlei dazu gesehen haben. Nur wenn man es schlecht machte, die Pausen zu kurz oder Worte undeutlich aussprach, sind Lücken im Gedächtnis der Kinder vorhanden. Das gilt auch für sonst unruhige, unkonzentrierte Kinder.

Anregungen: Selber ein bildhaftes Gedicht machen. Bilder dazu malen. Zu irgendeinem Bild solche Gedichte machen. Hier auch wieder Rückwärts- und Durcheinandersprechen der Zeilen möglich. Besprechen, was dann in der Vorstellung dabei herauskommt. Vergleichen mit dem folgenden Gedicht, bei dem die Worte und Zeilen so zusammengestellt sind, daß es gar nicht anders denkbar ist, daß es gerade so sein muß, um das schönste Bild zu bekommen und weil es ein Geschehen darstellt.

Morgendämmerung (ab 6 Jahre)

Lösche die Kerzen
und zünde die Blumen an.
Der Tag
kann nicht rufen.
Er trägt die Sterne im Mund.
Nur eine Amsel singt
in seiner geschlossenen Hand.
Die Nacht
steigt auf den Scheiterhaufen
und vergeht in Flammen.

Wie das andere, mit Pausen zum Vorstellen zwischen den Zeilen, sprechen. Wenn nötig, den „Scheiterhaufen" erklären als Holzstoß, der verbrannt wird; schauerliche Gedankenverbindungen wie Hexenverbrennung usw. aber nicht ausführen, denn das stellen sich nur Erwachsene dabei vor. Ruhig mit den Kindern über diese Bilder zur Morgendämmerung sprechen. Man muß es mehrmals durchgehen. Anregen, selbst eine Tageszeit in irgendwelchen Bildern zu sehen und zu nennen, oder eine Jahreszeit, ein Fest.

Den Inhalt in eigenen Worten sagen (ab 6 Jahre)

Frühlingsgruß

Es steht ein Berg in Feuer,
In feurigem Morgenbrand,
Und auf des Berges Spitze
Ein Tann'baum über'm Land.

Und auf dem höchsten Wipfel
Steh' ich und schau vom Baum,
O Welt, du schöne Welt, du,
Man sieht dich vor Blüten kaum!

Die Kinder nach dem Vorlesen auffordern, in eigenen Worten zu sagen, was der, der da spricht, sieht, tut und sagt. Danach den Text noch einmal lesen und nun richtig zu behalten suchen. Die Kinder ihn sprechen lassen.

Die Form (und den Witz) bewußt machen (ab 6 Jahre)

Das ästhetische Wiesel

Ein Wiesel
saß auf einem Kiesel
inmitten Bachgeriesel.

Wißt ihr,
weshalb?

Das Mondkalb
verriet es mir
im stillen:

Das raffinier-
te Tier
tats um des Reimes willen.

Hilfsfragen: Wo sitzt das Wiesel? Weshalb? Wer verrät es? Und weshalb? Noch einmal anhören. Dann kann es fast jedes Kind selber sprechen.

Sprache als Musik erleben

Diese Texte sollten wirklich gesprochen werden. Erst dann erlebt man ihren ganzen Reiz, ihre Schönheit und Besonderheit. Sie können auch Anreiz sein zu eigenen Dichtungen und Spielen mit der Sprache. Das Sprechen selber wird in jeder Weise durch sie lebendiger und geschickter, auch deutlicher, es wird zudem interessanter und noch beliebter. Schon dem kleinsten Kind machen sie Freude, aber sie sind für jedes Alter geeignet. Inhaltliche Auswahl erst in zweiter Linie. Die Musik der Sprache ist das Wesentliche an ihnen.

Gedichte

Der Wind (ab 2 Jahre)

Huh, huh, hört ihr den Wind!
Huh, huh, kommt nur geschwind!
Reißt uns vom Baume
Apfel und Pflaume,
saust immerzu, zaust immerzu,
gibt keine Ruh.
Huh, huh – so heult der Wind!

Mit dem „Huh“, den s- und au-Lauten, dem Wort „Wind“ und den Reimworten darauf den Wind wirklich hören lassen, lautmalen beim gemeinsamen Sprechen.

Regenschirme

(ab 4 Jahre)

Wenn die ersten Tropfen fallen,
lustig auf das Pflaster knallen,
blühen sie wie Blumen auf.
Bunt gestreifte, bunt gefleckte,
bunt getupfte, bunt gescheckte
nehmen fröhlich ihren Lauf.
Seit die ersten Tropfen fielen,
schweben sie auf dünnen Stielen,
leuchtend, schimmernd, rund und glatt.
Bunt gestreifte, bunt gefleckte,
bunt getupfte, bunt gescheckte
Schirme blühen in der Stadt.

Einfach gut sprechen, sich daran freuen. Wenn man die Überschrift und das Wort „Schirme" wegläßt, kann man es zuerst auch als Rätsel aufgeben.

Die Schildkröte

(ab 3 Jahre)

Wer so bedachtsam wandert wie sie,
hat Zeit, im Gehen zu träumen.
Sie träumt, sie sei groß, eine Insel sei sie
mit tanzenden Kindern und Bäumen.

Das Nilpferd

Wer nie ein Nilpferd gähnen sah,
der weiß nicht, wie man gähnen kann.
Denn so aus Herzensgrund „Uu-aah"
kann keiner, weder Gaul noch Mann.

Der Wolf

Der Hunger ist es, der ihn jagt
durch Nacht und Winter. Doch sei froh!
Sein Heulen dringt nicht her. Er trabt
fern hinter tausend Wäldern wo.

Der Eisbär

Der Eisbär prustet und erklimmt
den Eisberg, der im Eismeer schwimmt.
Und schreitet, groß und stark und weiß,
durch den Palast aus grünem Eis.

Die Eule

Die Eule wacht in tiefer Nacht.
Mit großen Augen gibt sie acht,
hört jedes Wispern, noch so leis,
und weiß gar viel, was ich nicht weiß.

Kindern, die lesen können, diese Texte geben mit der Aufgabe, jedes Gedicht so zu sprechen, daß man hört, wie das Tier sich bewegt, also ganz unterschiedliche Sprechtempi und -rhythmen. Nach einigem Ausprobieren gegenseitig vorsprechen und vergleichen, herausfinden, wo Charakter und Bewegungen des Tieres am deutlichsten zum Vorschein kamen. Mit den jüngeren Kindern einfach selber so sprechen.

Auch mit dem nächsten Gedicht wird Bewegung verdeutlicht, wenn man es so spricht, daß alle dabei auf ihren Stühlen gleichmäßig und etwas ruckartig nur mit dem Körper vor- und zurückschaukeln können. Zum Schluß mag man kaum aufhören, und es wird zu einer richtigen Erholung. Jede Strophe – wie gekennzeichnet – mit dem Schwung nach vorn anfangen lassen. Die Pausen werden gemacht, damit zurückgeschaukelt werden kann.

Der Schaukelstuhl (ab 3 Jahre)

	vor	rück	vor	rück
Ich	bin ein	einsamer	Schaukel	stuhl
und	wackel im	Winde, im	Winde.	(Pause)
	Auf der	Terrasse, da	ist es	kuhl
und ich	wackel im	Winde, im	Winde.	(Pause)
Und ich	wackel und	nackel den	ganzen	Tag.
Und es	nackelt und	rackelt die	Linde.	(Pause)
Wer	weiß, was	sonst wohl noch	wackeln	mag
im	Winde, im	Winde, im	Winde.	

Mitternacht (ab 4 Jahre)

Einführung: „Dieses Gedicht seht ihr am besten vor euch wie einen Film, der abläuft. Wollt ihr es probieren? Dann setzt euch ganz behaglich zurück, schließt die Augen und seht durch die Ohren!“

(sachlich):	Mitternacht. (Pause)
(singend):	Bing, bang,
(schwingend gesprochen):	die Glocke träumt im Turm. (kl. Pause)
(selber den Mond sehend, sehr rundes O und klingendes M und N):	Der M o n d ,
(bewegter, fließend, malend):	der malt auf alle Dächer gelbe, gelbe Streifen. (Pause)
(trauriger Tonfall):	Schlaft gut! Schlaft gut!
(zeichnend mit den Worten, die Bewegung und den Inhalt darstellend):	Der kleine Mann mit seinem Hut geht traurig durch die Gassen, (kl. P.) sein Hund hat ihn verlassen. (kl. P.)
(fröhlich, lebhafter, tröstend):	Schlaft gut! Schlaft gut! Der kleine Mann, er s t r a h l t , der M o n d , der hat ihn ganz bemalt mit gelben, gelben Streifen.

Anschließend darstellendes Spiel. Rollen verteilen: Je ein Kind die Uhr-Glocke, der Mond, der kleine Mann (und, wenn die Kinder wollen, ein Hund, der zum Schluß in der Ferne leise bellt, also wieder auftaucht). Alle übrigen bilden, sich in zwei Reihen gegenüberstehend, die Häuser, auch Quergassen, das ist interessanter.
Requisiten: Ein Hut für den kleinen Mann; eine Stuhlreihe hinter den Hauskindern, auf der der Mond laufen kann; zwei Taschenlampen, die mit gelbem Transparentpapier umkleidet sind oder zwei gelbe Handscheinwerfer, um die Streifen zu werfen, was nur bei ganz verdunkeltem Raum möglich ist, sonst gelbe lange Kreppapierstreifen oder nur Pantomime; Stuhl oder Tisch, auf dem die Turmglocke steht.
Ablauf: Der Raum ist dunkel, die Häuser stehen still, Glocke und Mond auf ihren Plätzen, der kleine Mann am Anfang einer Gasse, der Hund am anderen Ende um eine Ecke herum verborgen.

Die Glocke:	schlägt mit „Bing, bing, bing . . .“ oder „Bing-bang . . .“ zwölfmal.
Sprecher:	„Mitternacht. Verlassen sind die Gassen.“
Glocke:	schlägt noch viermal die Stunde: „Bing, bang . . .“
Sprecher:	„die Glocke träumt im Turm.
Mond:	Der Mond . . .“ knipst seine Lampen an und wandert auf

	den Stühlen sehr langsam hinter den Häusern entlang, sein Licht (Streifen) werfend.
Sprecher:	spricht wie oben weiter.
Der kleine Mann:	geht, sobald er erwähnt wird, traurig durch die Gassen, sieht sich suchend ab und zu um, aber ohne viel Hoffnung.
Mond und Mann:	begegnen sich mit der entsprechenden Zeile, und die Streifen bedecken den Mann.
Hund:	bellt zum Schluß ganz leise von seinem Platz aus.
Der kleine Mann:	horcht auf, geht schneller in die Richtung.
Hund:	bellt freudiger, läuft ihm entgegen.
Mann und Hund:	treffen sich, Mann streichelt Hund, sie kehren zusammen um und gehen nach Hause.
Glocke:	schlägt 1 Uhr (oder zweimal als halb eins).
Sprecher:	ganz leise „Schlaft gut! Schlaft gut!“
Alle:	setzen sich auf die Stühle oder den Boden und „schlafen“ einen Augenblick.

Dann Vorhänge auf und etwas anderes tun. Oder Wiederholung mit neuer Rollenverteilung. Dabei können einzelne Kinder schon bestimmte Textzeilen übernehmen.

Der eiskalte Riese Schroch (ab 5 Jahre)

Zwei Leben müßte man wandern,
längs der Polarsternspur,
um Schroch den Winterriesen zu besuchen.
Dort in der tiefsten Höhle Aipotus
haust er mit einem weißen Bären,
der ihm beim Flockenmachen hilft. –
Man will's kaum glauben: Um die Zeit,
da hier die Sonne fett und heiß
die Eidechseier brütet,
sägt Schroch schon Eiskristalle aus
und sammelt sie in großen Säcken.
Noch kaum sind die Kartoffelfeuer
bei uns verraucht, wirft er den ersten
prall aufgefüllten Sack
hoch in die Luft und dreht
die Eiswindorgel an:
Dann saust's und braust's und bald zerreißt
der Sack in tausend Fetzen –
hui! rufen alle Kinder, hui!
und fangen Flocken mit der Zunge.

Der samtne Abendvogel Murun

Wenn Sonnenmutter Maya den
tomatenrot-ovalen Bauch
ins Bett der fernen Hügel legt,
fliegt aus des Himmels Mund Murun,
mit Lapislazuli und Samt gefiedert,
sein Schnabel pures Gold.
Zu dieser Stunde sagt man drüben
im Menschenland, der Tag sei tot.
Man schließt die Fenster und die Türen
und klebt mit lauten Bildern sich
die Augen blind.
Weiß nichts vom schönen Abendvogel
Murun, der nun den Samt entfacht,
Grasgeister weckt und Maulwurfskinder,
den Pappeln ihr Gepappel nimmt,
die Quellen wunderbar versilbert.
Murun, willst du ihn sehn?
Schleich dich hinauf, ganz unters Dach,
lupf heimlich einen Ziegel, und
fein wird sein Samt dich streifen.

Beide Gedichte einfach gut vorlesen und sich über die malenden Laute, Worte und Vorstellungsbilder unterhalten, sie von den Kindern nachsprechen lassen, um sie so richtig im Munde zu fühlen. Im ersten Gedicht die Eiseskälte erleben, z. B. „der eiskalte Riese Schroch“, das Klirren der Zeile „sägt Schroch schon Eiskristalle aus“, die „Eiswindorgel“ hören in den Worten „saust's und braust's und bald zerreißt“ usw. Das zweite Gedicht als Gegensatz dazu mit all seinen weichen, farbigen, dämmrigen Lauten, z. B. in „Wenn Sonnenmutter Maya . . . Bauch“, in „Murun“, „mit Lapislazuli . . . Gold“, wie das Geheimnisvolle des Abends zu spüren ist in „Grasgeister weckt . . . versilbert“ und wieder das Weiche, Verzaubernde, Einhüllende in „Murun, willst du ihn sehn? . . . Samt dich streifen.“

Die Mitternachtsmaus (ab 7 Jahre)

Wenns mitternächtigt und nicht Mond
noch Stern das Himmelshaus bewohnt,
läuft zwölfmal durch das Himmelshaus
die Mitternachtsmaus.

Sie pfeift auf ihrem kleinen Maul, –
im Traume brüllt der Höllengaul . . .
Doch ruhig läuft ihr Pensum aus
die Mitternachtsmaus.

Ihr Herr, der große weiße Geist,
ist nämlich solche Nacht verreist.
Wohl ihm! Es hütet ihm sein Haus
die Mitternachtsmaus.

Artikulation, Dynamik und Sprechtempo sind hier in jeder Strophe deutlich anders und lassen sich damit gut üben.
Artikulation: 1. Strophe: Die huschenden, raschelnden, zischenden, nagenden s, z, ch, ts und t. 2. Strophe: Die hohlen, unheimlichen, träumenden, rollenden au, uh, m, ll und ü. 3. Strophe: Die hohen, hellen, leuchtenden, geistvollen Laute und Worte wie „Herr", „große weiße Geist", „Nacht", „verreist", „wohl ihm!", „sein Haus". Und immer wieder am Schluß der Strophen die raschelnde Maus.
Dynamik: 1. Strophe: Leise, fast geflüstert. 2. Strophe: Unheimlich laut und hohl. 3. Strophe: Gemäßigt mittellaut. Nur die „Mitternachtsmaus" immer fast geflüstert.
Tempo: 1. Strophe: Schnell und huschend. 2. Strophe: Gedehnt und traumverloren. 3. Strophe: Klar gegliedert mit sinnvollen kurzen Pausen. Nur die „Mitternachtsmaus" immer sehr schnell.

Das große Lalulā (ab 7 Jahre)

Kroklowafzi? Semememi!
Seiokrontro – prafriplo:
Bifzi, bafzi, hulalemi:
quasti bast bo . . .
Lalu lalu lalu lalu la!

Hontraruru miromente
zasku zes rü rü?
Entepente, Leiolente
klekwapufzi lü?
Lalu lalu lalu lalu la!

Simarar kos malzipempu
silzuzankunkrei (;) !
Marjomar dos: Quempu Lempu
Siri Suri Sei ()
Lalu lalu lalu lalu la!

Dies ist reine Sprachmusik. Sie kann von jedem Kind anders gestaltet werden in Artikulation, Dynamik, Tonfall, Tempo und Sinnzusammenhang. Außerdem als Anregung nehmen, selbst so ein Kauderwelsch-Gedicht mit Reimen am Ende und erkennbarem Rhythmus zu erfinden. Diese Kindergedichte dann auch unterschiedlich gestalten lassen.

Blöd! (ab 6 Jahre)

Immer dasselbe
bei uns nach fünfe.
Mainzelmännchen
dürfen wir glotzen;
Heinzelmännchen
hat's mal gegeben.
Eben – na und?

Immer dasselbe
bei uns nach fünfe.
Vater ist müde,
Mutter nervös –
und jeden Abend
muß ich mich waschen.

Im geeigneten Tonfall vorsprechen. Dann Aussage für Aussage noch einmal vorsprechen und mit den Kindern gemeinsam wiederholen. So richtig fallenlassen in diesen Ausdruck von Mißstimmung. Es darf ruhig ein bißchen genuschelt und sehr maulig klingen. Als Spaß sehen.

Mit den nächsten beiden Gedichten den Unterschied zwischen einem leisen stillen Gedicht und einem lauten fröhlichen deutlich machen. Natürlich kann auch jedes für sich stehen.

Das Gebet (ab 5 Jahre)

Leise, still und ruhig sprechen, mit guten Pausen zwischen den einzelnen Zeitangaben und innerlichem Lächeln dabei.

Die Rehlein beten zur Nacht
hab acht!

Halb neun!

Halb zehn!

Halb zwölf!

Zwölf!

Die Rehlein beten zur Nacht,
hab acht!

Sie falten die kleinen Zehlein,

die Rehlein.

Vagabundenlied (ab 5 Jahre)

Einer hieß Pelle
und einer hieß Funkel,
sie waren zwei Vagabunden.
Sie liebten das Helle,
sie liebten das Dunkel
und sangen alle Stunden.

Lang war die Straße,
und leer war der Magen,
sie waren zwei Vagabunden.
Sie taten die Nase
gen Himmel tragen
und sangen alle Stunden.

Steckten sich Sterne in ihre Taschen,
sie waren zwei Vagabunden.
Und füllten die Sonne
in Branntweinflaschen
und sangen alle Stunden.

Mit den Kindern gemeinsam eine gut singbare fröhliche Melodie dazu erfinden und dann durch den Raum wandernd das Lied singen. Vielleicht noch eine Strophe auf „Lalala“ oder „Nununu“ oder „Lalanu“ anhängen. Die Vorstellungsbilder sind so einfach, daß es sich fast von selber lernt. Später auch auf Spaziergängen als Wanderlied singen.

Die Gedichte in der Lied-Form reizen überhaupt alle dazu, sie zu singen, und falls es schon Melodien dazu gibt, sollte man es auch tun. Sie sind sehr gut geeignet, um den Kindern Mut zu machen, ihre eigenen Melodien dazu zu finden. Es schadet nichts, wenn lauter Privatlieder dabei herauskommen. Einige Melodien können auch alle Kinder lernen.

Schlummerlied der Robben (ab 4 Jahre)

Stille, sei stille, mein Kindchen . . .
Ringsumher ist die Nacht.
Grünlich schäumende Wellen
Leuchten in dunkeler Pracht.
Stille, mein Kindchen, stille!
Wellen, sie decken dich zu,
Liegst auf schaukelnden Kissen,
Schlafe in sicherer Ruh.
Stürme nicht sollen dich schrecken,
Und kein Hai bring dir Not,
Schlaf in den Armen des Meeres,
Schlaf bis zum Morgenrot.

Die Kinder stellen sich gern dazu vor, daß sie Robben sind und so, vom Wasser gewiegt, eine Weile schlafen. Sie singen es auch gern ihren Puppen und Stofftieren vor.

Die Wolkenkrüge (Indianerlied aus Peru) (ab 4 Jahre)

Gib uns Regen, Himmelsschwester,
milden Regen oder Flocken
aus den Wolkenkrügen gib uns!

Gibst du nichts, so kommt dein Bruder
und zerschlägt die Wolkenkrüge,
und dann gibt es Blitz und Donner.

Die Vorstellung der „Wolkenkrüge" erheitert die Kinder, und sie singen dies Liedchen liebend gern, wobei sie meistens die erste Strophe sanft und flehend gestalten und die zweite spaßhaft und kraftvoll drohend mit einer gesungenen Lach-Schleife auf dem „Donner" als Schluß.

Bilderbücher,

deren Texte neben einem reizvollen Inhalt sehr durchgestaltete Sprache enthalten, sollten wörtlich vorgelesen und oft wiederholt werden. Auch eignen sie sich besonders gut zum Nachgestalten.

Folgende Bücher regen durch viele lautmalende Wörter, durch lustige Wortspielereien und wiederholte Aufzählungen interessanter Wörter zu besonders deutlicher Artikulation an: „Herr Flupp und seine sieben Enten", „Die Kahnfahrt", „Onkel Tobi"-Bände, „Das Rübchen", „Tomte Tummetott". Außerdem die illustrierten Nonsens-Lied-Texte, weil der Unsinn deutlich gesprochen werden muß, um ihn überhaupt als Lautgebilde, als Schein-Wort aufnehmen zu können. (ab 3 Jahre)

Bücher, mit denen unterschiedliche Sprechdynamik verdeutlicht werden kann: Sanfte Verhaltenheit, hörbare Stille in „Tom träumt", „Es träumen die Giraffen", „Tomte Tummetott", „Das Häschen und die Rübe". Intensive, kraftvolle Lautstärke in „Wo die wilden Kerle wohnen". Sanfter, leiser Anfang, turbulente laute Mitte, wieder Abklingen zur Ruhe in „Pumpernick und Pimpernell". (ab 3–4 Jahre)

Bücher, deren Atmosphäre und Stimmung Tonfallveränderungen und -charaktere enthalten und deren Bilder diese Stimmung auf ihre Weise ebenso gut wiedergeben, wodurch der Eindruck noch verstärkt wird: „Und oben schwimmt die Sonne davon", „Die Sternennacht", „Tomte und der Fuchs", „Ein Körnchen für den Pfau", „Es träumen die Giraffen", „Vor langer Zeit in Bethlehem", „Das Häschen und die Rübe", „Die Puppe auf dem Pferd", „Der Löwe und die Ratte", „Das häßliche Entlein", „Schellenursli", „Simp, der Hund, den niemand wollte", „Mirjam in Israel", „Die kleine Maus sucht einen Freund", „Na klar, Lotta kann radfahren", „Die dumme Augustine", „Was sagst du dann?" (ab 4–5 Jahre)

Geschichten

dieser Art: „Geschichten vom kleinen Nachtwächter“ von G. Ruck-Pauquèt; „27 Suppengeschichten“ und „28 Lachgeschichten“ von U. Wölfel; „Frosch und Kröte“-Bände von A. Lobel; Viele Märchen, auch die Andersen-Märchen; „Astrid Lindgren erzählt“. (ab 4 Jahre)

Hörbilder (Freies Spiel mit dem Text)

Hierbei entstehen Sprachmusikstücke. Methode: s. „Laut-Hörspiel“, S. 85. Zwischen den einzelnen Übungen die Kinder in eigenen Worten sagen lassen, was sie dabei vor sich sehen oder hören. Beim Ausprobieren der einzelnen Wortbilder den unterschiedlichen Charakter, das Lautmalende und Vorstellungen Zeichnende so richtig auskosten, genießen.

Das große, kecke Zeitungsblatt (ab 4 Jahre)

(gleichmäßig wandernd):	Heut wanderte durch unsere Stadt ein großes, keckes Zeitungsblatt, mit selber ist's begegnet.
(galoppierend, springend):	Herab die Straße im Galopp kam es gelaufen, hopp, hopp, hopp,
(einfach):	von weitem mir entgegen.
(immer zögernder und leiser):	Allmählich wurd es müd. Es kroch – es schlur-f-te nur, es sch-l-ich nur noch.
(sehr ruhig, aber fließend):	Und legte still sich nieder.
(einfach):	Da lag's wie eine Flunder platt.
“	Dann aber tat das Zeitungsblatt
(explodierend):	ganz plötzlich einen Sprung.
(schnell, gleichmäßig):	Stieg steil empor in kühnem Flug,
(abwechslungsreich):	wobei es ein paar Saltos schlug,
(absinkend, langsamer werdend):	und landete dann wieder.
(kurz, schnell, aber ruhig):	Da saß es nun (Pause) und duckte sich. (Pause)
(freudig):	Jetzt krieg ich dich! –
(Anlauf und schnell; auf ch eine Weile fliegen lassen):	Doch es entwich
(lustig, abwechselungsreich, rasch):	mit tau-send Purzelbäumen.

Ein „Dirigent" kann anzeigen, wie das Zeitungsblatt sich nacheinander benehmen soll, indem er auf die entsprechende Sprechgruppe zeigt. Viele Möglichkeiten. Erweiterung: Die Bewegungen des Zeitungsblattes können aufgezeichnet werden. Einzelne Kinder können das Blatt mit einer Zeitung auf dem Rücken zum Sprechen der anderen darstellen.

Die unzähligen Sonnen des Wassers (ab 5 Jahre)

die unzähligen sonnen des wassers

durchdunkeln flügel die unzähligen sonnen des wassers
die unzähligen durchdunkeln flügel sonnen des wassers
die unzähligen sonnen durchdunkeln flügel des wassers
die unzähligen sonnen des wassers durchdunkeln flügel

die unzähligen sonnen des wassers

Sprechgruppen:

des Wassers, des Wassers ...	(unablässig, nicht zu laut wiederholen, mit deutlichen langen s, lauter und leiser werden, auf Handzeichen hin üben)
Sonnen!	(aufstrahlend, kräftig, langes Doppel-n, in Abständen wiederholen, das Wort jedesmal alleinstehend)
Flügel ...	(fast eintönig und beinah gesungen beide Silben gleich, oft wiederholen, f und Schluß-l sehr lang und stimmhaft sprechen, ausschwingen lassen)
die unzähligen ...	(wiederholt und flink, nicht zu leise und nicht zu laut, sehr deutlich artikuliert in allen Lauten, besonders in den unterschiedlichen Vokalen, auf „un" oder „zäh" die Hauptbetonung legen, auch wechseln)
durchdunkeln ...	(langsam, sehr dunkel, tief, ziemlich gleichförmig, langes „u", „un" und „eln", klingend)

Beispiel für ein Hörbild damit:
Mit „des Wassers, des Wassers ..." beginnen und die ganze Zeit durchlaufen lassen, unterschiedlich laut auf Handzeichen hin. Dazu nach einer Weile: „Sonnen!" in Abständen wiederholt. Man muß die Sonne dabei richtig aufgehen sehen. Dazu bald: „Flügel ..." in Abständen, das Wort jeweils mehrfach wiederholt. Man muß die Flügel sich bewegen sehen, vor der Sonne oder über das Wasser hin. Dahinein: „die unzähligen ..." immer wiederholt. Dadurch wird das Bild sehr lebendig; Wasser und Flügel vor allem werden dadurch bewegt. Zum Schluß kommt das „durchdunkeln" dazu, auch immer

wiederholt. Alles bekommt dadurch Tiefe und stärkere Konturen, wird auch geheimnisvoller und ernster, mächtiger. Auf Zeichen hin gemeinsam aufhören.

Jede Gedichtzeile könnte ein Extra-Hörbild werden. Anregungen: Die „Bilder“ tatsächlich malen. Selber aus einigen bildhaften Worten ein solches Gedicht und dann Hörbilder machen.

Gestreift (ab 6–7 Jahre)

Flogen vorbei
vielleicht in der Nacht
du meinst die schmalen
drei Vögel im Wind
in der Nacht

Aber es war doch Wasser
und sprang
hell wie Silber über
die Steine

Vorbei vorbei
in der Nacht
im Wind

Sprechgruppen:

Flogen:	(langgezogen, im Sprechen mitfliegen)
vorbei:	(langgezogenes „vor“, so ähnlich wie „Flogen“, kurzes „bei“)
vielleicht:	(fragend, zum Denken anregend)
Nacht:	(langes n, dunkles warmes a, deutliches ch und sanftes t, zusammen die Größe, Dunkelheit, aber auch das Geheimnisvolle und das Geborgenheit oder Wärme und gleichzeitig Kühle Aussendende des Wortes und seines Sinnes darstellen)
Vögel:	(wie „Flogen“, aber das Schluß-l klingen lassen)
im Wind:	(helle i, auf n den Wind singen und wehen lassen)
Wasser:	(oft wiederholt, geflüstert fast, nur das s deutlich hörbar, darauf die Betonung, die Vokale möglichst unhörbar)
sprang:	(einen Bogen sprechen, der wie ein Sprung klingt, und den Absprung „sch-p-r“ deutlich, sanftes Ausklingen des ng)
hell wie Silber:	(hell, hoch, leicht, leuchtend, „hell“ die Hauptbetonung geben, eine schwächere auf „Sil“ legen, deutliches s)
über die Steine:	(dumpf, schwer, dunkel, die Anstöße an den Konsonanten deutlich hören lassen, Betonungen auf „ü“ und auf „Sch-tei“)

Beispiel für ein Hörbild damit:
Einmal „Nacht". Pause danach. Zweimal „Vögel, Vögel". Nun fortlaufend: „im Wind, im Wind, im Wind . . ." Dahinein mehrmals „Vögel . . ." und dazu noch „flogen, flogen". Zum Schluß könnte das so klingen: „Vögel . . .flogen . . .flogen. . . im Wind . . . flogen" und einmal für sich: „vorbei". Kurze Pause. Einer allein, ganz natürlich gesprochen, aber nicht laut: „Du meinst die schmalen drei Vögel im Wind in der Nacht?" Kleine Pause. Ein anderer ebenso antwortend: „Vielleicht?" Kleine Pause. Der erste wieder: „Aber es war doch Wasser!" Und eine Gruppe fortlaufend nun: „Wasser, Wasser, Wasser . . ." Dazu einmal: „sprang" und dann mehrmals: „hell wie Silber . . .". In beides hinein: „über die Steine, über die Steine . . .", läuft fort, bis Handzeichen abwinkt. Kleine Pause. Die Stimme des zweiten Einzelsprechers, der „vielleicht?" sagte: „Vorbei vorbei" – Gruppe einmal: „in der Nacht" – andere Gruppe einmal: „im Wind" –.

Anregungen zum Gespräch: Sich darüber unterhalten, wie es nachts draußen sein kann, wie man sich fühlt, wie man durch Geräusche getäuscht werden kann, wie auch alles verändert aussieht. Erlebnisse dazu erzählen lassen. Anregung zu eigener Gestaltung: Ein Erlebnis, das die Kinder selber hatten, in eine solche Gedichtform bringen. Gemeinsam dann überlegen, was man von den Texten alles noch fortlassen kann, ohne das Bild oder Erlebnis oder den Sinn zu verändern, herausfinden, wie man es mit den wenigsten Worten darstellen kann.

Die Sonate und die drei Herren (Jean Tardieu)
(oder: Wie spricht man Musik?)

Mit Schulkindern ab 9 Jahren könnte man den Text dieses Stückes auf ganz ähnliche Weise, wie bei den Gedichten eben beschrieben, durchgestalten und sprechen. Die drei „Sätze" klingen dann tatsächlich wie ein „Largo", ein „Andante" und ein schnelles „Finale". Nur sollte man die Reihenfolge des Textes nicht verändern, sondern so vorangehen, wie er aufgeschrieben ist. Im ersten Satz wäre das mit „groß" übersetzte Wort besser ein „weit" – „eine weite Wasserfläche" statt einer „großen" –, weil das offene a den Charakter besser verdeutlicht als das geschlossene o.

Der Jagdgesang des Sioni-Rudels (ab 5 Jahre)

Der Tag brach an, und der Sambar röhrt
Einmal – zweimal und wieder.
Eine Hindin sprang auf – eine Hindin sprang auf
Im tiefen Grunde am Wasserlauf –
Dies hab' ich auf einsamer Pirsch gehört
Einmal – zweimal und wieder.

Der Tag brach an, und der Sambar röhrt
Einmal – zweimal und wieder.
Und ein Wolf schlich zurück – und ein Wolf schlich zurück,
Dem Rudel zu künden von Beute und Glück.
Und wir bellten und suchten und fanden die Spur
Einmal – zweimal und wieder.

Der Tag brach an, und das Rudel heult auf
Einmal – zweimal und wieder.
Füße in der Dschungel, spurlos und leis',
Aug', das im Dunkel zu sehen weiß!
Bleckender Fang und rasender Lauf!
Einmal – zweimal und wieder.

Hierzu wird das Hörbild mit Instrumenten gemalt. Man braucht: 1 Becken mit Schlägel, 1 dunkle Flöte oder tiefe Stimme, 1 helle Flöte oder 1 Glockenspiel mit Schlägel, 1 Altxylophon mit 2 Schlägeln, mehrere Handtrommeln oder Pauken oder/und Tische ohne Schlägel, 1 Kantele, Leier, Harfe oder Gitarre, 2 kleine Cymbeln, Kinderstimmen.

Ausführung:
Die Instrumente werden verteilt. Wer keins bekam, setzt seine Stimme oder/und die Finger auf einer Tischplatte ein. Dann durchsprechen und ausprobieren, wie alles eingesetzt werden soll, denn es ist ja auch anders möglich, als hier vorgeschlagen wird. Ein Sprecher wird gebraucht, Erwachsener oder Kind. Instrumentalspiel immer erst nach dem gesprochenen Text.

Der Tag brach an:	*(langhallender Beckenschlag)*
und der Sambar röhrt:	*(auf dunkler Flöte darstellen oder mit tiefer Stimme)*
Einmal – zweimal und wieder:	*(dreimal das Röhren)*
Eine Hindin sprang auf:	*(kurzes aufsteigendes Motiv auf der hellen Flöte oder auf dem Glockenspiel)*
Eine Hindin . . . (Wiederholung):	*(das Motiv wiederholen, vielleicht etwas höher)*
Im tiefen Grunde am Wasserlauf:	*(das Xylophon von oben her mit den beiden Schlägeln in Wellen, absteigenden Doppelläufen nach unten bespielen, daß es wie Wasser klingt)*

Dies hab' ich auf einsamer Pirsch gehört	
Einmal – zweimal und wieder:	*(dreimal hintereinander: Röhren, Wasserlauf und dazu das Motiv der Hindin mit höherer Wiederholung)*
Der Tag brach an:	*(wie oben)*
und der Sambar röhrt:	*(wie oben)*
Einmal . . .:	*(wie oben)*
Und ein Wolf schlich zurück:	*(leises streichendes Gehen auf der Handtrommel oder Pauke darstellen)*
Und ein Wolf . . . (Wiederholung):	*(noch leiser wiederholen)*
Dem Rudel zu künden von Beute und Glück. –	
Und wir bellten und suchten . . .:	*(alle bellen durcheinander)*
Einmal . . .:	*(dreimal hintereinander: Röhren, streichendes Gehen mit leiserer Wiederholung, Bellen, jedesmal im ganzen etwas lauter)*
Der Tag . . .:	*(wie oben)*
und das Rudel heult auf:	*(alle heulen auf)*
Einmal . . .:	*(dreimal heulen)*
Füße in der Dschungel, spurlos und leis':	*(leises Trappeln auf Handtrommeln, Pauken oder/und Tischen)*
Aug', das im Dunkeln . . .:	*(Saiteninstrument einmal anzupfen und ausklingen lassen oder Glissando darauf)*
Bleckender Fang:	*(die beiden Cymbeln zusammenschlagen und stoppen)*
und rasender Lauf:	*(das Trappeln sehr schnell)*
Einmal . . .:	*(dreimal hintereinander: heulen, das Trappeln, das Zupfen oder Glissando, der Cymbelschlag, das sehr schnelle Trappeln; bei jedem Mal im ganzen leiser werden, zum Schluß in der Ferne verklingen lassen)*

Die Ausdrücke „Sambar" (indische Hirschart), „Hindin", „Röhren", „Pirsch", „Rudel", „Fang" muß man eventuell erklären.

Bilderbücher, deren Text dazu anregt, Hörbilder zu gestalten wie beschrieben oder ihn zu singen mit und ohne Begleitung oder ihn mit Instrumenten zu erzählen (s. S. 125); alle auf S. 112 genannten.

Geschichten wie die „Vom kleinen Nachtwächter" von G. Ruck-Pauquèt vorlesen und die Kinder an den geeigneten Stellen Geräusche usw. mit der Stimme darstellen lassen oder dafür Instrumente einsetzen.

(Drei vollständige Geschichten abgedruckt auf S. 171)

Darstellendes Erzählen

Diese Methode – zum Erzählen wird gleichzeitig mit verteilten Rollen gespielt – beteiligt die Kinder intensiver am Geschehen, als wenn sie nur zuhören müßten. Scheue Kinder brauchen nicht gleich selbst zu sprechen, nur die, die es wollen. Und der richtige vollständige Text und Ablauf der Geschichte werden dem Gedächtnis der Kinder vertraut, weil sie selbst etliche Wiederholungen wünschen. Dies Erzählen sollte immer dazu führen, daß die Kinder nach einer Weile ganz selbständig die Geschichten spielen oder anderen erzählen, auch mit Puppenfiguren oder als Tischtheater darstellen.

Tiergedicht (ab 3 Jahre)

Ich bin ein großer brauner Bär,
Ich tappe im Gebüsch umher,
Schleck' Honig, gleich ein ganzes Faß,
Wie schön ist das! Wie schön ist das!

Ich bin ein blauer Schmetterling,
Ich fliege zu dem Blumenkind,
Das wartet schon auf mich im Gras,
Wie schön ist das! Wie schön ist das! (vollständig abgedruckt auf S. 152)

Jede Strophe beschreibt ein neues Tier oder Wesen, und jede endet mit dem Refrain: „Wie schön ist das! Wie schön ist das!" Jedes Tier wird von allen gleichzeitig mit typischen Bewegungen zum Sprechen des Erziehers dargestellt. Damit er deutlich herausgehoben wird, dreht sich beim Refrain jeder in seiner Rolle bleibend um sich selbst.

Räuberlied (ab 3 Jahre)

Vom Stuhlkreis aus durch den ganzen Raum spielen.

Wir sind eine Räuberbande,	*(durch Gesten auf alle zeigen)*
ziehn im Dunkeln durch die Lande,	*(einer nach dem anderen leise*
haben schon viel Gold gestohlen –	*durch den Raum schleichen, Gesten*
	des Leiseseinmüssens fur einander)

Wo ist hier ein Schatz zu holen?	*(überall im Raum suchen)*
O, wir werden ihn entdecken,	*(vorher verabreden, wer den „Schatz" finden soll oder wo er gefunden werden soll. Der Finder ruft die anderen durch Gesten herbei. Leise!!)*
Schnell in unsern Beutel stecken,	*(entsprechende Pantomime aller)*
Leise, leise heimwärts schleichen,	*(mit gefülltem Beutel schleichen)*
Unsere Höhle bald erreichen!	*(alle wieder auf ihren Plätzen, immer noch leise)*
Hei, wir bringen gute Beute! Zählt die blanken Taler, Leute!	*(alle tun so, als ob sie ihre Beutel in den Kreis ausleeren)*
Wieviel sind es? Eins, zwei, drei,	*(alle zählen pantomimisch)*
Hundert? Tausend! Hei, juchhei!	*(der Erzähler muß es hier etwas spannend machen. Der Schluß wird von allen laut jubelnd gerufen. In die Luft springen und Freude dabei zeigen)*

Für die Kinder ist dieser Ausbruch der Freude am Schluß nach dem längeren stummen und ganz leisen Spiel ein herrlicher Genuß. Das Spiel eignet sich auch gut dazu, die jüngsten Hortkinder nach der Schule einmal leise an die frische Luft zu bringen, ohne daß sie die schlafenden Kindergartenkinder oder Nachbarn stören; der Freudenausbruch findet ja erst in der eigenen „Höhle", d. h. im Gruppenraum statt. Auch kann an Geburtstagen oder vor Koch- oder Bastelangeboten ein echter Schatz versteckt worden sein.

Fauler Zauber (ab 5 Jahre)

Der Zauberkünstler Mamelock
hebt seinen goldnen Zauberstock.
„Ich brauche", spricht er dumpf, „zwei Knaben,
die ziemlich viel Courage haben."

Da steigen aus dem Publikum
schnell Fritz und Franz aufs Podium.
Er hüllt sie in ein schwarzes Tuch
und liest aus seinem Zauberbuch.
Er schwingt den Stock ein paar Sekunden.
Er hebt das Tuch – sie sind verschwunden!

Des Publikums Verblüffung wächst.
Wo hat er sie nur hingehext?
Sie sind nicht fort, wie mancher denkt.
Er hat die beiden bloß – versenkt!

Fritz sagt zu Franz: „Siehst du die Leiter?"
Sie klettern abwärts und gehn weiter.
Der Zauberkünstler läßt sich Zeit,
nimmt dann sein Tuch und wirft es breit.
Er schwingt sein Zepter auf und nieder –

doch kommen Fritz und Franz nicht wieder!
Der Zaubrer fällt vor Schrecken um.
Ganz ähnlich geht's dem Publikum.

Nur Fritz und Franz sind voller Freude.
Sie schleichen sich aus dem Gebäude.
Und Mamelock sucht sie noch heute.

Mit den Kindern gemeinsam überlegen, wie man alles darstellen kann. Die Kinder sind da sehr erfindungsreich. Die Dialoge von den Kindern beim Spiel gleich selber sprechen lassen, sie sind ja nur kurz. Bei Wiederholungen können bald auch Kinder statt des Erziehers den übrigen Text zum Spiel der anderen sprechen.

Kikeriki, wacht auf! (Bilderbuch) (ab 3 Jahre)

Voraus geht „Das Lied der Sonne" von Christian Morgenstern, das die Erzieherin spricht, solange es die Kinder noch nicht können. Ein Kind ist die Sonne und hält die Arme zu einem geschlossenen Kreis über den Kopf, macht dann zu den Worten einige sparsame passende Gesten, die man zuerst mitmachend zeigt. In einem großen Halbkreis oder Kreis sind die schlafenden „Tiere" in der richtigen Reihenfolge schon zum Spiel bereit, je nachdem auf Stuhl, Tisch oder Fußboden oder unter einem Tisch. Der Rest der Kinder sitzt außen herum oder dem Halbkreis gegenüber.

Ich bin die Mutter Sonne, ich trage
die Erde bei Nacht, die Erde bei Tage,
ich halte sie fest und strahle sie an,
daß alles auf ihr wachsen kann.
Stein und Pflanze, Mensch und Tier,
alles erhält sein Licht von mir.
Tu auf dein Herz wie ein Becherlein, *(alle Kinder öffnen weit die Arme)*
denn ich will leuchten auch da hinein.
Tu auf, dein Herzlein, liebes Kind,
daß wir ein Licht zusammen sind.

Davon wacht der „Hahn“ auf, ein Kind auf einem Stuhl. Der Text dazu wird vom Erwachsenen gesprochen, das Kind stellt das Krähen dar. Davon wacht das „Pferd“ auf, ein Kind stampft und schüttelt sich. Text dazu. Das Kind wiehert. Davon wacht das nächste Tier auf usw.

Eine kleine Maus sucht einen Freund (Bilderbuch) (ab 3 Jahre)

Ein langes Band kann die Schlange ersetzen, die von einem Kind nach und nach abgerollt wird und den ganzen Kreis zum Schluß umschließt. Die „Maus“ läuft hinterher, die einzelnen Tiere machen typische Bewegungen, der Erwachsene spricht den Text, nur das „Willst du mein Freund sein?“ spricht die Maus immer selbst und jedes Tier sein „Nein“. Erweiterung: Jedes Tier muß sein „Nein“ begründen. Außerdem können Tiere fortgelassen oder dazuerfunden werden, je nach Kinderzahl, die mitspielen möchte.

Das Häschen und die Rübe (Bilderbuch) (ab 3 Jahre)

Vier Tische als die Wohnungen der Haupttiere im Raum verteilen. Die vier Tier-Spieler begeben sich dahinein, wobei die Reihenfolge wichtig ist: Häschen, Eselchen, Lämmchen, Rehlein. Die übrigen Kinder werden den Bildern im Buch entsprechend im Raum verteilt als Tiere, z. B. Katze, Eule, Vögel, Hühner (auch welche dazu erfinden), oder als Büsche und Bäume im Wald.
Zu Anfang und immer wieder an der entsprechenden Textstelle: „Es schneit so sehr, und es ist so bitter kalt“ stellen alle gemeinsam den Winter, die Kälte und Öde, den Wind dar. Das muß man zuerst ein bißchen ausgeschmückt erzählen, dann den Wind hohl über den Schnee sausen lassen, Mundgeräusche, und dabei frieren alle, ziehen die Schultern hoch, zittern, klappern, frösteln, seufzen „huuuh“ u. ä. Während der Erzähler dann den Text liest oder spricht, geht das genannte Tier aus seinem Tischhaus in die Mitte des Raumes auf Futtersuche. Das Futter kann in Form von geeigneten Spielmaterialien vorhanden sein, nur die gelbe Rübe muß es geben. Der Erzähler muß darauf achten, daß er in den Text einfügt, wann das einzelne Tier aus dem Haus geht, wann es zurückkehrt und daß es dann schläft, weil die vier Tiere sich ja draußen nicht treffen dürfen. Und für die übrigen Kinder-Tiere muß er ab und zu eine Bewegungsmöglichkeit einflechten, mindestens einmal außer den Winterstellen, damit es für sie nicht zu langweilig wird. Z. B. könnten sie mit ihren Lauten rufen oder mit ihren Flügeln schlagen usw., wenn die Rübe zu ihrem Haus gebracht wird. Zum Schluß können alle schlafen, wenn das Häschen die Rübe gegessen hat, oder alle noch einmal den Winter darstellen oder einfach „satt und zufrieden“ sein. Bei Wiederholungen mit neu verteilten Rollen kann man vorschlagen, daß die Tiere selber sagen, was sie denken, finden, vorhaben usw.

Die Kahnfahrt (Bilderbuch) (ab 3 Jahre)

Ein Tisch, eine „Festtafel", wird für das gemeinsame Frühstück, Teetrinken oder Abendbrot gedeckt, alles bereitgelegt, was gegessen und getrunken werden soll. In der Mitte des freien Raumes einen oder besser zwei umgekippte Tische als „Kahn" hinstellen oder etwas anderes erfinden. Darin steht „Herr Adam", der Erzähler selber oder ein Kind, mit einer langen Stange. Jedes Kind wählt sich eine der Rollen, die im Buch vorkommen. Sind es mehr Kinder, noch Rollen und Unarten, die sie nicht tun sollen, erfinden, sind es weniger, einige Rollen fortlassen. In der richtigen Reihenfolge um den „Kahn" herum verteilen. Herr Adam erzählt nun, daß er die Fahrt machen will und tut so, als ob er losfährt. Dann weiter wie im Buch. Jedes Kind spricht seinen Text selbst.
Beim abschließenden Festmahl entweder noch in den Rollen bleiben, d. h. auch wie Katze, Schwein usw. trinken, schlürfen und komisch essen dürfen; „Herr Adam" darf dann hinterher nicht vergessen zu sagen, daß es doch ein schöner Ausflug war und daß bald wieder einer unternommen werden soll. Oder ein Tischgespräch, wieder als Menschen, führen. Möglichkeiten: Gegenseitig Erlebnisse von wirklichen Bootsfahrten erzählen. Eine andere Kahnfahrt ausdenken, was dabei vielleicht alles passieren könnte. Vorstellen, daß man selber ein Boot hätte und erzählen, was für eins, was man damit unternehmen könnte usw.

Sterntaler (Märchen der Gebrüder Grimm) (ab 3 Jahre)

Das Märchen braucht den Kindern noch nicht bekannt zu sein; es kann sogar gut mit dem Spiel eingeführt werden. Alle sitzen in einem Stuhlkreis. Der Erzähler hat die Kleidung und das Stück Brot, also die Sachen, die das Mädchen verschenkt, und das neue Hemd vor sich liegen. Das „Brot" kann ein größerer Baustein sein, die Kleidungsstücke, Mütze, Jacke, Rock, zwei Hemden, können auch farbige Tücher sein, die leicht umzulegen und durch einfache Knoten haltbar zu machen und zu lösen sind. Wenn man die „Sterntaler" nicht der Vorstellung überlassen will, Goldfolientaler dafür nehmen. Die Rollen werden verteilt: Das Mädchen, ein alter Mann, vier Kinder. Alle anderen sind Zuschauer, später der Wald, zum Schluß Sternwerfer.
Das Spiel: Der Erzähler fordert das Mädchen auf, sich vor ihn zu stellen. Mit den ersten Sätzen des Textes kleidet er es ein und gibt ihm das Stück Brot in die Hand, stellt es gleichsam so den anderen vor. An den Satz „Und weil es von aller Welt verlassen war, ging es im Vertrauen auf den lieben Gott hinaus ins Feld" schließt der Erzähler an: „So geh nur, hier im Kreis herum." Und das Mädchen geht. Nacheinander, wie es der Text verlangt, werden der alte Mann und die drei ersten Kinder vom Erzähler ins Spiel gebracht, indem er durch Kopf-

nicken, Ansehen oder Handgeste die Kinder zum Gehen auffordert. Er kann noch darauf achten, daß diese Kinder anders herum als das Mädchen im Kreis gehen, damit sie ihm wirklich begegnen, es nicht überholen müssen. Die Bitten und der jeweilige Dank werden bei der Einführung des Märchens vom Erzähler gesprochen, eventuell vom jeweiligen Spieler wiederholt, bei Wiederholungen können die Spieler gleich selber sprechen. Auch das Mädchen kann die Geschenke mit einigen Worten fortgeben, die dem spielenden Kind selbst überlassen bleiben. Jeder Spieler, der sein Geschenk erhalten hat, es auch gegessen bzw. angezogen hat, setzt sich wieder auf seinen Platz, was der Erzähler veranlaßt, solange es die Kinder nicht von selber tun. An der Stelle „Endlich gelangte es in einen Wald, und es war schon dunkel geworden“ läßt der Erzähler alle Kinder aufstehen, tut es selbst auch, und mit den Armen und Händen werden verschiedene Baumgestalten gebildet. Außerdem können noch nächtliche Vogelrufe ertönen, Zwitschern, das leiser wird und allmählich verstummt, Spechtklappern, das dann aufhört, Kuckucksrufe ebenso, und das Schuhu der Eule darf etwas unheimlich erklingen. Nun folgt die Begegnung mit dem letzten Kind, das sich auf seinen Platz begibt; und das Mädchen steht in der Mitte des Kreises. Der Wald kann sich zur Lichtung öffnen, d. h. die Baumkinder setzen sich wieder oder gehen etwas zurück. Der Erzähler legt dem Mädchen das neue Hemd, ein besonders schönes helles Tuch, an; und die „Sterne“ fallen vom Himmel: Entweder deuten alle das durch Gesten an, oder sie werfen tatsächlich die Goldsterne so in die Höhe, daß sie auf das Mädchen und um es herum fallen. Das Mädchen sammelt die „Taler“ in sein Hemd. „Und war reich für sein Lebtag“: Alle Kinder setzen sich wieder hin, und das Mädchen geht einmal im Kreis herum, um seinen Reichtum zu zeigen oder noch besser jedem etwas davon zu geben, was der Erzähler dann sagen muß. Es endet beim Erzähler, der ihm Hemd und Sterne abnimmt. Wiederholungen mit neuen Rollenbesetzungen.

Jedes nicht zu lange Märchen und auch andere Geschichten können auf ähnliche Weise im Stuhlkreis dargestellt werden. Um das Formgefühl der Kinder in guter Weise zu schulen, sollten die Handlungsorte möglichst sinnvoll im Kreis angeordnet sein, z. B. besonders wichtige in der Mitte, gegensätzliche auch gegenüber. Brunnen, Fenster, Backöfen usw. können immer von Kindern dargestellt werden, die sich danach wieder hinsetzen. Auch das Außerhalb und das Innerhalb des Kreises können eine Rolle spielen und sinnvoll eingesetzt werden.

Der Bärenhäuter (Märchen der Gebrüder Grimm) (ab 5 Jahre)

Das Märchen muß bekannt sein. Jedes Kind stellt sich aus einem Kochlöffel und einigen Tuchresten mit Nadeln, Fäden oder Leim die Figur her, die es führen und darstellen möchte. Durch die vielen Leute, die dem Bärenhäuter begegnen, kann man je nach Kinderzahl beliebig viele Figuren einsetzen oder fortlassen, auch mehrere von einem Kind führen lassen. Zu Hause setzt man sich um einen größeren Tisch, im Kindergarten und in der Schule stellt man sechs schmale Tische zu einer Art Kreis zusammen, um die herum die Kinder auf ihren Stühlen sitzen. Jeder Tisch wird mit Tüchern und anderem Material zu einem der Handlungsorte umgewandelt, am besten in dieser Reihenfolge: Schlachtfeld, Heide mit Bäumen, eine Stadt, das Wirtshaus, das Haus des alten Mannes und seiner Töchter, eine andere Stadt, in der die Brüder des Bärenhäuters wohnen. Jedes Kind spielt dann seine Rolle im Sitzen, läßt seine Puppe agieren und sprechen. Nur der Bärenhäuter wandert immer rundherum. Ganz zuerst sind viele Städterpuppen Soldaten, einfach mit gleichfarbigen Umhängen versehen, die nach dem Krieg eben nach Hause und zu ihrer gewöhnlichen Kleidung zurückkehren. Auch das Abziehen des Bärenfells, der Kleidertausch Bärenhäuter-Teufel und die Verwandlungen des Bärenhäuters in immer wüsteres Aussehen und zum Schluß in höchst elegantes können mit verschiedensten Umhängen leicht bewerkstelligt werden, ohne störende Unterbrechungen im Spiel zu verursachen. Wenn man dazu die Vorhänge vorzieht und ein rotes Tuch über eine Stehlampe hängt, die als Beleuchtung an die Tische herangerückt wird, dann gibt das ein schönes Licht, und alle werden ganz in den Bann der Geschichte hineingezogen.

Viele Märchen und Geschichten lassen sich auf diese Weise darstellen. Über die Puppen gelingt es den meisten Kindern, auch wenn sie eigentlich sprachscheu und schüchtern sind, sich zu äußern und richtig mitzuspielen; wie ja überhaupt Puppen oder eigene Verkleidung die Kinder in Verhalten und Sprache so verändern können, daß man seinen Augen und Ohren kaum zu glauben traut, denn sogar Stotterer können dann oft fließend sprechen.
(Vollständig abgedruckt auf S. 163)

Geschichten mit Instrumenten erzählen (ab 3 Jahre)

Sinn: Sich die Bedeutung, dazu den Gefühls- oder Stimmungsgehalt und die Bewegtheit eines Wortes, eines Satzes, einer Handlung aufs Lebendigste vorzustellen und das durch die Wahl bestimmter Instrumente und mit dem Spiel auf ihnen zum Ausdruck zu bringen, so gut man es vermag.
Inhalte: Erzählgedichte, kurze Erzählungen, Bilderbuchtexte, Märchen, selbsterfundene Geschichten.
Instrumente: Alles vorhandene Orff-Instrumentarium und alles, was einzelne Kinder sonst spielen und mitbringen können, auch Leiern, Kantelen, Kinderharfen. Dazu die Möglichkeiten der Stimme, des Klatschens, Stampfens, Scharrens usw.

Vorübungen

Alle gemeinsam und einzeln, am besten auf jeweils gleichartigen Instrumenten (aber auch gemischt möglich) probieren aus:

- Was ein Melodie-Instrument alles kann, welche Bewegungsarten und Stimmungen mit ihm dargestellt werden können. Z. B.: rückwärts und vorwärts gehen, laufen, gleiten, fliegen, hüpfen, springen, tanzen in allen Tempomöglichkeiten, auch innehalten und zögern, Anlauf nehmen und stehenbleiben, immer schneller werden usw. Außerdem fröhlich sein, traurig sein, sich verstecken, fliehen, schimpfen, trösten, fragen, antworten, überrascht sein, durcheinander rennen, durcheinander reden usw. Einige Beispielvorschläge, aber die Kinder finden und probieren lassen!: drehen oder lachen = trillern, um einen Ton kreisen; überlegen, nicht weiter wissen = um einen Ton schwingen oder zwischen zwei Tönen hin und her bewegen; fröhlich sein = schnelles leichtes Hüpfen, Springen oder Tanzen der Schlägel, auch auf- und abgleiten lassen; zornig sein = wilde heftige Wirbel und Schläge; traurig sein, auch müde sein = aufwärts wollen, auch gehen, aber immer wieder zurückgleiten oder zurückfallen, stückweise und langsam; übermütig sein = große weite Sprünge, Triller dazwischen und kurzes rasches Hoch- oder Herabsausen; drohen = auf einem oder zwei nebeneinander liegenden Tönen langsam beginnen, allmählich lauter und schneller werden, auch die Tonleiter hinaufsteigen oder zwischendurch ab und zu einen hohen Ton hineinschlagen; nachdenken = Motive aneinanderreihen, von Pausen durchsetzt; Ideen suchen und finden = wie nachdenken, nur rascher gespielt und pausenreicher, die Pausen auch länger, überhaupt abwechslungsreicher; trösten = sanftes Absteigen, wiederholt, auch ruhiges Hin und Her zwischen tieferen Tönen. Usw.!
- Was Schlaginstrumente, Rasseln, Gläser usw. alles zum Erzählen beitragen können.
- Welches Instrument paßt zu welchen Rollen? Zu Zwerg, Riese, Sonne, Mond, Mädchen, Reiter, alter Mann, Wolf, Bär usw.? Sie sollen ja gut unterschieden werden.
- Wie kann man Orte darstellen? Verschiedene Wälder, Jahrmarkt, Stadt, Wüste, Ende der Welt, Glasberg, kleine Hütte, prächtiges Schloß usw. Hierbei kommen immer mehrere Instrumente zusammen, aber auch Stimmen, Klatschen usw. dazu.
- Welche Instrumente kann man wie verwenden, um einen Höhepunkt zu verstärken? Große Erregung = Cymbeln aneinander reiben; Kampflärm = Cymbeln schlagen und alles Metall und Holz, schrille Flötenpfiffe; Verzauberungen und Verwandlungen = Beckenschlag oder Leierglissando; Erlösung = ebenso, aber umgekehrt, wenn beides vorkommt; usw.
- Welche Instrumente gibt man Personen, die viel zu reden und zu tun haben in der Geschichte? Melodieinstrumente oder Handtrommel. Danach viel-

leicht noch Gespräche ausprobieren, z. B. ein Mädchen (Sopranglockenspiel) und ein Wolf (Handtrommel oder Pauke) die Rotkäppchen-Dialoge. Oder Kobolde (Xylophone) und eine Fee (Leier) besprechen etwas miteinander. Oder ein König (tiefe Flöte) und sein Sohn (helle Flöte) planen etwas.

Auch könnte man noch ausprobieren, wie jemand durch verschiedene Orte wandert oder geht, läuft, reitet, fährt, fliegt. Z. B.: ein Reiter (Holzblocktrommel und/oder Xylophon) kommt in den Wald (alle Kinder mit Vogelrufen, Holzstäben, Bach auf Xylophon gespielt, Windgeräuschen, Bienengesumm usw.), dann zu einem Jahrmarkt (Budenverkäufer- und Anpreiserrufe aller Art, Trommelwirbel, Düdelüd-Musik gesungen oder geflötet) und dann zum Ende der Welt (Becken mit zwei Filzschlägeln über und unter ihm gleichzeitig laufend sanft angeschlagen oder mit Metallbesen laufend sanft geschlagen), von da noch in ein Schloß (zwei Cymbeln geschlagen und aushallen lassen, dazu Wächterrufe von Stimmen oder Flöten und Gebrüll der Löwen, die es bewachen). Das Schloß kann verstummen, wenn die Prinzessin (Glockenspiel) heraustritt und fragt, was der Reiter will. Er nimmt sie auf sein Pferd, und sie können wieder durch alle Orte zurückreiten, auf ihren beiden Instrumenten das Reiten darstellen; ausdenken, wo sie landen sollen und wie das klingen soll.

Texte darstellen

Text wählen, vorschlagen oder nennen. Orte, die darin vorkommen, aufzählen und die Darstellungsweise besprechen, eventuell vorüben. Rollen aufzählen, die Instrumente dazu überlegen und auf die freiwilligen Spieler verteilen. Überlegen, wie und mit welchen Instrumenten vielleicht restliche Kinder zu beteiligen sind. Dann erzählt der Erzähler – zuerst wohl der Erwachsene, später und zumal, wenn sie älter sind, unbedingt auch die Kinder – die Geschichte oder spricht das Gedicht, wobei er jedesmal eine Pause macht, wenn jemand etwas getan oder geredet hat, immer bevor eine neue Wendung eintritt. In diese Pausen hinein erklingt das Instrumentalspiel. Beispiel dafür aus „Die sieben Raben“ nach Grimm:

Das „Ende der Welt“ erklingt schon und bleibt während der ganzen Passage Untergrund, auch während des Erzählens. „Da ging das Mädchen traurig und zögernd weiter (wird gespielt auf Sopranglockenspiel z. B.), hielt manchmal inne (Spiel), doch schließlich ging es schneller und schneller (Spiel), bis es in der Ferne die Sonne erblickte – Sonne, laß dich mal ‚sehen‘, d. h. leise hören! (die Sonne wird gespielt mit zwei Cymbeln z. B.). Da ging es zögernd weiter, bis es schließlich vor der Sonne stand (wird gespielt). Es fragte: ‚Weißt du, wo meine Brüder sind, Sonne?‘ (wird gespielt). Aber die Sonne wußte es nicht.

Und sie war auch viel zu heiß, sie machte dem Mädchen Angst. (Sonne wird so gespielt.) Und schnell, schnell lief es davon (Spiel). Als es lange gelaufen und gewandert war und schon sehr müde wurde (Spiel), kam es zu den Sternen. (Sterne lassen sich hören, z. B. verschieden hohe Gläser leise anschlagen oder einzelne Saiten einer Kinderharfe zupfen.) Jeden fragte es: ‚Weißt du, wo meine Brüder sind?' Aber keiner konnte ihm helfen (Frage, Antwort, usw. wird gespielt), bis es zum Morgenstern kam, der es sehr freundlich begrüßte (mehrere Gläser als Melodieinstrument einsetzen z. B. oder Kinderharfe, möglichst gegensätzlich zu den anderen Sternen, so spielen). Ihn fragte es auch noch (Spiel). Und er antwortete: ‚Ich weiß, wo deine Brüder sind.' (Spiel). ‚Ja?! Und wie komme ich hin?' (wird gespielt). ‚Im Glasberg sind sie, in Raben verwandelt. Dahin ist es noch sehr weit, und es ist schwer, hineinzugelangen (Spiel). Aber hier, ich gebe dir ein Knöchelchen (wird gespielt, das Geben und Nehmen auch), damit kannst du den Glasberg aufschließen.' (Spiel)" usw. erzählen und spielen. Den Glasberg kann man gut mit einem Glas, dessen Rand gerieben und so zum Tönen gebracht wird, darstellen.
Die in diesem Abschnitt nicht vorkommenden Rollen könnte man so besetzen: Die 7 Brüder (Xylophone), die 7 Raben (auf den Xylophonen nur wischend und reibend spielen), der Vater (Pauke oder Handtrommel), der Mond (ein Becken hart anschlagen und lang hallen lassen), der Zwerg (Triangel oder Sopranglockenspiel, wenn man dem Mädchen eine Sopranflöte gibt).

Mit jedem Text, der so erzählt wird, spielen die Kinder besser und bekommen lebendigere Vorstellungen. Es ist aber trotzdem sinnvoll, ab und zu zwischendurch auf die Vorübungen zurückzugreifen, um das eine oder andere zu feinerer, interessanterer Darstellung zu bringen. Schon Dreijährige sind gute und dramatische Spieler. Und Freude macht es bei entsprechend ausgesuchten Geschichten auch noch den Zwölfjährigen. Für Schulkinder vor allem auch Märchen aus sehr fremden Ländern nehmen, z. B. aus der Reihe im Dausien-Verlag.

Start einer Grille (ab 5 Jahre)

Ort:	die Straße (zuerst in ihrem ganzen Lärm und Durcheinander, später so wie jeweils beschrieben darstellen; den Kindern überlassen, was sie dazu verwenden wollen)
Rollen:	Grille (Kinderstimme oder hartes Saiteninstrument), Autos (Kinderstimmen, Flötenköpfe, Quietschgeräusche mit Gummischuhen oder auf andere Art erzeugt), Leute (auf Tischen, Handtrommeln und Pauken gehen, trappeln, laufen usw.)

Auf der Straße, in einer Rille,
zirpt eine Grille,
und drüberher
braust der Verkehr.

Es wälzen sich Reifen
und Reifen
mit Zischen und Pfeifen
über die Rille
und greifen
nach der Grille.

Dann ist Stille.

Ist sie tot?
Die Ampel zeigt rot.
Die Grille will springen.

Wird es gelingen?

Da tappen
und klappen
wie in gieriger Meute
die Sohlen der Leute
über die Rille.
Und die Grille?

Wartet auf Grün.
Dann – ganz kühn –
schnellt sie hervor
und empor –

sie erreicht
federleicht
gerade noch, ehe die Reifen
nach ihr greifen,
einen parkenden Wagen.

Das war vor wenigen Tagen,
als man drei Männer zum Mond gestartet.
Die Welt hat schon lange darauf gewartet.

Und diese Welt hielt den Atem stille,
doch beileibe nicht
wegen der Grille.

Den Schluß mit den Männern, die zum Mond gestartet sind, usw. kann man fortlassen, ihn nur noch sprechen, wenn die Kinder nicht zu klein dafür sind.

Rotkäppchen (Märchen der Gebrüder Grimm) (ab 3 Jahre)

Hauptort: Wald (Kinder zwitschern und pfeifen wie Vögel, singen Melodiebögen auf „düdü“, Kuckucksrufe, Specht = Holzblocktrommel, Blumen = feine Cymbelschläge, kleine Triangeln, Klangstäbe des Metallophons einzeln, Schmetterlinge = Gläsersummen)

Rollen: Mutter (Triangel), Rotkäppchen (Sopranglockenspiel), Wolf (Pauke oder Handtrommel mit Schlägel), Großmutter (Xylophon), Jäger (zwei Cymbeln, leicht geschlagen, beim Wolfaufschneiden und -zunähen aneinander gerieben)

Verstärkungen: Wolfsschnarchen (alle Kinder zusammen), Freude über die Befreiung (alle Instrumente, eventuell vorgeübter Rhythmus)

Der Wettstreit zwischen Fuchs und Dachs (ab 5–6 Jahre)

Orte: Wald (wie bei „Rotkäppchen“ ohne die Blumen, fremdartige Tiergeräusche überlegen), Insel im Meer (dumpfe Paukenschläge zu Xylophonen oder Stimmen mit „huichchchch. . .“, die das Wasser rauschen lassen), Feld (dumpfe Paukenschläge und Cymbelreiben als heiße Sonne dazu), Tempel (Becken, Cymbel oder Glocke eine Zeit schlagen lassen)

Rollen: Fuchs (Handtrommel mit den Händen und Fingern gespielt), Dachs (Alt-Xylophon mit Schlägeln), Mönch (einzelne Baßklangstäbe), Holzstatue (Holzblocktrommel), Fürst (Glokkenspiel oder Metallophon), Fleischklößchen (Triangel)

Verstärkungen: an den Rest der Kinder alles kleine Schlagwerk verteilen, auch noch Glockenspiele und helle Flöten. Damit den ,,Hochzeitszug“ und den ,,Fürstenzug“ gestalten, am besten auf vorgeübte Grundrhythmen, die dann vom einzelnen Spieler variiert werden können, je nach Möglichkeit des Instrumentes.

Verwandlungen: jeweils ein verhallender Beckenschlag.

(Vollständig abgedruckt auf S. 166)

Die Alte im Wald (Märchen der Gebrüder Grimm) (ab 5 Jahre)

Ort: Wald (Wald-, Wind- und Rauschgeräusche mit der Stimme von vielen darstellen lassen, muß unheimlich klingen)

Rollen: Kutsche mit Pferden (alles Holzschlagzeug in einem Pferderhythmus, der vorgeübt werden muß und der schneller und langsamer werden kann), Räuber (Cymbeln, Rasseln, anderes Metall und laute „Hohoho!“-Rufe, auch dynamische Unterschiede für Kommen, Überfall und Abziehen), Mädchen

(Sopran- oder Alt-Xylophon), Taube (sanftes Saiteninstrument; wenn nicht vorhanden, Glockenspiel, zart gespielt, viele Glissandi, oder Metallophon), die Alte (Handtrommel oder Pauke mit den Händen und Fingern gespielt, geschurrt, gewischt), der Baum (gehauchtes, windartiges sanftes Pfeifen eines Kindes, das dies besonders gut hinkriegt, oder Metallophon, falls nicht für Taube genommen), Königssohn (Flöte oder Glockenspiel, falls nicht für Taube genommen), Schlüssel, Milch, Kleid und Bett (mit den Kindern überlegen, welche Instrumente dafür genommen werden sollen, wenn nicht Motive dafür auf den Instrumenten der Taube und des Mädchens gewählt werden), Ring (Triangel)

Verstärkungen: Angst des Mädchens (leise: mit Metallbesen Becken schlagen, laute: Cymbeln aneinander reiben), Schluß (gemeinsam gehen Mädchen und Königssohn auf ihren Instrumenten in sein Königreich, immer leiser bis zum Unhörbargewordensein. Alle anderen stellen dazu den Wald dar, der gleich stark zu hören bleibt. Oder der Wald wird immer leiser, das Gehen bleibt gleich stark und endet im Königreich, das durch eine vorgeübte Musik, heiterer Rhythmus, von allen anderen dargestellt wird).

(Vollständig abgedruckt auf S. 161)

Erzählen, Spielen und Bewegen zu Musik (ab 5 Jahre)

Sinn: Nur zuhörend können die meisten Kinder sich auf längere Musikstücke nur schwer oder gar nicht konzentrieren und haben auch wenig davon. Sie jedoch mit dem eigenen Körper und der eigenen Vorstellung darzustellen, fällt ihnen überhaupt nicht schwer, sondern erfüllt sie mit soviel Befriedigung, daß sie dergleichen immer wieder tun möchten. Von Mal zu Mal werden sie auch sprachlich und tänzerisch einfallsreicher und differenzierter. Und die Musik nehmen sie so intensiv wie nur möglich auf; sie wird ihnen ja sozusagen einverleibt. Dabei ist solche gemeint, die tatsächlich etwas „erzählen" will, Geschichten vertieft und anders erleben läßt, also keine absolute Musik.

Der Zauberlehrling (J. W. von Goethe und P. Dukas) (ab 7 Jahre)

Das Gedicht mit den Kindern lesen und darüber sprechen, sich den ganzen Ablauf der Ereignisse mit ihnen gut klarmachen. Dann die Musik von Dukas anhören und dabei die Handlung des Gedichtes innerlich vorstellen. Die Musik gleich noch einmal anhören, aber mit Unterbrechungen, wo nötig, und die Kinder erzählen dazu, an welchen Stellen sich die Wendepunkte der Handlung abspielen und einigen sich darin genau. Diese Wendepunkte sind:

– Fortgehen des Zauberers
– Aufforderung des Besens
– Losgehen des Besens
– „Stehe! Stehe!"
– „Wehe! Wehe!"
– „Wie ich mich nur auf dich werfe."
– Beide Teile des Besens gehen los
– Der Meister kommt zurück
– „In die Ecke, Besen! Besen!"

Darauf folgen Bewegungsübungen. Wie bewegt sich der Besen? Einfälle der Kinder vor- und nachmachen lassen. Dann gleich zu den entsprechenden Musikstellen mit den Wegen im Raum ausprobieren. Vorher festlegen, wo das Becken, die Ecke, der Fluß sein sollen, wie man sie – durch Tücher, einen andersfarbigen Teppich usw. – kennzeichnen will, wohin der Meister abgeht. Ebenso durchnehmen: Wie bewegt sich der Zauberlehrling? Wie der Meister? Wenn man genug Kinder hat und sie es gern möchten, kann man auch das Wasser noch darstellen, z. B. liegen alle Wasserkinder im Becken, das gefüllt wird, dicht zusammengeringelt und tanzen die steigende Menge des Wassers zuerst am Platz, dann über den Rand und schließlich durch den ganzen Raum, so daß der Zauberlehrling tatsächlich in ihren Leibern und Gesten – oder dazugenommenen blauen Tüchern – „unterzugehen" droht.

Danach das Ganze mit verteilten Rollen zur Musik einmal tanzen. Hinterher gemeinsam die leeren Stellen herausfinden und besprechen, d. h. die Stellen, wo die Tanzenden vielleicht nichts Rechtes mit sich anzufangen wußten, weil sie in der Vorstellung das Wasserüberlaufen z. B. schon zu Ende gedacht und getanzt hatten, während die Musik noch nicht bei dem ausgemachten Wendepunkt angekommen war. Diese Leerstellen dann ausfüllen: Das Gedicht noch einmal genau daraufhin lesen, ob es noch Anregungen bietet, diese sich dann klarmachen, vielleicht mit eigenen Worten. Die betreffenden Musikstellen noch einmal, auch mehrmals, anhören und dabei Ideen entwickeln, wie der Tanz dazu erweitert werden kann, auch gleich in Bewegung darstellen, einzeln oder einige gleichzeitig. Die Lösungen vergleichen, begutachten und von den eigentlichen Rollenträgern für sich wählen lassen. Anschließend das Ganze noch einmal zur Musik tanzen. Wiederholungen mit vertauschten Rollen werden wohl erst an einem anderen Tag stattfinden, da das Bisherige schon genügend Zeit in Anspruch nahm und auch physisch und für die Konzentration anstrengend war. Es ist auch möglich, nach dem Besprechen der leeren Stellen aufzuhören und ihre Durcharbeitung auf das nächste Mal zu verschieben. Man sollte sich dabei von dem Wunsch und der Ausdauer der Kinder leiten lassen. (Vollständig abgedruckt auf S. 152)

Ebenso geeignet sind:
„Der Zauberladen“ von Rossini-Respighi, „Kinderszenen“ von Schumann, „Der Feuervogel“ von Strawinsky, „Hary Janosch“ von Kodàly, „Bilder einer Ausstellung“ von Mussorgsky und Ausschnitte aus „Orpheus und Eurydike“ von Gluck. (alles ab 7 Jahre)
Hierzu sagt man den Kindern nur den Titel der einzelnen Stücke oder erzählt die zugrundeliegende Handlung, hört danach gemeinsam die Musik, wobei jedes Kind sich vorstellen soll, was nun im einzelnen passiert. Diese Vorstellungen werden hinterher zusammengetragen, bis man sich auf Rollen, Ereignisse, einen Handlungsablauf, Bewegungscharaktere geeinigt hat. Dann wie beim „Zauberlehrling“ vorgehen.

Spiele dieser Art brauchen durch nichts anderes vorbereitet zu sein. Gerade Kinder der 5. und 6. Klassen, die vorher wenig bis nichts in dieser Art taten, die von Musik und Gedichten und schöner, gestalteter Sprache kaum eine Ahnung haben, stürzen sich mit wahrer Wonne hinein und können nicht genug bekommen. Ihre Phantasie wird so stark angeregt, daß sie sich die interessantesten Geschichten ausdenken, um auch diese noch so darzustellen, wozu sie sich dann gern auch mit eigenen Improvisationen auf Orff-Instrumenten begleiten. Die scheinbar gröbsten, wildesten, rauhesten Jungen schweben mit Vorliebe als zarte Feen umher, und die scheuesten stillsten Kinder möchten am liebsten nur Besen, Kobolde, Riesen, Furien sein, eben wild und kraftvoll tanzen.

Beispiel für eine solche Kindergeschichte:

Die Zauberblume (ab 5 Jahre)

Eine Fee bewohnt einen schönen Garten mit vielen Blumen, eine davon ist eine „Zauberblume“; wer sie hat, kann eben zaubern, was er möchte. Der Garten wird von Riesen bewacht. In einer Höhle in der Nähe wohnt ein Zauberer, der einige Kobolde als Gehilfen hat. Er möchte unbedingt die Zauberblume haben. Zu Beginn schlafen Fee und Blumen, die Riesen umstapfen den Garten. Sie wachen. Dann erwacht die Fee und weckt nach und nach ihre Blumen auf. Die „Zauberblume“ gibt dabei besondere Töne von sich. Die Fee umtanzt sie länger als die anderen. Gleichzeitig schaut der Zauberer durch sein „Zauberfernrohr“ und beobachtet sie. Die Fee verabschiedet sich von ihren Blumen und von den Riesen, um in den Wald zu schweben. Da schleicht der Zauberer aus seiner Höhle, befiehlt den Kobolden, mitzukommen, umschleicht den Garten, um von außen die „Zauberblume“ zu erkennen, immer in genügender Entfernung von den Riesen. Dann befiehlt er den Kobolden, die Riesen abzulenken. Sie hopsen und drehen sich um die Riesen herum, immer einige um einen der Riesen, zwischen deren Beinen hindurch, kitzeln und zwicken sie, lassen sie nicht zur Ruhe kommen und nicht mehr zum Garten schauen. Unterdessen schleicht der Zauberer im Garten von Blume zu Blume, jede berührend, bis er die richtige gefunden hat. Er will sie brechen, aber ihre Töne klingen so hell und weit, daß die Fee es hört und im Nu herbeigeschwebt kommt. Vor ihrer Macht muß der Zauberer weichen, und die Kobolde können sich nicht mehr bewegen, sobald die Fee sie berührt. So vertreiben nun die Riesen den Zauberer und seine Kobolde, die sich schleunigst in die Höhle zurückziehen. Die Fee dankt den Riesen, schläfert ihre Blumen wieder ein, legt sich selbst zur Ruhe. Und zum Schluß stapfen die Riesen wieder wachend um den Garten herum.

Instrumente, die von den Kindern dazu vorgeschlagen, nach ihren Vorstellungen eingesetzt und von anderen als den Darstellern gespielt wurden:
Fee (Glockenspiel), Blumen (die verschiedenen Saiten einer Kinderharfe gezupft), Zauberblume (helle Triangel), Riesen (Handtrommel mit Schlägel), Zauberer (großes Becken mit Schlägel), Kobolde (Altxylophon).

Bilder lebendig werden lassen

Erzählen dazu

Zwei Kinder im Bett (ab 2 Jahre)
(ein kleiner Junge liegt auf dem Bauch und hält einen Teddy im Arm, ein größeres Mädchen sitzt neben ihm in den Kissen, eine Puppe liegt vor ihm):
Erzählung etwa: „Das ist Thomas, und das ist Ingrid. Es ist Abend, sie haben gebadet und sollen schlafen. Aber sie sind noch munter. Deshalb ist Ingrid zu Thomas ins Bett geklettert, damit sie sich noch ein bißchen unterhalten können. Ihre Puppe hat sie mitgebracht. Sie macht ihr ein weiches gemütliches Bett aus den Kissen und singt ihr ein Schlaflied vor. Thomas hört zu, schmiegt seinen Bauch so richtig tief und behaglich in die Bettdecke hinein und wackelt mit den Füßen. Seinen Teddy hält er im Arm ganz fest an sich gedrückt und legt die Wange an ihn, weil das Teddy-Fell sich so weich und angenehm anfühlt. Außerdem kitzelt es so schön, wenn er mit dem Gesicht darüber streicht."
Das genügt, aber man kann auch noch weitererzählen; was die Kinder vielleicht noch reden, bis die Eltern zum Gute-Nacht-Sagen kommen. Es könnte auch Morgen sein, und die Kinder mögen sich noch nicht gleich von der Wärme des Bettes trennen, oder sie sind schon wach, während die Eltern noch schlafen. Jedenfalls die Einzelheiten des Bildes und den Gesichtsausdruck, die Aussage der Haltung und der Gesten mit einbeziehen.

Der goldene Fisch (Klee): (ab 4 Jahre)
Dazu das Märchen „Vom Fischer und seiner Frau" erzählen oder das Märchen „Die Goldkinder" (beides aus den Märchen der Gebrüder Grimm).

Anregende Fragen stellen (ab 4–5 Jahre)

Die Fragen sollen die Kinder anregen, selbst eine Geschichte zum Bild zu finden, sie herauszulesen. Notwendige Informationen geben oder durch eigenes Miterzählen einfließen lassen.

Kind mit Regenschirm
(ein kleines Kind mit einem großen Regenschirm, rot und aufgespannt, steht bis zu den Hüften in einem Wasser, das über die Bildränder noch hinausgeht):
Fragen etwa: Wie ist es dahingekommen? Warum hat es den Schirm mitgenommen? Was tut es gleich? Was geschieht daraufhin? usw.

Schlafendes Kind aus „Kinder aus aller Welt"
(Bild aus China. Ein Kind liegt schlafend auf der Straße an einem Fluß- oder Kanalufer):
Fragen z. B.: Könnte man bei uns auf der Straße schlafen? In welchen Ländern aber wohl? (Auf Klima usw. eingehen.) Warum schläft es da? Wie ist es dorthin gekommen? Wo ist seine Mutter oder große Schwester? Was geschieht, wenn es aufwacht? usw.

Küchenbild aus „Zwölf Blätter aus meiner Kinderstube":
Fragen z. B.: Wann und wo trug man solche Kleidung? Was wird da wohl von jedem getan und hergestellt? Macht man das heute noch genauso? Wer sagt gerade etwas? Was? Und zu wem? Wie geht das Gespräch (und die Handlung) weiter?

Aufsteigender Weg im Grünen (Renoir):
Fragen z. B.: Welche Jahreszeit ist es? Was für Menschen gehen auf der Wiese? Woher kommen sie? Was haben sie vor? Was tun sie dort gerade? Sprechen sie miteinander? Und was? Gehören sie alle zusammen? Wenn ja, warum sind dann zwei so weit zurückgeblieben? usw.

Mademoiselle Dihaud am Klavier (Degas):
Fragen z. B.: Wo befindet sich diese Frau? Was hat sie gerade getan? (Nicht jedem Kind wird sofort deutlich, daß sie Klavier gespielt hat.) Warum dreht sie sich um? (Die Kinder finden unzählige Gründe dafür und ebenso viele Geschichten oder Dialoge, die sich daraus ergeben.)

Aus „Japi in Holland" S. 34/35
(zwei Kinder auf einer Wiese, mit Blumen in der Hand, und eins hat eine Milchtüte. Auf der gegenüberliegenden Seite stehen beide auf einer Brücke und lassen die Blumen ins Wasser, einen Fluß, fallen):
Frage dazu: Was reden die beiden wohl miteinander?

Der Frauenpavillon (Klee):
Frage dazu: Was könnte das Bild darstellen? (Antworten der Kinder sind meistens: „Höhle" oder „Theater" oder „Berg" oder „kleines Haus".) Sich ge-

meinsam für eine der genannten Möglichkeiten entscheiden und dazu dann eine Geschichte erfinden. Die weiteren Einzelheiten des Bildes, mit denen viel Freiheit für die Phantasie gelassen ist, einbeziehen. Oder die Kinder in kleine Gruppen bzw. Paare teilen, und jede erfindet zu einer der genannten und verteilten Möglichkeiten eine Geschichte. Die werden dann alle erzählt.

Suchaufgaben stellen (ab 3 Jahre)

Dazu Bilder mit vielen Einzelheiten nehmen, z. B. das mit den vielen Zimmern eines Hauses aus „Wo ist Wendelin?“:
„Ich sehe eine Maus. Wo ist sie?“ Das Kind zeigt sie. Wenn es das sprachlich kann, sollte es den Ort im Bild zu beschreiben versuchen, hier: „In der Dachkammer rechts unter dem Tisch“ oder „Im Keller zwischen den Fässern, hier links unten“. Am besten abwechselnd gegenseitig etwas suchen lassen. Auch Fragen dieser Art, diesmal zu dem Bild mit den vielen Menschen aus demselben Buch: „Einigen dieser Leute sieht man an, was sie für einen Beruf haben. Kannst du das auch sehen?“ Beschreiben lassen, woran man es erkennt. Und: „Den Kindern sieht man an, was sie gerade gespielt oder getan haben. Was ist es bei jedem?“ Wieder genau beschreiben und erzählen lassen.

In Tätigkeiten umsetzen (ab 2 Jahre)

„Kinderspiele“: Jedes Bild anschauen und das Spiel kurz durchführen, z. B. auf dem Rücken eines anderen reiten.

„Es tanzt ein Bi-Ba-Butzemann“ und „Hoppe-Hoppe-Reiter“:
Jeden Tag ein Bild als Spielanregung auswählen lassen und die abgebildeten Utensilien zur Verfügung stellen. Das Lied dann zum Spiel oder vorher singen, wenn das Spiel noch ausgebaut werden soll.

„Die grüne Uhr“:
Bäume, Büsche, Pflanzen, Blätter, Blüten, Zweige, Gräser, Früchte regelmäßig beobachten, in ihrer Entwicklung wahrnehmen, sich darüber unterhalten. Dieses Material auf einem Extratisch sammeln, der dadurch immer wieder zu Vergleichen und Gesprächen Anlaß gibt. Auch Kimspiele daraus entwickeln.

„Am Strand sind Steine, die keine sind“:
Selber Steine suchen und bemalen oder sonstwie zu Gestaltungen verarbeiten und zu Spielen verwenden; auch einfach an ihrer Gestalt und ihrem Aussehen freuen, diese vergleichen und besprechen. Kim- und Legespiele aller Art.

„Das Mondgesicht“: (ab 4 Jahre)
Selber ein Bild malen und dieses Bild ausgedachte Abenteuer erleben lassen, die nur erzählt oder gemalt und erzählt werden.

„Nils Karlsson Däumling“:
Eine kleine Puppenfigur haben, für sie und mit ihr nach eigenen Vorstellungen, so ähnlich wie der Junge im Buch, spielen. Material für Puppenwohnungseinrichtung muß da sein. Auch als Anregung nehmen, überhaupt Puppenwohnungen zu basteln.
Oder sich gegenseitig erzählen, was man für Erlebnisse hatte, wenn man beim Spiel genauso klein war wie die Figur, oder was man alles erleben könnte, wenn man für eine Weile so klein wäre.

„Das Geheimnis der acht Zeichen“: (ab 5 Jahre)
Selbst für andere solche Geheimbriefe schreiben; die Zeichen dafür erfinden, etwas verstecken und den Weg im Brief beschreiben, die halbe Gruppe für die andere Hälfte, Kinder für die Eltern oder den Lehrer, die Erzieherin, einer für mehrere andere. Das Versteckte müßte aber für alle ausreichen, zumindest für die Sucher etwas Hübsches, Beliebtes sein. Auch als Möglichkeit nehmen, Geburtstagsgeschenke, Ostereier oder anderes zu suchen.

Die Bücher über Kinder aus anderen Ländern: (ab 4–5 Jahre)
(z. B. „Miriam in Israel“ und „Chendru und sein Tiger“) können als vielfältige Anregungen verwendet werden, dort übliche Tätigkeiten, Spiele, Kleidung, Umgangsformen, Sprache, Schrift, Lieder, Mahlzeiten kennenzulernen, sich eine Zeitlang wirklich damit zu befassen, im Spiel selber dort zu leben. Besonders wichtig und geeignet, wenn Kinder aus anderen Ländern in der Gruppe sind. Sie können dann mit Hilfe ihrer Eltern viel ergänzen und beitragen.

Zu Geschichten malen (ab 3 Jahre)

In „Das rosa Pferd“ (U. Blaich) eine große Fülle von Anregungen, die auch die Sprache sehr bereichern. (ab 4 Jahre)

„Was ist ein Crysk?“ (aus „Die Maus auf dem Mars“, vollständig abgedruckt auf S. 154):

Eine Phantasiefigur wird sprachlich beschrieben und vorgestellt. Der Text verlockt zum Zeichnen. (ab 7 Jahre)

Beides auch als Anregung nehmen, selber ähnliche Geschichten zu erfinden.

Ausdruck von Gefühlen und Stimmungen

Die folgenden Texte geben dem Menschen Ausdrucksmöglichkeiten für das, was er selber auch sieht, empfindet, ahnt, aber vielleicht nicht oder nicht so

treffend sagen kann. Außerdem wird das Erleben selbst vertieft, wird differenzierter und bewußter, wenn Texte zur Verfügung stehen, die es so farbig zum Ausdruck bringen. Man liest sie sich einfach gegenseitig vor und freut sich gemeinsam daran, sucht vielleicht auch zu einem Thema mehrere Texte zusammen und vergleicht sie miteinander nach verschiedenen Gesichtspunkten, die allen Teilnehmern Freude machen. Lehrer und Erzieher größerer Gruppen sollten sich jedoch bewußt sein, daß manche dieser Gedichte und Geschichten von Kindern sehr persönlich, beinahe intim empfunden werden und sich deshalb zum Lesen und Besprechen in größeren Gruppen nicht eignen, sobald die Kinder etwa 9 Jahre alt geworden sind oder auch, wenn sie ganz offensichtliche Abneigung dagegen zeigen. Dann kann man sie ihnen aber immer noch zum Selberlesen empfehlen. Daß Kinder über ihre Empfindungen und Gefühle, die ihnen in solchen Texten wiederbegegnen, nur mit sehr vertrauten Menschen sprechen möchten, sollte man unbedingt achten und berücksichtigen. Es ist sicherlich besser, übervorsichtig zu sein, als die natürliche Scheu des jungen Menschen zu verletzen und ihn damit zu zwingen, sich mit unechter Burschikosität, Rauhbeinigkeit, Albernheit und Witzeleien davor zu schützen und womöglich eine ausgesprochene Abneigung gegen Gedichte oder Literatur überhaupt zu entwickeln.
In jedem Alter sollte man aber Kinder dazu ermuntern, selbst solche Gedichte oder Geschichten zu schreiben.

Gedicht-Beispiele

Der Edelstein (von einem neunjährigen Jungen) (ab 4 Jahre)

Ich lebe tief im Abgrund tief
und strahle alles an.
Die gute Sonne, die mich rief,
Die sagt, ich bin ein Edelstein.
Die Schlangen kriechen um mich her,
Die finstre Erde drückt mich schwer,
Doch glänz ich wie der Sonnenschein,
Ich bin ein Sonnenedelstein.

Abends am Fenster (ab 4 Jahre)

Abends, wenn die Polterstadt
langsam leiser wird
und die gelbe Straßenbahn
nur noch selten klirrt,

abends mag ich gern allein
noch am Fenster stehen.
Unten schläft die Straße ein,
doch ich kann nun sehen:

Lichter, Lichter! Tausendmal
gelbe Fenstersterne.
Autoblitze, lang und schmal,
nah und in der Ferne.

Funkelschlange Eisenbahn
seh ich drüben ziehn,
manchmal auch ein Flugzeug nahn,
immer Rot und Grün.

Wo am hohen Rundfunkmast
rot die Kugel wacht,
glaubt ich an den Vollmond fast,
doch ich hab gelacht:

Denn ich sah ihn hinterm Park
aus den Bäumen schweben,
groß und rund und viel zu stark,
um am Mast zu kleben.

Blaue Worte gehen an,
auch ein Bild darüber;
schöner, als man träumen kann.
Nein – ich träume lieber.

Goldstaub

(ab 4 Jahre)

Wie ich den Schmetterling beneide:
Schöne, schwebende Blume der Luft,
die auf der Rose leuchtendem Kleide
als Gegengabe für Honig und Duft
Goldstaub zurückläßt, reiner als Seide!

Beim Heulen zu sagen

(ab 5 Jahre)

Ich bin so u-hu-hunglücklich,
und weine, weil ich wa-ha-hein!
Und ka-ha-heiner so-holl mich
jetzt trösten, na-ha-hei-hi-hin!!!
ich will – buhu! –
ich will – hawu! –
will bö-hö-hös sa-ha-hein!

Ich bin so u-hu-hunglücklich,
weiß selber nicht waru-hu-hum!
Ich gla-hu-hub, heut nehm i-hich
das ganze Leben kru-hu-humm!
Mein Kum- huhu! –
mer ist – hawu! –
mir selber bald zu du-hu-humm!

„Beim Heulen zu sagen" so richtig weinen, heulen und schluchzen beim Vorlesen, die Kinder es dann mittun lassen, das macht großen Spaß. Aber natürlich nicht, wenn eins gerade wirklich weint! Dann muß man es ernst nehmen. Daß die Kinder durch dieses Gedicht etwas Humor und Abstand zu ihrem eigenen Verhalten bekommen können, wenn sie einmal wieder in einen derartigen Zustand geraten sind, ist eine andere Sache, die sich nur in ihnen selber und ohne Zutun von außen entwickeln kann.

Frühling (ab 5 Jahre)

Die Amsel singt
und dein Gummiball springt.
Die Sonne flirrt
und dein Springseil schwirrt.
Der Apfelbaum blüht
und dein Rollschuh zieht
eine schnurgrade Bahn.
Und ein alter Mann
spazierengeht . . .
Und dein Kreisel dreht
sich rundherum.
Und du weißt nicht, warum
du so fröhlich bist?
Weil Frühling ist!

Septembermorgen (ab 6–7 Jahre)

Im Nebel ruhet noch die Welt,
Noch träumen Wald und Wiesen:
Bald siehst du, wenn der Schleier fällt,
Den blauen Himmel unverstellt,
Herbstkräftig die gedämpfte Welt
In warmem Golde fließen.

Mein kleiner weißer Hund und ich (ab 6–7 Jahre)

Mein kleiner weißer Hund und ich,
Wir gehn durch alle Türen.
Wir suchen dich. Wir suchen mich.
Wir weinen und wir frieren.

Der Regen kreiselt groß im See,
Wirft Ringe in die Runde.
Ich weiß nicht, wo ich geh und steh
Mit meinem kleinen Hunde.

Die Welt ist weit. Und weit bist du.
Wo enden Weg und Reise?
Ich hör dem großen Regen zu –
Mein kleiner Hund bellt leise.

Ich find dich nicht. Ich find mich nicht.
Mit dir ging ich verloren.
Mein Hund blickt trüb, und mein Gesicht
Preß ich an seine Ohren.

Kinder können dies Gedicht sehr gut nachfühlen. Wenn man es ihnen gibt, wenn sie selbst gerade von jemandem, den sie sehr gern haben, Abschied nehmen mußten, fühlen sie sich meistens ein bißchen dadurch getröstet, daß jemand versteht, wie ihnen zumute ist. Wenn sich dann noch ein Gespräch über ihren Kummer, ihre Sehnsucht und den fortgegangenen Menschen anschließt, hilft ihnen das sehr. Man kann das Gedicht auch gut verwenden, um in Kindern Verständnis für die Gefühle anderer zu wecken.

Bilderbücher

Alle, die auf S. 112 genannt werden. Außerdem die „Ole-", die „Momoko"- und die „Fränzi"-Bände. (ab 4–5 Jahre)

Geschichten

In jeder guten Geschichte, in der Kinder, Menschen oder Tiere Identifikationsfiguren sind, kommen Stimmungen, Gefühlserlebnisse und dergleichen zum Ausdruck, z. B. in „Einer" (ab 5 Jahre) von Chr. Nöstlinger in „Geh und spiel mit dem Riesen".

Denkanregungen

Bei der Auswahl dieser Texte geht man ganz vom Gedankeninhalt aus und überlegt, ob die ausgeführten Gedankengänge oder die enthaltenen Fragen und Probleme die Kinder interessieren, ob sie alles verstehen und mitdenken können. Gespräche sollten sich von selbst daraus ergeben. Man kann jedoch auch einige Fragen vorbereiten, mit denen man das Gespräch in Gang bringen will. Das Thema des gewählten Textes sollte in irgendeiner Form sowieso gerade interessant geworden sein, oder der Text sollte ihnen helfen können, vorhandene eigene Probleme besser zu bewältigen.

Tag und Nacht (ab 3–4 Jahre)

Sagt der Tag zur Nacht:
„Ich hab Licht gebracht –
Und du brachtest was?"
„Den Tau für das Gras."

„Ich gab Stunden voll Glanz
Der Blumen Kranz."
Sagt die Nacht: „Süße Ruh
Bescher ich dazu."

Einfach ein Gespräch darüber anschließen, was sonst noch alles Tag und Nacht bringen, einander ergänzend, aber auch sich unterscheidend. Die Kinder erzählen lassen, was sie am Tag schön finden, was an der Nacht. Auch die

Unterschiede im Erleben von Licht und Dunkelheit können zur Sprache kommen. Und das nicht so Schöne oder das Unangenehme werden ebenfalls in das Gespräch einfließen, wie schlechte Träume oder allein einschlafen müssen, wogegen der Morgen dann erfreulich wirkt; oder Bauchweh oder ein Kummer am Tag, die mit dem Schlaf oder einem besonders guten Traum vergehen.

Ich glaube (ab 5 Jahre)

Ich glaube: Ein Grashalm ist nicht geringer
als die Bahn der Gestirne,
Und die Ameise ist vollkommen in ihrer Art
wie auch das Zaunkönig-Ei und das Sandkorn;
Und der Laubfrosch: ein Meisterstück, das sich
sehen lassen kann vor dem Höchsten;
Und Brombeerranken – auch im Himmel droben
wären sie eine Zierde;
Hier, das Gelenk meiner Hand: was sind dagegen
alle Maschinen!

Fragen dazu z. B.: Warum der Dichter das wohl alles glaubt? Oder direkter: Ob die Kinder selbst schon einmal daran gedacht haben, wieviel geschickter unsere Hand ist als die kompliziertestе Maschine? Wie jede Maschine nur etwas ganz Bestimmtes tun kann und was dagegen wir alles mit unserer Hand vermögen. Darüber kann man sehr lange sprechen. Außerdem wollen bestimmt einige Kinder genaue Vergleiche haben zwischen irgendwelchen Maschinen und der Hand und wollen wissen, ob es nicht doch eine Maschine gibt, die auch sehr viel, wenn nicht sogar genauso viel kann. Man kann aber auch an die Ameise oder den Frosch, das Zaunkönig-Ei anknüpfen, wenn sich die Kinder gerade beim Spiel draußen oder auf einem Spaziergang mit solchen oder anderen Tieren befaßt haben. Oder am Grashalm oder Sandkorn, wenn man sich gerade im Freien befindet und Halme oder Körner in die Finger nehmen und anschauen und ertasten kann. Gerade für die Kinder unserer Zeit und besonders für Stadtkinder sind Gedichte wie dieses bitter notwendig, da ihnen meist in ihrer Umwelt alles andere eher eingeprägt wird als Ehrfurcht vor und Bewunderung für eben diese Vollkommenheiten der Natur, von denen der Text spricht. Wenn diese Gefühle nicht im Kind geweckt werden – und natürlich nicht nur durch e i n derartiges Gedicht –, kann man auch nicht hoffen, daß die Jugendlichen und Erwachsenen später Verständnis und Sinn für solche Probleme wie z. B. Umweltverschmutzung und Umweltschutz haben.

Gewissensfrage (ab 5 Jahre)

Ich habe zwei Hemden, er hat keins.
Gebe ich – Herzklopfen – gebe ich eins?
Eigentlich müßte ich es wohl tun,
könnte sonst nicht mehr friedlich ruhn,
sähe ihn nackend und frierend im Traum
in einem dunklen, kahlen Raum.
Ich habe zwei Hemden, er hat keins.
Eins brauch ich so nötig zum Wechseln.
„Manche haben acht . . .“ Keine Ausflüchte drechseln!
Frage und Antwort – hin und her!
Sich zu entscheiden ist so schwer.
Machte so gern beide Augen fest zu,
hätte so gern meine liebe Ruh!
Ich habe zwei Hemden, er hat keins.
Gebe ich – Herzklopfen – gebe ich eins?

Die Kinder möchten meistens vor allem wissen: Hat er es nun gegeben oder nicht? Und das ist ein sehr guter Anknüpfungspunkt, indem man die Frage zurückgibt: „Ja, was glaubt ihr denn, was er tat?“ Und daraus ergibt sich dann von selbst ein langes Gespräch, in dem viele Beispiele aus eigenem Erleben erzählt werden können, in dem aber auch zur Sprache kommen kann, warum manche Eltern ihren Kindern nicht gern erlauben, Spielzeug und andere Sachen einfach so zu verschenken, weil sie selbst es so mühselig verdient und dafür auf eigene Wünsche verzichtet haben. Das Thema aufzugreifen, bieten sich wohl genug Gelegenheiten. Schlecht wäre es jedoch, die Kinder mit Hilfe von derartigen Texten dazu bringen zu wollen, sich von ihren liebsten Dingen für andere zu trennen. Den Konflikt, der im Text dargestellt ist, darf man ihnen auch nicht zu schwer und unerträglich machen. Vor allem muß der Erwachsene dabei helfen zu entscheiden, wo derartige Opfergeschenke überhaupt sinnvoll sind, denn schenkbereite oder sehr mitfühlende Kinder glauben nach solchen Gesprächen manchmal, sie müßten nun jeden Wunsch eines anderen zu erfüllen suchen. Andererseits sollte man dem Kind in einem sinnvollen Ausnahmefall, den man selbst wohl überlegt und befürwortet hat, ein solches Geschenk nicht wieder auszureden versuchen, nur weil man selbst der Auffassung ist, der betreffende Gegenstand sei zu groß oder zu wertvoll und überdies werde er vom Schenkenden selbst noch nötig gebraucht. Derlei sollte man vorher bedenken und abklären, also bei der gemeinsamen Auswahl gewisse Grenzen setzen. Geschenke, die der andere gar nicht haben will und weder wünscht noch braucht, sind natürlich auch nicht sinnvoll. Und all dies kann im Gespräch mit den Kindern nach einem derartigen Text erörtert werden, so daß in ihren Köpfen nun viel mehr Klarheit darüber herrscht und andererseits ein ganzer Strom von Gedankengängen angeregt worden ist, der von da an in ihnen weiterfließt und ihr Handeln beeinflußt.

Kinder (ab 6–7 Jahre)

Wir Kinder
mit der weißen Haut
sind nicht die einzigen Kinder auf der Erde

Wir Kinder
mit der schwarzen Haut
sind nicht die einzigen Kinder auf der Erde

Wir Kinder
mit der gelben Haut
sind nicht die einzigen Kinder auf der Erde

Wir Kinder
mit der roten Haut
sind nicht die einzigen Kinder auf der Erde

Wir sind alle gleich

Wenn Kinder mit roter Hautfarbe
und Kinder mit schwarzer Hautfarbe
und Kinder mit weißer Hautfarbe
und Kinder mit gelber Hautfarbe
zusammen spielen
dann streiten sie sich schon mal
um einen Ball eine Puppe oder wer erster ist
aber wir Kinder vertragen uns immer wieder

Wir Kinder
mit gelber roter weißer und schwarzer Hautfarbe
Auch wenn wir uns einmal streiten
wir vertragen uns immer wieder

Wir die Kinder auf der ganzen Welt

Abgesehen vom Thema und allem, was sich an Gesprächen daran anknüpfen läßt, kann man gerade bei diesem Gedicht die Kinder auch gut auf die Form aufmerksam machen und darauf, wie sie und das Spiel mit der Sprache zum Ausdruck des Gedankens, zu seiner genauesten Vermittlung beitragen. Man kann die Kinder durch mehrmaliges Vorlesen, bei Schulkindern, indem sie den Text vor sich liegen haben, selbst herausfinden lassen, wie der Dichter es gemacht hat: daß die Form zu Beginn des Gedichtes dasselbe ausdrückt, was er nachher sagt: „Wir sind alle gleich", nämlich durch immer den gleichen Satz, der nur die Hautfarben unterschiedlich benennt; wie er deutlich macht, daß alle Farben und Rassen gleichwertig sind, indem er die Reihenfolge der Farbaufzählung jedesmal bewußt ändert; wie er alle Kinder der Erde zu einer zusammengehörenden Gruppe und zum Schluß zu ununterschiedener Einheit werden läßt – zuerst durch die gleichlautenden Sätze, dann alle Kinder durch das Wörtchen „und" zur Gruppe verbunden, noch stärker in dem Absatz, wo das Wort „Kinder" nur einmal gebraucht wird und die Hautfarben als gemeinsame Eigenschaften aufgezählt werden, bis der Schlußsatz „Wir die Kinder auf der ganzen Welt" die völlige Einheit symbolisiert. Daß letztendlich das ganze Gedicht nur durch Absätze, nicht aber durch trennende Satzzeichen gegliedert ist, trägt auch noch zu der Aussage bei: „Wir sind alle gleich."

Im gleichen Moment (ab 5 Jahre)

Jetzt, wo du lachst,
mag ein Eskimo weinen.
Siehst du ihn nicht, diesen Kleinen?
Wie er dasteht im Schnee?
Irgendwas tut ihm weh.

Und, wenn du weinst,
mag ein Eskimo lachen.
Tja, sagst du, kann man nichts machen!
Ich bin hier, der ist da.
Komisch ist das – na ja!

Einmal vielleicht
weint ihr beide gemeinsam.
Jeder für sich, jeder einsam.
Weint im gleichen Moment.
Dumm, daß ihr euch nicht kennt!

Zum gleichen Thema wie „Kinder" ein Gedicht von ganz anderer Form, das also die Ähnlichkeit auch mit ganz anderen Mitteln darstellt. Auf kleinere Kinder das Gedicht selbst wirken lassen oder ihnen das Nachstehende mit einfachen Worten vermitteln; die älteren sollten es wieder selbst herausfinden: Wie hier dargestellt ist, daß trotz äußerlicher Verschiedenheit und räumlicher Ferne das Erleben ganz ähnlich, ja gleich ist; wie geradezu Sehnsucht geweckt wird, dies fremde Kind zu kennen, weil es genauso fühlt und deshalb der Freund sein könnte, den man gerade nötig brauchte, zumindest gern bei sich hätte. Wie aber auch hier in der letzten Strophe die vorherigen Unterschiede zu einer Gemeinsamkeit werden, denn zuerst lacht jedesmal das eine Kind, während das andere weint, zuletzt weinen beide gemeinsam, und daraus läßt sich schließen, daß man auch gemeinsam lachen, also es gut und schön miteinander haben könnte.

An einen in einem künftigen Kriege Gefallenen (ab 9–10 Jahre)

Wir haben kein Mitleid mit Dir.
Du hast Deine Nächsten zu Mördern gemacht.
Sie sind die Opfer der Möglichkeit, die Du
ihnen ließest. Wir sprechen Dich schuldig
getötet worden zu sein. Denn das
ist ebenso schuldhaft wie Töten.
Wir haben kein Mitleid mit Dir.

Aber wir weinen.

Mit den Kindern durchdenken, was alles durch den Text an Fragen geweckt wird. Dann einbeziehen, wie er zum Teil ganz anders und weniger stark wirken würde, wenn z. B. die Zeilenenden anders lauteten, d. h. wenn der Text anders gegliedert wäre; wie auch das großgeschriebene „Du", „Dir" usw. zum Sinn beiträgt, die Anklage verstärkt. Auch kann man mit ihnen darüber sprechen, warum der Dichter wohl gezögert hat, das „Aber wir weinen" stehen zu lassen (in einer Ausgabe wollte er es fortlassen und nahm es dann doch wieder dazu); vergleichen, wie es wirkt, wenn es fehlt.

Um über Verhaltensweisen, Beziehungen und die Formen des Miteinanderumgehens nachzudenken, kann man gut Gedichte als Beispiel und Anregung vorlesen. Im Gespräch dann Parallelen zu eigenen Erfahrungen ziehen lassen: Wie man sich manchmal angegriffen oder ausgelacht fühlt, weil man selber in schlechter Stimmung ist oder anderes Verhalten falsch deutet; wie es wohl dazu kommt, daß manchmal jemand häßlich zu uns ist, obwohl wir ihm nicht das geringste zuleide taten; und vieles andere. Nötige Vor-Informationen zum Text-Verständnis geben.

Beispiele wie es durch Unwissenheit zu gefährlichen oder komischen oder unangenehmen Situationen kommen kann:

Der Kater und der Mond (ab 5 Jahre)

Bei Nacht beguckte sich der Mond
Im Teiche, ja, das tat er.
Indessen durch das hohe Gras
Schlich Schnurrebart, der Kater.

Er lauschte schon den ganzen Tag,
Wie rings die Vögel sangen.
Nun, da es still und dunkel war,
Wollt er die Vögel fangen.

Doch, ach, kein Vogel ließ sich sehn.
(Wie klug, daß sie ihn mieden!)
Herr Schnurrebart, der Kater, war
Erschrecklich unzufrieden.

Mißmutig kam er an den Teich
Und sah hinein und dachte,
Daß der verflixte, krumme Mond
Anscheinend ihn verlachte.

Da stob er auf den Mond drauflos
Und fauchte ganz gefährlich.
Jedoch der Mond blieb ruhig stehn
Und lachte unaufhörlich.

„Das ist – bei Gott – das ist brutal,
Du Grinsemond, du blasser!“
Der Kater nahm 'nen Anlauf und –
Dann plumpste er ins Wasser.

Er schwamm zurück ans Land und floh
Wie eine wilde Wanze.
Das Wasser hing im Schnurrbarthaar
Und tröpfelte vom Schwanze.

Nachdem er stundenlang geputzt
Und seinen Bart gewellt hat,
Wußt er noch immer nicht, wie das
Der Mond wohl angestellt hat.

Ihr vielleicht?

„Mutters kleiner Olle“ (s. S. 98), „Der Zauberlehrling“ (Goethe, vollständig abgedruckt auf S. 152) und „Der Wunsch aller Wünsche“ (M. Ende aus „Das Schnurpsenbuch“) sind hierfür ebenfalls geeignet.

Beispiele, wie es wirkt und welche Folgen es haben kann, wenn man sich unschön, unfreundlich oder lieblos benimmt:

Das böse Wort (ab 6–7 Jahre)

Wie fing es an?
Wer ist schuld daran?
Du oder ich oder das böse Wort?
Aber bitte, geh nicht fort!
Willst du die Marke aus Portugal
oder lieber den blauen Ball?
Laß mich nicht allein!
Ich geb dir auch den Stein,
den Zauberkasten
oder die goldenen Quasten,
sogar meinen Indianerhut,
aber bitte, sei wieder gut.

Erlebnis (ab 7 Jahre)

Ich fuhr einmal durch Baltimore,
O Knabenglück und Maienlicht!
Ein weißer Junge neben mir,
Der sah mir ins Gesicht.

Acht Jahre waren beide wir;
Ich ohne Argwohn lach ihm zu.
Da streckt er seine Zunge aus:
Du schwarzer Nigger du!

Ich habe Baltimore gesehn
Vom Fliederblühn zum Flockenschnein.
Von allem, was auch sonst geschehn,
Fällt stets nur dies mir ein.

Auch über die Art von Beziehungen und ihren sprachlichen Ausdruck kann man nachdenken:

Lieben (ab 7 Jahre)

Jemand liebt dich heiß. –
Wenn nur keine kalte Dusche folgt!

Jemand liebt dich abgöttisch. –
Ist das nicht unmenschlich?

Jemand hat dich zum Auffressen gern. –
Setz dich nicht zu Tisch mit ihm.

Jemand liebt nur dich allein. –
Wer kann da nicht teilen?

Jemand liebt dich, so wie du bist. –
Du Glückspilz!

Bilderbücher
deren Text und Bilder zum Nachdenken und zu Gesprächen anregen:

Alle „Ole"-, „Momoko"- und „Fränzi"-Bände, „Fred und Peter" und viele weitere (s. Literatur). (ab 4–5 Jahre)

Geschichten
die zum Denken und zu Gesprächen anregen:
Es gibt eine ganze Reihe von Geschichten-Sammlungen, die auf das Gespräch darüber angelegt sind. Zum Teil haben die Erzählungen keinen Schluß oder werden zwischendurch unterbrochen, damit die Kinder selber erst nachden-

ken können, bevor der Schluß erzählt wird. Sie behandeln meistens auch zwischenmenschliche Probleme; immer jedoch wird angeknüpft an Erlebnisse, die den Kindern vertraut sind oder die sie sich leicht vorstellen können. Aber auch sonst kann man an die meisten Geschichten Gespräche anknüpfen, die sich aus Bemerkungen der Kinder dazu ergeben oder die man durch einige gezielte Fragen einleiten kann (Beispiele s. Literatur und S. 154). (ab 5 Jahre)

Spaß und Unsinn

Zum Denken gehören nicht nur der Ernst, sondern auch die Komik, der Spaß und der Unsinn, denn das Verständnis für einen Witz, einen Spaß usw. hängt mit der Bewußtseinsreife, dem Wissensstand, mit den besonderen Vorlieben, Abneigungen, Befürchtungen, Ängsten und Wünschen eines Menschen zusammen und d. h. eben auch mit deren gedanklicher Verarbeitung. Deshalb reagieren Kinder so unterschiedlich auf denselben Spaß, deshalb auch lieben Kinder ganz andere Späße als Erwachsene und umgekehrt. Komik, Spaß, Witze, Unsinn machen und verstehen können bedeutet: über der Situation stehen, sie begreifen, sich selber von ihr loslösen, sie überschauen, sie für weitere Fortschritte zur Verfügung haben. Deshalb ist diese Art Text für die Kinder nicht weniger wichtig als jede andere. Nur wäre es wünschenswert, wenn ein solcher Text möglichst häufig als Anregung verstanden würde, selber Ähnliches zu erfinden.

Es war einmal ein Mann (ab 4–5 Jahre)

Es war einmal ein Mann,
der hatte einen Schwamm.
Der Schwamm war ihm zu naß,
da ging er auf die Gaß.
Die Gaß war ihm zu kalt,
da ging er in den Wald.
Der Wald war ihm zu grün,
da ging er nach Berlin.

Berlin war ihm zu groß,
da wurd er ein Franzos.
Franzos wollt er nicht sein,
da ging er wieder heim
zu seiner Frau Elise,
die kocht ihm grün Gemüse.
Da muß er dreimal niesen:
Hazzi! Hazzi! Hazzi!

Lügenmärchen (ab 4–5 Jahre)

Eine Kuh, die saß im Schwalbennest
mit sieben jungen Ziegen,
die feierten ihr Jubelfest
und fingen an zu fliegen.

Der Esel zog Pantoffeln an,
ist übers Haus geflogen,
und wenn das nicht die Warheit ist,
so ist es doch gelogen.

Guten Hut! (ab 5 Jahre)

Vorigen Handschuh verlor
ich meinen Herbst,
da ging ich ihn finden,
bis ich ihn suchte.
Da kam ich an eine Guckte
und schlucht hinein,
da saßen drei Stühle
auf drei große Herren,
da nahm ich meinen
guten Tag und sagte:

„Guten Hut, meine Herren,
da bring ich drei Paar
Strümpfe auf drei Pfund Garn,
sie sollten morgen
fertig werden,
daß ich sie heut noch
anziehen kann."
Da lachten die Herren
an zu fingen,
daß ihnen der Platz bauchte.

Dieses Gedicht sollte man den Kindern noch einmal vorlesen, indem man die jeweils zusammengehörenden Zeilen einzeln herausgreift. Sie werden großen Spaß haben bei dem Versuch, die vertauschten Wörter an die richtigen Stellen zu rücken.

Aprilscherz (ab 5 Jahre)

„Hallo, Regenpfütze,
wozu bist du nütze?
Mit dir ist's bald aus –
siehst du die Sonne?"
fragt Fritz mit der Mütze.

„Die seh ich mit Wonne",
sagt da die Pfütze.
„Wer sonst als die Sonne
bringt mich nach Haus!
Dann gibt's wieder Regen –
hast du was dagegen?"

Die Feder (ab 5 Jahre)

Ein Federchen flog über Land;
Ein Nilpferd schlummerte im Sand.

Die Feder sprach: „Ich will es wecken";
Sie liebte, andere zu necken.

Aufs Nilpferd setzte sich die Feder
Und streichelte sein dickes Leder.

Das Nilpferd öffnete den Rachen
Und mußte ungeheuer lachen.

Bilderbücher
z. B. „Was ist hier los?“ und „Hast du Worte?“ und die „Onkel Tobi“-Bände.
(ab 4 Jahre)

Geschichten
z. B. die „Frosch und Kröte“-Bände (A. Lobel) und die „Mumin“-Bände (T. Jansson).
(ab 5 Jahre)

Religiöse Dichtung

Lieder, Psalmen, Gebete, Gedichte und Geschichten wird jeder nach der Religion aussuchen, der er angehört, oder nach der Weltanschauung, die er vertritt. Vieles davon sollte auswendig gelernt werden, wenn es genau das enthält, wovon man überzeugt ist, und wenn man jedem Wort, Gedanken, Gefühl, die darin zum Ausdruck kommen, zustimmen kann. Was davon bis zum zwölften Lebensjahr erlernt wird, behält der Mensch besser als alles, was er später aufnimmt.

Mit einem indischen Spruch, der für alle Religionen Gültigkeit besitzt, und jeden Menschen, der andere erzieht, zum Nachdenken anregen sollte, möchte ich dieses Buch beschließen:

Es ist nicht Weisheit, wissend nur zu sein
Und zu verschließen seinen Blick dem inneren Schauen;
Doch Weisheit ist's, dem Herzen zu vertrauen.

Anhang

Zwei Gedichte zum rhythmischen Rollenspiel

Ich bin ein großer brauner Bär

Ich bin ein großer brauner Bär,
Ich tappe im Gebüsch umher,
Schleck' Honig, gleich ein ganzes Faß,
Wie schön ist das! Wie schön ist das!

Ich bin ein Bienchen, hübsch und fein,
Schlüpf' in den Blumenkelch hinein,
Trink' Honig aus dem kleinen Glas,
Wie schön ist das! Wie schön ist das!

Ich bin das Schnecklein Gernegroß,
Am Morgen kriech' ich durch das Moos,
Da find' ich dies, da find' ich das,
Wie schön ist das! Wie schön ist das!

Ich bin das Fröschlein Quak-Quak-Quak,
Ich hüpfe an den Bach hinab,
Da ist es naß, ganz pudelnaß,
Wie schön ist das! Wie schön ist das!

Ich bin ein blauer Schmetterling,
Ich fliege zu dem Blumenkind,
Das wartet schon auf mich im Gras,
Wie schön ist das! Wie schön ist das!

Ich bin ein kleines Hasenkind,
Ich hüpfe durch das Gras geschwind,
Ich bin ja bald ein großer Has,
Wie schön ist das! Wie schön ist das!

Ich bin ein kleines Igeltier,
Ich sage: Geh, geh weg von mir!
Hab' spitze Stacheln, hart wie Glas,
Wie schön ist das! Wie schön ist das!

Ich bin der Zwickelzwackelzwerg,
Ich komme nachts aus meinem Berg,
Schlag einen Purzelbaum zum Spaß,
Wie schön ist das! Wie schön ist das!

Ich bin ein muntrer Wichtelmann,
Der Gold im Säckchen tragen kann,
Dir, Kindchen, bring ich auch etwas,
Wie schön ist das! Wie schön ist das!

Der Zauberlehrling

Hat der alte Hexenmeister
Sich doch einmal wegbegeben!
Und nun sollen seine Geister
Auch nach meinem Willen leben;
Seine Wort' und Werke
Merkt ich und den Brauch,
Und mit Geistesstärke
Tu ich Wunder auch.

Walle! walle
Manche Strecke
Daß, zum Zwecke,
Wasser fließe
Und mit reichem, vollem Schwalle
Zu dem Bade sich ergieße.

Und nun komm, du alter Besen,
Nimm die schlechten Lumpenhüllen!
Bist schon lange Knecht gewesen:
Nun erfülle meinen Willen!
Auf zwei Beinen stehe,
Oben sei ein Kopf,
Eile nun und gehe
Mit dem Wassertopf!
Walle! walle
Manche Strecke
Daß, zum Zwecke,
Wasser fließe
Und mit reichem, vollem Schwalle
Zu dem Bade sich ergieße.

Seht, er läuft zum Ufer nieder;
Wahrlich! ist schon an dem Flusse,
Und mit Blitzesschnelle wieder
Ist er hier mit raschem Gusse.
Schon zum zweiten Male!
Wie das Becken schwillt!
Wie sich jede Schale
Voll mit Wasser füllt!
Stehe! stehe!
Denn wir haben
Deiner Gaben
Vollgemessen! –
Ach, ich merk es! Wehe! Wehe!
Hab ich doch das Wort vergessen!

Ach das Wort, worauf das Ende
Er das wird, was er gewesen!
Ach, er läuft und bringt behende.
Wärst du doch der alte Besen!
Immer neue Güsse
Bringt er schnell herein,
Ach! und hundert Flüsse
Stürzen auf mich ein.
Nein, nicht länger
Kann ichs lassen:
Will ihn fassen.
Das ist Tücke!
Ach! nun wird mir immer bänger!
Welche Miene! welche Blicke!

O, du Ausgeburt der Hölle!
Soll das ganze Haus ersaufen?
Seh ich über jede Schwelle
Doch schon Wasserströme laufen.
Ein verruchter Besen,
Der nicht hören will!
Stock, der du gewesen,
Steh doch wieder still!
Willst am Ende
Gar nicht lassen?
Will dich fassen,
Will dich halten
Und das alte Holz behende
Mit dem scharfen Beile spalten.

Seht, da kommt er schleppend wieder!
Wie ich mich nur auf dich werfe,
Gleich, o Kobold liegst du nieder;
Krachend trifft die glatte Schärfe.
Wahrlich! brav getroffen!
Seht, er ist entzwei!
Und nun kann ich hoffen,
Und ich atme frei!
Wehe! wehe!
Beide Teile
Stehn in Eile
Schon als Knechte
Völlig fertig in die Höhe!
Helft mir, ach! ihr hohen Mächte!

Und sie laufen! Naß und nässer
Wirds im Saal und auf den Stufen!
Welch entsetzliches Gewässer!
Herr und Meister! hör mich rufen! –
Ach, da kommt der Meister!
Herr, die Not ist groß!
Die ich rief, die Geister,
Werd ich nun nicht los.
„In die Ecke,
Besen! Besen!
Seids gewesen!
Denn als Geister
Ruft euch nur, zu seinem Zwecke,
Erst hervor der alte Meister.“

Eine Geschichte zum Malen

Weißt du, was ein Crysk ist?

Nein? Ein Crysk ist ein Geschöpf mit cryskem Aussehen. Cryskes Aussehen heißt rätselhaft sein.
Es gibt viele Cryske. Cryske leben von nichts. Sie brauchen nichts. Doch, sie brauchen etwas, und das sind Cryske. Ein Crysk allein kann nicht leben – also leben sie in Gruppen.
Cryske arbeiten nichts. Überhaupt nichts. Sie sind faul. Sie tun nichts. Cryske sind dumm. Sie kennen keine Schule. Sie kennen keine Vorgesetzten. Sie kennen nichts. Sie reden nichts. Sie sind stumm.
Cryske existieren nicht, aber sie sind da.
Cryske sind menschenfeindlich. Sie können die Menschen nicht leiden. Wir können sie auch nicht leiden.
Cryske sind schlau. Sie sind hinterlistig. Sie betrügen alle. Cryske wollen reich sein, sie sind es aber nicht. Sie wollen alles haben.
Cryske vertragen sich untereinander nicht. Sie wollen allein sein.
Sie wohnen in Luftschlössern. Sie wohnen nirgends. Sie wohnen überall.
Cryske sind häßlich. Sie sehen niemandem ähnlich. Sie sind klein. Man sieht sie fast nicht. Cryske sterben nicht. Sie leben ewig.
Cryske lachen nicht. Sie sind ernst. Sie können nicht lachen. Cryske wollen nicht lachen.
Cryske sind Dichter. Sie reimen, aber sie schreiben nichts. Sie dichten etwas, was nichts darstellt.
Cryske haben keinen Glauben. Sie sind Heiden. Sie glauben an nichts, auch nicht an sich selbst. Sie brauchen nichts zu glauben, weil sie Cryske sind.
Cryske schlafen fast immer. Sie schnarchen. Sie schlafen und schnarchen. Sie sind wach. Aber sie bewegen sich nicht. Sie sind starr. Cryske sind Lebewesen, die es nicht gibt. Oder?

Drei Geschichten als Denkanregungen

Grünauge

Sie freute sich so sehr darauf wie auf Weihnachten.
Nur – noch viel viel mehr. Denn auf Weihnachten mußte man sich monatelang freuen, und dann dauerte es nur einen Tag lang.
Sicher, der Baum steht eine Weile, die meisten Geschenke bleiben, aber das Herzklopfen und das Kribbeln in allen Gliedern, das bleibt nicht lange.
Aber das, worauf sie sich so sehr freute, würde jeden Tag wieder passieren.
Morgen würde es sein. Der erste Tag im Kindergarten. Und übermorgen, oder heißt es gestern? – wieder. Immer wieder, ein ganzes langes Jahr lang.

Eigentlich hätte Anne – sie ist schon über fünf – schon im letzten Jahr gehen können, aber da lebte sie in der Klinik.
Da gab's zwar auch eine Kindergärtnerin. Aber die kam nur zweimal die Woche, und obwohl es lustig war, gesungen und gebastelt wurde, es war halt kein Kindergarten.
In keinem Kindergarten der Welt liegen die Kinder den ganzen Tag auf den Betten – die einen auf dem Bauch. Die anderen mit einem verbundenen Arm, einem zugeklebten Auge – ein anderes mit seinem Gipsbein, das an einem Seil aufgehängt ist.
Nein – so was ist kein Kindergarten.
Anne wußte genau, wie er auszusehen hatte.
Und morgen würde sie es erleben.
Mit vielen andern Kindern würden sie an kleinen Tischen und Stühlen sitzen. In einem großen Zimmer mit bunten Zeichnungen an den Wänden, Puppenwagen in der Ecke, und alle würden sie ohne irgend etwas sein.
Alle würden laufen können, reden und singen, und das Fräulein würde keinen weißen Kittel tragen.
Auch keinen hellgrünen, denn Kittel – Anne wußte das – hatten beinahe immer mit Spritzen oder Medizin zu tun, mit Wegsein von zu Hause. Es tat weh, daran zu denken.
„Bist du sehr traurig, Ännchen?" hatte Mami gefragt, als Anne in der Klinik einmal weinte.
„Nein, ich weiß ja, daß sie mich alle mögen und mir helfen, aber bei dir zu Hause ist es halt doch viel schöner. Man muß eben warten, bis es gut ist, nicht wahr, Mami?"
Anne hatte es ganz genau verstanden, warum sie selber plötzlich lächeln konnte und Mami weinen mußte. Aber das war vorbei.
Morgen also.
Und es war haargenauso, wie sie es sich erträumt hatte. Das Fräulein trug keinen Kittel.
Sie hatte einen roten Pullover an und einen ganz weiten weißen Rock, rote Sandaletten, und die langen schwarzen Haare waren mit einem Band hinten zusammengebunden. Ich habe sie lieb, fühlte Anne, als sie ihr die Hand gab.
Der Morgen war viel zu schnell vorbei, und Anne war traurig, als sie hörte, daß nachmittags frei wäre – es erst anderntags weitergehen würde.
Aber es war gut so, ihr eines Auge, das operierte, schmerzte. So lag sie im verdunkelten Zimmer und spielte sich vor, daß sie im Kindergarten wäre.
So schön, wie's am ersten Tag war, sollte es am nächsten werden.
Aber am dritten Tag wurde alles anders:
Anne mochte das Fräulein, die andern Kinder, alle. Sie konnte nicht sagen, wen sie am liebsten mochte. Allen war sie gut.
Aber sie war ja nicht allen gut genug.
Zuerst – ja, da spielten sie mit ihr – bis sie ihr ins Gesicht geschaut hatten.

Die einen sahen weg, verzogen den Mund und beachteten sie nicht mehr. Andere starrten sie an, schauten nochmals genauer hin, noch ein drittes Mal, hielten dann die Hand vor den Mund und kicherten.
Und Alfred, der sagte es ganz laut, was die andern nur dachten: „Meine Güte, die schielt ja, ganz schauderhaft ... und guckt bloß, die hat zwei verschiedne Augen. Thi, ist das komisch! Ein blaues und ein grünes! Zeig her, du Wundertier, ist es wirklich grün?" Und er riß Anne mit sich ans Fenster, damit er besser schauen konnte.
Das Fräulein hatte es wohl nicht gehört, aber all die Kinder, die in der Nähe waren, die schauten hin und sprachen darüber.
Welches von den beiden denn mehr schiele. Ob das rechte oder das linke – und was links und rechts überhaupt sei. Anne ließ es mit sich geschehen. Was sollte sie auch tun? Es war schon immer so gewesen. Ihr war es egal, welches welche Farbe hatte und welches schielte.
Sie sah wieder mit ihren Augen und das war wichtig. Was hatten die alle bloß...?

Die Bonbontüte

Das Problem:
Was ist wichtiger? Schweigen aus Kameradschaft oder Ehrlichkeit und damit Verrat am Freund?
Hinführung zum Problem:
Wart ihr schon einmal einkaufen? Was denkt ihr, wenn ihr an Süßigkeiten vorbeigeht und dafür kein Geld habt? Ich erzähle euch jetzt eine Geschichte von Stefan und Michael und wie es da gegangen ist. Den Schluß müßt ihr euch selbst ausdenken.
Geschichte:
Stefan muß für seine Mutter im Supermarkt einkaufen. Auf dem Weg dorthin trifft er seinen Freund Michael, der ihn gerade zum Spielen holen will. „Hör mal, Michael", sagte er, „ich muß noch schnell einkaufen, dann komm ich auf den Spielplatz. Geh doch mit zum Supermarkt." Da Michael gerade nichts Besseres zu tun hat, ist er bereit, mitzugehen. Stefan nimmt sich einen Einkaufswagen und fährt voraus. Aus den übervollen Regalen holt er alles, was die Mutter ihm aufgeschrieben hat: 1/2 Pfund Kaffee, 1 kg Zucker, 1 kg Mehl, 3 Dosen Kondensmilch, 1/2 Pfund Wurst usw. und legt es in den Wagen. Er dreht sich um und will Michael sagen, daß er jetzt alles hat, was auf der Liste steht. Da sieht er, wie sein Freund eine Tüte Bonbons aus dem Regal mit den Süßigkeiten herausnimmt und schnell in der Hosentasche verschwinden läßt. Außer Stefan hat anscheinend niemand etwas bemerkt. Was er gesehen hat, gefällt ihm nicht so recht. Er denkt: „Was soll ich jetzt bloß tun?"

Wer spielt den Räuberhauptmann?

„Puh, ist das ein Wetter! Am liebsten wäre ich im Bett geblieben!“ sagte Alexander, als er auf dem Schulweg seinen elfjährigen Freund Rudolf traf.
Beide hatten die Kapuzen ihrer Anoraks tief ins Gesicht gezogen. Trotzdem schlug ihnen der Regen ins Gesicht.
Den anderen Schülern und Schülerinnen ging es ähnlich. Wenn doch heute durch einen glücklichen Zufall der Unterricht ausfallen würde!
Dieser Zufall trat natürlich nicht ein. Aber schon in der ersten Stunde geriet die Klasse 4B in ausgezeichnete Laune. Als Herr Lehmann in den Musiksaal kam, hielt er einen Stapel Papier hoch und schwenkte ihn verheißungsvoll hin und her.
„Ratet mal, was ich euch mitgebracht habe! Na? Soll ich's sagen? ‚Die Bremer Stadtmusikanten‘!“
Einen Augenblick lang war die 4B verwirrt – Bremer Stadtmusikanten . . .?
Dann brach das Jubelgeschrei los.
„Ha! Wir führen was auf!“
„Herr Lehmann, darf ich der Esel sein?“
„Herr Lehmann, ich bekomme doch auch eine Rolle?“
„Ich möchte die Bäuerin sein, die den Hahn schlachten will.“
„Und ich ein Räuber!“
Herr Lehmann hielt sich lachend die Ohren zu.
„Jetzt erst mal Ruhe, bitte! Jeder bekommt eine Rolle. Ihr braucht euch also nicht die Arme auszurenken. Stefan, du spielst den Esel! Aber ich sag dir gleich, es ist eine große Rolle! Du mußt eine Menge lernen. Schaffst du das? In sechs Wochen ist der Elternabend.“
„Das schaff ich!“ Stefan nahm strahlend seine Rolle in Empfang.
Hund, Katze, Hahn – der Müller, der den Esel totschlagen will, weil er alt und schwach ist, die böse Bäuerin –, alle Rollen wurden vergeben, und jedes Kind, das ausgewählt wurde, blätterte stolz in seinem Textheft.
Zuletzt wurden die Räuber bestimmt.
„Dazu brauche ich gute Stimmen!“ erklärte Herr Lehmann. „Besonders der Räuberhauptmann hat ziemlich viel allein zu singen. Wen schlagt ihr denn vor?“
„Alexander!“
„Oder Rudolf – der singt auch ganz toll.“
„Ja, an die beiden habe ich auch gedacht“, sagte der Musiklehrer.
Die Klasse machte noch einige Vorschläge. Schließlich wurde Alexander zum Räuberhauptmann ernannt.
„Rudolf, dich brauche ich als Stütze für den Chor!“ sagte Herr Lehmann. „Du sollst unser Vorsänger sein. Immer, wenn das Lied von den Bremer Stadtmusikanten gesungen wird. Einverstanden?“
Rudolf nickte. Er freute sich.

Während der nächsten Wochen war die ganze 4B so eifrig mit den Vorbereitungen für die Aufführung beschäftigt, daß manches andere Fach ein wenig zu kurz kam. Zum Glück hatte die Klassenlehrerin, Frau Rehwald, Verständnis. Ja, sie gab an einigen Tagen weniger Schularbeiten auf als sonst, damit die Kinder Zeit genug hatten, ihre Rollen auswendig zu lernen. Denn das hatte Herr Lehmann ihnen eingeschärft: Am Tag der Aufführung mußten sie alles „wie im Schlaf" können. Jedes Wort mußte sitzen, sie mußten ihre Rollen einfach in- und auswendig können.
Es war gewiß nicht leicht, in der großen Aula auf der Bühne zu stehen, vor sich die Eltern, die gespannt zuhören würden. Da durfte kein Satz verlorengehen, und trotz Lampenfieber mußte alles klappen.
Die Klasse war sich einig darüber, daß Alexander ein großartiger Räuberhauptmann war. Gleich zu Anfang des Stückes hatte er aufzutreten.
Während Herr Lehmann ihn am Flügel begleitete, mußte er singen:

„He, Freunde, kommt heraus!
Seht ihr dort hinten das Haus?
Wenn alles schläft und keiner wacht,
Dann schleichen wir heimlich hin in der Nacht
Und holen uns Schnaps und Schinken!"

Bei diesem Lied kamen nacheinander die Räuber mit Sack und Pack angeschlichen und wiederholten: „Wenn alles schläft und keiner wacht..."
Wo die Kinder der Klasse 4B gingen und standen, übten sie ihre Verse und Lieder, hörten sich gegenseitig ab und waren aufgeregter als zu Weihnachten kurz vor der Bescherung.
Zu Hause wurden die Mütter von der Aufregung angesteckt. Aus abgelegten Sachen schneiderten sie Kostüme zurecht. Der Esel zum Beispiel brauchte lange, graue Ohren, der Müller eine weiße, mehlbestaubte Mütze, der Hahn einen bunten, prächtigen Federschmuck.
Als die erste Kostümprobe stattfand, hatten sämtliche jungen Schauspieler Herzklopfen. Aber nach und nach gewöhnten sie sich an die Bühne und an die Kulissen. Außerdem war es so beruhigend, daß Herr Lehmann am Flügel saß, jedem seinen Einsatz gab und ihnen half, wenn sie vor Aufregung doch einen Satz vergaßen.
Zwei Tage vor dem Elternabend geschah etwas Unerwartetes.
„Alexander fehlt!" hieß es plötzlich.
„Unser Räuberhauptmann? Das ist ja schade! Wohnt jemand in seiner Nähe?" fragte Herr Lehmann.
Niemand meldete sich.
Es stellte sich heraus, daß Alexander ziemlich weit entfernt wohnte und daß seine Eltern kein Telefon hatten. „Zu dumm!" Herr Lehmann überlegte eine Weile. „Wenn Alexander ernsthaft krank ist, fällt die ganze Aufführung ins Wasser."

Die Klasse saß stumm und enttäuscht da.
„Oder meint ihr, einer von euch kann die Rolle schnell noch lernen?“ Herr Lehmann sah die Kinder prüfend an. Alle schwiegen. Sein Blick blieb schließlich an Rudolf hängen.
„Was meinst du, Rudolf?“
Rudolf stand zögernd auf. „Ich glaube ja, Herr Lehmann. Ich hab den Text schon so oft gehört, ich . . . Doch, ich glaube, ich schaff es . . .“
„Das wäre ja fabelhaft. Wir können jetzt nicht lange überlegen. Hier, Rudolf, nimm den Text in die Hand! Wir versuchen es gleich. Es wäre doch zu schade, wenn wir den ganzen Elternabend absagen müßten.“
Auch die Klasse war über diesen Ausweg höchst erleichtert. Und daß es ein guter Ausweg war, konnte man bald merken.
Rudolf sang fehlerlos und mit kräftiger Stimme den Räuberhauptmann. Er guckte natürlich noch ein bißchen in das Textheft – aber soviel war allen klar: Wenn er noch tüchtig üben würde, konnte er es bis zur Generalprobe morgen schaffen. Rudolf wurde rot vor Freude, als Herr Lehmann ihn lobte und als die ganze Klasse begeistert klatschte, nachdem er seine Rolle zu Ende gespielt hatte.
Von Alexander war auch am nächsten Tag nichts zu sehen. Niemand wußte, was mit ihm los war. Die Generalprobe verlief auch ohne ihn gut; Rudolf machte seine Sache so ausgezeichnet, daß Herr Lehmann der Aufführung beruhigt entgegensah.
Und Rudolf selbst –? Alexander war ja sein Freund, und Rudolf hatte ihm die Hauptrolle wirklich gegönnt. Aber jetzt selbst den Räuberhauptmann spielen zu dürfen – das machte ihm soviel Spaß, daß er nicht gerade traurig darüber war, daß Alexander weiterhin fehlte. Sein prächtiges Räuberkostüm, das die Mutter ihm gemacht hatte, gefiel ihm ganz besonders gut.
Endlich war der ersehnte und gefürchtete Abend herangekommen.
Es war fünf Minuten vor Beginn der Aufführung.
Hinter der Bühne herrschte noch ein fieberhaftes Hin und Her, während Rudolf mit seinen abenteuerlich verkleideten Kumpanen schon in den Kulissen stand; denn die Räuber mußten als erste auftreten. Unten im Saal saßen erwartungsvoll die Eltern, und zwischen ihnen, genauso gespannt, Frau Rehwald, die Klassenlehrerin.
Herr Lehmann war die Ruhe selbst. Er gab den Kindern letzte Anweisungen.
„Hört zu!“ sagte er gedämpft. „Ich gehe jetzt auf die Bühne und halte eine kleine Ansprache. Zuletzt kündige ich die Aufführung an. Dann setze ich mich an den Flügel, spiele ein kurzes Einleitungsstück – ihr kennt es ja –, und dann kommt Rudolf hervor und fängt an zu singen. Habt ihr das verstanden?“
Die Jungen und Mädchen nickten.
Herr Lehmann schärfte den Kindern ein, auf keinen Fall noch mit irgendwelchen Fragen zu ihm auf die Bühne zu kommen oder an den Flügel.

„Ihr müßt jetzt allein zurechtkommen. Wir haben es ja oft genug geprobt. Toi-toi-toi, ihr Räuber!"
Damit ging Herr Lehmann auf die Bühne und begann seine Ansprache.
In diesem Augenblick geschah etwas: Atemlos tauchte Alexander hinter der Bühne auf, fix und fertig als Räuberhauptmann verkleidet. Hastig erklärte er auf die erstaunten Fragen: „Ich hatte auf einmal solch tolles Fieber ... Meine Mutter wollte erst gar nicht erlauben, daß ich heute abend aufstand ... aber es geht mir ganz gut ... und da hat mein Vater gesagt, laß ihn doch laufen ..."
Alexander sah freudig von einem zum andern. „Ein Glück, nun kann ich doch spielen."
Die Jungen sahen sich betroffen an. Rudolf wurde ganz merkwürdig zumute. Mußte er jetzt seine Rolle wieder abgeben? Er stand wie gelähmt.
Carsten, der zweite Räuber, warf Alexander einen finsteren Blick zu.
„Hau ab, Alexander!" knurrte er. Er gab sich Mühe, nicht zu laut zu werden. „Wir können dich hier nicht gebrauchen. Rudolf hat jetzt deine Rolle ..."
Ungläubig starrte Alexander Carsten einen Augenblick lang an. Niemand sagte etwas. Langsam drehte er sich um und ging die Treppe zum Umkleideraum hinunter.
Rudolf erschrak plötzlich. „Halt, Alexander! Bleib doch hier!" rief er ihm gedämpft nach.
Auch Jan und Bernd sahen sich erschrocken an. So konnten sie doch Alexander nicht gehen lassen!
Andererseits hatte sich auch Rudolf ganz mächtig auf den Abend und die Rolle gefreut – was sollten sie nur tun?
Sie hörten, daß Herr Lehmann noch zu den Eltern sprach – unmöglich durften sie ihn jetzt stören. Sie mußten selbst entscheiden, was mit Alexander werden sollte – ganz schnell mußten sie es entscheiden!

Was hättest du getan?

Das tatsächliche Ende der Geschichte:

„Los, wir müssen ihn holen!" sagte Rudolf gedämpft und lief zur Treppe. Bernd war mit wenigen Schritten neben ihm. Alexander blieb auf ihr Rufen nicht stehen, sondern ging trotzig weiter.
Bernd sprang die Stufen hinunter und hielt Alexander am Arm fest.
„Mensch, Alexander, nun komm doch zurück!" sagte er überredend. „Es war natürlich blöd, daß Carsten das gesagt hat – aber wir konnten doch nicht wissen, daß du so plötzlich wieder auftauchst. Deshalb hat Herr Lehmann Rudolf deine Rolle gegeben." Inzwischen hatte er Alexander die Treppe heraufgezogen.
„Tut mir wirklich leid, Alexander", sagte Rudolf verlegen.

„Aber . . .“
„Schluß jetzt!“ flüsterte Bernd energisch. „Es geht doch gleich los! Herr Lehmann hat schon mit Reden aufgehört. Alexander, ich bitte Herrn Lehmann einfach, er soll die Aufführung noch einmal mit uns machen – dann spielst du den Räuberhauptmann. Und jetzt verdirb uns nicht den ganzen Abend. Klar?“
Alexander zögerte.
Rudolf sah ihn bittend an. „Könntest du nicht heute im Chor mitsingen?“ schlug er vor.
Alexander nickte, und Rudolf fühlte sich grenzenlos erleichtert.
Von der Bühne drangen die ersten Akkorde zu den „Bremer Stadtmusikanten“ . . .
Wenige Augenblicke später trat Rudolf mit seinem prächtigen Kostüm aus den Kulissen, um seine Rolle als Räuberhauptmann zu spielen.

Zwei Märchen der Gebrüder Grimm

Die Alte im Wald

Es fuhr einmal ein armes Dienstmädchen mit seiner Herrschaft durch einen großen Wald, und als sie mitten darin waren, kamen Räuber aus dem Dickicht hervor und ermordeten, wen sie fanden. Da kamen alle miteinander um bis auf das Mädchen; das war in der Angst aus dem Wagen gesprungen und hatte sich hinter einem Baum verborgen. Wie die Räuber mit ihrer Beute fort waren, trat es herbei und sah das große Unglück. Da fing es an bitterlich zu weinen und sagte: „Was soll ich armes Mädchen nun anfangen, ich weiß mich nicht aus dem Wald herauszufinden, keine Menschenseele wohnt darin, so muß ich gewiß verhungern.“ Es ging herum, suchte einen Weg, konnte aber keinen finden. Als es Abend war, setzte es sich unter einen Baum, befahl sich Gott und wollte da sitzenbleiben und nicht weggehen, möchte geschehen, was immer wollte. Als es aber eine Weile dagesessen hatte, kam ein weiß Täubchen zu ihm geflogen und hatte ein kleines goldenes Schlüsselchen im Schnabel. Das Schlüsselchen legte es ihm in die Hand und sprach: „Siehst du dort den großen Baum, darin ist ein kleines Schloß, das schließ mit dem Schlüsselchen auf, so wirst du Speise genug finden und keinen Hunger mehr leiden.“ Da ging es zu dem Baum und schloß ihn auf und fand Milch in einem kleinen Schüsselchen und Weißbrot zum Einbrocken dabei, daß es sich satt essen konnte. Als es satt war, sprach es: „Jetzt ist es Zeit, wo die Hühner daheim auffliegen; ich bin so müde, könnt ich mich doch auch in mein Bett legen.“ Da kam das Täubchen wieder geflogen und brachte ein anderes goldenes Schlüsselchen im Schnabel und sagte: „Schließ dort den Baum auf, so wirst du ein Bett finden.“

Da schloß es auf und fand ein schönes weiches Bettchen – da betete es zum lieben Gott, er möchte es behüten in der Nacht, legte sich und schlief ein. Am Morgen kam das Täubchen zum drittenmal, brachte wieder ein Schlüsselchen und sprach: „Schließ dort den Baum auf, da wirst du Kleider finden", und wie es aufschloß, fand es Kleider mit Gold und Edelsteinen besetzt, so herrlich, wie sie keine Königstochter hat. Also lebte es da eine Zeitlang, und kam das Täubchen alle Tage und sorgte für alles, was es bedurfte, und war das ein stilles, gutes Leben.

Einmal kam das Täubchen und sprach: „Willst du mir etwas zuliebe tun?" – „Von Herzen gerne", sagte das Mädchen. Da sprach das Täubchen: „Ich will dich zu einem kleinen Häuschen führen, da geh hinein, mittendrein am Herd wird eine alte Frau sitzen und ‚guten Tag' sagen. Aber gib ihr beileibe keine Antwort, sie mag auch anfangen, was sie will, sondern geh zu ihrer rechten Hand weiter, da ist eine Tür, die mach auf, so wirst du in eine Stube kommen, wo eine Menge von Ringen allerlei Art auf dem Tisch liegt, darunter sind prächtige mit glitzerigen Steinen, die laß aber liegen und suche einen schlichten heraus, der auch darunter sein muß, und bring ihn zu mir her, so geschwind du kannst." Das Mädchen ging zu dem Häuschen und trat zu der Türe ein. Da saß eine Alte, die machte große Augen, wie sie es erblickte, und sprach: „Guten Tag, mein Kind." Es gab ihr aber keine Antwort und ging auf die Türe zu. „Wo hinaus?" rief sie und faßte es beim Rock und wollte es festhalten, „das ist mein Haus, da darf niemand hinein, wenn ich's nicht haben will." Aber das Mädchen schwieg still, machte sich von ihr los und ging gerade in die Stube hinein. Da lag nun auf dem Tisch eine übergroße Menge von Ringen, die glitzten und glimmerten ihm vor den Augen; es warf sie herum und suchte nach dem schlichten, konnte ihn aber nicht finden. Wie es so suchte, sah es die Alte, wie sie daherschlich und einen Vogelkäfig in der Hand hatte und damit fortwollte. Da ging es auf sie zu und nahm ihr den Käfig aus der Hand, und wie es ihn aufhob und hineinsah, saß ein Vogel darin, der hatte den schlichten Ring im Schnabel. Da nahm es den Ring und lief ganz froh damit zum Haus hinaus und dachte, das weiße Täubchen würde kommen und den Ring holen, aber es kam nicht. Da lehnte es sich an einen Baum und wollte auf das Täubchen warten, und wie es so stand, da war es, als würde der Baum weich und biegsam und senkte seine Zweige herab. Und auf einmal schlangen sich die Zweige um es herum und waren zwei Arme, und wie es sich umsah, war der Baum ein schöner Mann, der es umfaßte und herzlich küßte und sagte: „Du hast mich erlöst und aus der Gewalt der Alten befreit, die eine böse Hexe ist. Sie hatte mich in einen Baum verwandelt, und alle Tage ein paar Stunden war ich eine weiße Taube, und solang sie den Ring besaß, konnte ich meine menschliche Gestalt nicht wieder erhalten." Da waren auch seine Bedienten und Pferde von dem Zauber frei, die sie auch in Bäume verwandelt hatte, und standen neben ihm. Da fuhren sie fort in sein Reich, denn er war eines Königs Sohn, und sie heirateten sich und lebten glücklich.

Der Bärenhäuter

Es war einmal ein junger Kerl, der ließ sich als Soldat anwerben, hielt sich tapfer und war immer der vorderste, wenn es blaue Bohnen regnete. Solange der Krieg dauerte, ging alles gut, aber als Friede geschlossen war, erhielt er seinen Abschied, und der Hauptmann sagte, er könnte gehen, wohin er wollte. Seine Eltern waren tot, und er hatte keine Heimat mehr; da ging er zu seinen Brüdern und bat, sie möchten ihm so lange Unterhalt geben, bis der Krieg wieder anfinge. Die Brüder aber waren hartherzig und sagten: „Was sollen wir mit dir? Wir können dich nicht brauchen, sieh zu, wie du dich durchschlägst." Der Soldat hatte nichts übrig als sein Gewehr, das nahm er auf die Schulter und wollte in die Welt gehen. Er kam auf eine große Heide, auf der nichts zu sehen war als ein Ring von Bäumen; darunter setzte er sich ganz traurig nieder und sann über sein Schicksal nach. Ich habe kein Geld, dachte er, ich habe nichts gelernt als das Kriegshandwerk, und jetzt, weil Friede geschlossen ist, brauchen sie mich nicht mehr; ich sehe voraus, ich muß verhungern. Auf einmal hörte er ein Brausen, und wie er sich umblickte, stand ein unbekannter Mann vor ihm, der einen grünen Rock trug, recht stattlich aussah, aber einen garstigen Pferdefuß hatte. „Ich weiß schon, was dir fehlt", sagte der Mann, „Geld und Gut sollst du haben, soviel du mit aller Gewalt durchbringen kannst, aber ich muß zuvor wissen, ob du dich nicht fürchtest, damit ich mein Geld nicht umsonst ausgebe." – „Ein Soldat und Furcht, wie paßt das zusammen?" antwortete er, „du kannst mich auf die Probe stellen." – „Wohlan", antwortete der Mann, „schau hinter dich." Der Soldat kehrte sich um und sah einen großen Bär, der brummend auf ihn zutrabte. „Oho", rief der Soldat, „dich will ich an der Nase kitzeln, daß dir die Lust zum Brummen vergehen soll", legte an und schoß den Bär auf die Schnauze, daß er zusammenfiel und sich nicht mehr regte. „Ich sehe wohl", sagte der Fremde, „daß dir's an Mut nicht fehlt, aber es ist noch eine Bedingung dabei, die mußt du erfüllen." – „Wenn mir's an meiner Seligkeit nicht schadet", antwortete der Soldat, der wohl merkte, wen er vor sich hatte, „sonst laß ich mich auf nichts ein." – „Das wirst du selber sehen", antwortete der Grünrock, „du darfst in den nächsten sieben Jahren dich nicht waschen, dir Bart und Haare nicht kämmen, die Nägel nicht schneiden und kein Vaterunser beten. Dann will ich dir einen Rock und Mantel geben, den mußt du in dieser Zeit tragen. Stirbst du in diesen sieben Jahren, so bist du mein, bleibst du aber leben, so bist du frei und bist reich dazu für dein Lebtag." Der Soldat dachte an die große Not, in der er sich befand, und da er so oft in den Tod gegangen war, wollte er es auch jetzt wagen und willigte ein. Der Teufel zog den grünen Rock aus, reichte ihn dem Soldaten hin und sagte: „Wenn du den Rock an deinem Leibe hast und in die Tasche greifst, so wirst du die Hand immer voll Geld haben." Dann zog er dem Bären die Haut ab und sagte: „Das soll dein Mantel sein und auch dein Bett, denn darauf mußt du schlafen und darfst in kein anderes Bett kommen. Und dieser

Tracht wegen sollst du Bärenhäuter heißen.“ Hierauf verschwand der Teufel. Der Soldat zog den Rock an, griff gleich in die Tasche und fand, daß die Sache ihre Richtigkeit hatte. Dann hing er die Bärenhaut um, ging in die Welt, war guter Dinge und unterließ nichts, was ihm wohl und dem Gelde wehe tat. Im ersten Jahr ging es noch leidlich, aber in dem zweiten sah er schon aus wie ein Ungeheuer. Das Haar bedeckte ihm fast das ganze Gesicht, sein Bart glich einem Stück grobem Filztuch, seine Finger hatten Krallen, und sein Gesicht war so mit Schmutz bedeckt, daß, wenn man Kresse hineingesät hätte, sie aufgegangen wäre. Wer ihn sah, lief fort, weil er aber allerorten den Armen Geld gab, damit sie für ihn beteten, daß er in den sieben Jahren nicht stürbe, und weil er alles gut bezahlte, so erhielt er doch immer noch Herberge. Im vierten Jahr kam er in ein Wirtshaus, da wollte ihn der Wirt nicht aufnehmen und wollte ihm nicht einmal einen Platz im Stall anweisen, weil er fürchtete, seine Pferde würden scheu werden. Doch als der Bärenhäuter in die Tasche griff und eine Handvoll Dukaten herausholte, so ließ der Wirt sich erweichen und gab ihm eine Stube im Hintergebäude; doch mußte er versprechen, sich nicht sehen zu lassen, damit sein Haus nicht in bösen Ruf käme.

Als der Bärenhäuter abends allein saß und von Herzen wünschte, daß die sieben Jahre herum wären, so hörte er in einem Nebenzimmer ein lautes Jammern. Er hatte ein mitleidiges Herz, öffnete die Türe und erblickte einen alten Mann, der heftig weinte und die Hände über dem Kopf zusammenschlug. Der Bärenhäuter trat näher, aber der Mann sprang auf und wollte entfliehen. Endlich, als er eine menschliche Stimme vernahm, ließ er sich bewegen, und durch freundliches Zureden brachte es der Bärenhäuter dahin, daß er ihm die Ursache seines Kummers offenbarte. Sein Vermögen war nach und nach geschwunden, er und seine Töchter mußten darben, und er war so arm, daß er den Wirt nicht einmal bezahlen konnte und ins Gefängnis sollte gesetzt werden. „Wenn Ihr weiter keine Sorgen habt“, sagte der Bärenhäuter, „Geld habe ich genug.“ Er ließ den Wirt herbeikommen, bezahlte ihn und steckte dem Unglücklichen noch einen Beutel voll Gold in die Tasche.

Als der alte Mann sich aus seinen Sorgen erlöst sah, wußte er nicht, womit er sich dankbar erweisen sollte. „Komm mit mir“, sprach er zu ihm, „meine Töchter sind Wunder von Schönheit, wähle dir eine davon zur Frau. Wenn sie hört, was du für mich getan hast, so wird sie sich nicht weigern. Du siehst freilich ein wenig seltsam aus, aber sie wird dich schon wieder in Ordnung bringen.“ Dem Bärenhäuter gefiel das wohl, und er ging mit. Als ihn die älteste erblickte, entsetzte sie sich so gewaltig vor seinem Antlitz, daß sie aufschrie und fortlief. Die zweite blieb zwar stehen und betrachtete ihn von Kopf bis zu Füßen, dann aber sprach sie: „Wie kann ich einen Mann nehmen, der keine menschliche Gestalt mehr hat? Da gefiel mir der rasierte Bär noch besser, der einmal hier zu sehen war und sich für einen Menschen ausgab, der hatte doch einen Husarenpelz an und weiße Handschuhe. Wenn er nur häßlich wäre, so könnte ich mich an ihn gewöhnen.“ Die jüngste aber sprach: „Lieber Vater, das muß ein guter Mann sein, der Euch aus der Not geholfen hat; habt Ihr ihm dafür eine Braut versprochen, so muß Euer Wort gehalten werden." Es war schade, daß das Gesicht des Bärenhäuters von Schmutz und Haaren bedeckt war, sonst hätte man sehen können, wie ihm das Herz im Leibe lachte, als er diese Worte hörte. Er nahm einen Ring von seinem Finger, brach ihn entzwei und gab ihr die eine Hälfte, die andere behielt er für sich. In ihre Hälfte aber schrieb er seinen Namen, und in seine Hälfte schrieb er ihren Namen und bat sie, ihr Stück gut aufzuheben. Hierauf nahm er Abschied und sprach: „Ich muß noch drei Jahre wandern, komm ich aber nicht wieder, so bist du frei, weil ich dann tot bin. Bitte aber Gott, daß er mir das Leben erhält."

Die arme Braut kleidete sich ganz schwarz, und wenn sie an ihren Bräutigam dachte, so kamen ihr die Tränen in die Augen. Von ihren Schwestern ward ihr nichts als Hohn und Spott zuteil. „Nimm dich in acht", sagte die älteste, „wenn du ihm die Hand reichst, so schlägt er dir mit der Tatze darauf." – „Hüte dich", sagte die zweite, „die Bären lieben die Süßigkeit, und wenn du ihm gefällst, so frißt er dich auf." – „Du mußt nur immer seinen Willen tun", hub die älteste wieder an, „sonst fängt er an zu brummen." Und die zweite fuhr fort: „Aber die Hochzeit wird lustig sein; Bären, die tanzen gut." Die Braut schwieg still und ließ sich nicht irremachen. Der Bärenhäuter aber zog in der Welt herum, von einem Ort zum andern, tat Gutes, wo er konnte, und gab den Armen reichlich, damit sie für ihn beteten. Endlich, als der letzte Tag von den sieben Jahren anbrach, ging er wieder hinaus auf die Heide und setzte sich unter den Ring von Bäumen. Nicht lange, so sauste der Wind, und der Teufel stand vor ihm und blickte ihn verdrießlich an; dann warf er ihm den alten Rock hin und verlangte seinen grünen zurück. „Soweit sind wir noch nicht", antwortete der Bärenhäuter, „erst sollst du mich reinigen." Der Teufel mochte wollen oder nicht, er mußte Wasser holen, den Bärenhäuter abwaschen, ihm die Haare kämmen und die Nägel schneiden. Hierauf sah er wie ein tapferer Kriegsmann aus und war viel schöner als je vorher.

Als der Teufel glücklich abgezogen war, so war es dem Bärenhäuter ganz leicht ums Herz. Er ging in die Stadt, tat einen prächtigen Sammetrock an, setzte sich in einen Wagen mit vier Schimmeln bespannt und fuhr zu dem Haus seiner Braut. Niemand erkannte ihn, der Vater hielt ihn für einen vornehmen Feldobrist und führte ihn in das Zimmer, wo seine Töchter saßen. Er mußte sich zwischen den beiden ältesten niederlassen; sie schenkten ihm Wein ein, legten ihm die besten Bissen vor und meinten, sie hätten keinen schöneren Mann auf der Welt gesehen. Die Braut aber saß in schwarzem Kleide ihm gegenüber, schlug die Augen nicht auf und sprach kein Wort. Als er endlich den Vater fragte, ob er ihm eine seiner Töchter zur Frau geben wollte, so sprangen die beiden ältesten auf, liefen in ihre Kammer und wollten prächtige Kleider anziehen, denn eine jede bildete sich ein, sie wäre die Auserwählte. Der Fremde, sobald er mit seiner Braut allein war, holte den halben Ring hervor und warf ihn in einen Becher mit Wein, den er ihr über den Tisch reichte. Sie

nahm ihn an, aber als sie getrunken hatte und den halben Ring auf dem Grund liegen fand, so schlug ihr das Herz. Sie holte die andere Hälfte, die sie an einem Band um den Hals trug, hielt sie daran, und es zeigte sich, daß beide Teile vollkommen zueinander paßten. Da sprach er: „Ich bin dein verlobter Bräutigam, den du als Bärenhäuter gesehen hast, aber durch Gottes Gnade habe ich meine menschliche Gestalt wieder erhalten und bin wieder rein geworden." Er ging auf sie zu, umarmte sie und gab ihr einen Kuß. Indessen kamen die beiden Schwestern in vollem Putz herein, und als sie sahen, daß der schöne Mann der jüngsten zuteil geworden war und hörten, daß das der Bärenhäuter war, liefen sie voll Zorn und Wut hinaus; die eine ersäufte sich im Brunnen, die andere erhenkte sich an einem Baum.
Am Abend klopfte jemand an der Türe, und als der Bräutigam öffnete, so war's der Teufel im grünen Rock, der sprach: „Siehst du, nun habe ich zwei Seelen für deine eine."

Ein japanisches Märchen

Der Wettstreit zwischen Dachs und Fuchs

Auf der fernen Insel Sado lebte einst der Dachs Densaburo. Bei allen Tieren der Insel stand er in hoher Achtung; denn er war nicht nur jung und stattlich, sondern auch sehr klug. Ja, er konnte sich sogar verwandeln, in was er wollte, und war auf diesem Gebiet unerreicht. Densaburo war ganz zufrieden, es freute ihn, daß ihm auf ganz Sado niemand gleichkam. Doch mit der Zeit begann ihn dieses Leben zu langweilen, und eines Tages sagte er sich: Ich bin zwar berühmt, und auf dieser Insel kann sich niemand mit mir messen, aber es ist durchaus möglich, daß in unserem Reich jemand lebt, der größere Dinge zustande bringt als ich. Ich bin noch jung, und es kann nichts schaden, wenn ich etwas hinzulerne.
Also beschloß er, in die Welt zu ziehen. Selbst wenn er dabei nichts Neues erfuhr, er würde wenigstens sehen, wie andere leben. Vom Beschluß zur Tat war es nicht weit, und so zog unser Dachs schon bald durch das ganze Reich. Freilich beobachtete und hörte er viel Interessantes, aber einen Meister, der in der ganzen Welt gerühmt wurde, konnte er lange nicht finden.
Eines Tages streifte er durch einen dichten Wald und überlegte gerade, welchen Weg er einschlagen sollte, da begegnete ihm ein Fuchs. Höflich grüßten sie einander, ein Wort ergab das andere, und schließlich fragte der Fuchs den Dachs nach dem Ziel seiner Wanderung.
„Ich bin der Dachs Densaburo von der Insel Sado und ziehe durch das Land, um Erfahrungen zu sammeln."
„Ihr seid Herr Densaburo, der berühmte Dachs!" rief der Fuchs begeistert aus.

„Ich habe schon viel von Euch gehört." Und er verneigte sich noch tiefer. Geschmeichelt fragte der Dachs nun seinerseits den Fuchs nach dem Zweck und Ziel seiner Wanderung.

„Ich bin der Fuchs Hansaburo aus der Provinz Eha und aus den gleichen Gründen unterwegs wie Ihr. Zu Hause konnte ich nur schwer einen Gegner finden, und so wollte ich die Meister meines Faches aufsuchen, um etwas Neues hinzuzulernen. Ich danke dem glücklichen Zufall, der uns zusammengeführt hat."

„Herr Hansaburo aus der Provinz Eha", sprach der Dachs mit einer tiefen Verbeugung, „Ihr seid nicht nur bei den Angehörigen Eurer Sippe berühmt, auch wir Dachse sprechen Euren Namen mit Achtung aus. Auf meiner Wanderung habe ich schon so viel von Euch gehört, daß ich mich glücklich schätze, Eure Bekanntschaft zu machen."

Noch lange tauschten der Dachs und der Fuchs höfliche Reden, fragten nach diesem und jenem und kamen schließlich überein, jeder solle dem anderen eine Probe seiner Kunst geben. So könnten sie auch feststellen, wer von ihnen der größere Meister wäre. Gewinnen sollte, wer sich so vollkommen verwandelte, daß ihn der andere nicht erkannte.

„Seht Ihr in der Ferne den Tempel?" fragte der Fuchs. „Wir wollen uns getrennt dorthin begeben, und unterwegs soll einer den anderen zu überlisten versuchen."

Mit diesen Worten nahm er sein Bündel auf und lief voran, und schon bald war er dem Dachs aus den Augen entschwunden. Der ging langsam in der gleichen Richtung davon. Nach einer Weile kam er aus dem Wald auf einen Weg, der zwischen Reisfeldern zum Tempel führte. Er schaute sich aufmerksam um, doch er konnte nichts Verdächtiges entdecken.

Gewiß ist der Fuchs direkt bis zum Tempel gelaufen. Dort ist ein solcher Trubel, da kann man sich unauffällig verstecken.

Plötzlich sah er am Wegrand eine hölzerne Statue des Heiligen Dschiso stehen. Mit gekreuzten Beinen, die Hände im Schoß, saß der Heilige da und schaute aus freundlichen Augen in das Land.

Das ist ein schönes Standbild, das muß ein guter Meister geschaffen haben, sagte sich der Dachs. So eine feine Arbeit habe ich lange nicht mehr gesehen – nicht die kleinste Spur des Meißels ist zu entdecken. Ich werde dem Heiligen ein Reisklößchen opfern, damit er mir auf meinem Weg Glück beschert. Er öffnete sein Bündel, nahm ein Reisklößchen heraus und legte es zu Füßen der Heiligenfigur nieder. Dann verneigte er sich und begann ein Gebet zu murmeln. Wie groß aber war sein Erstaunen, als er sich aufrichtete und das Klößchen verschwunden war.

„Das geht doch nicht mit rechten Dingen zu", sprach er verwundert. „Seit wann nimmt der Heilige die Opfergaben so schnell an? Aber vielleicht hat auch der Wind das Klößchen fortgeweht."

Doch soviel er auch suchte und die Erde rings um die Statue beschnupperte, das Reisklößchen war und blieb verschwunden.

„Es wird in eine Ritze gerollt sein, und ich werde noch ein Klößchen opfern müssen, wenn mir der Heilige Glück bringen soll."
Er nahm ein zweites Klößchen aus dem Bündel, legte es auf den Sockel zu Füßen des Standbilds und begann wieder andächtig zu beten. Als er sich nach dem Gebet aufrichtete – war auch das zweite Reisklößchen weg.
Das ist ja seltsam, sagte sich der Dachs, und da er der Sache auf den Grund kommen wollte, was ja bei einem solchen Meister nicht verwunderlich ist, beschloß er, noch einen dritten Kloß zu opfern. Diesmal würde er besser aufpassen!
Wieder legte er den Kloß vor der Statue nieder, senkte den Kopf und betete. Doch so andächtig er auch tat, er blinzelte ständig mit einem Auge zu der Figur hinauf. Und plötzlich richtete er sich heftig auf, gerade zur rechten Zeit, um die vermeintliche Statue mit dem angebissenen Klößchen in der Hand zu überraschen. Der Dachs schnappte nach der Hand des Heiligen, und im Augenblick stand statt der Heiligenfigur der Fuchs vor ihm.
„Das habt Ihr gut gemacht, Herr Fuchs", lobte der Dachs. „Ich bin um drei Reisklößchen gekommen, aber Eure Naschhaftigkeit hat Euch schließlich doch verraten."
Nun konnten sich die beiden nicht einigen, wer gewonnen hatte. Zwar war der Dachs dem Fuchs zunächst auf den Leim gegangen und hatte sogar seine Reisklößchen geopfert, aber dann hatte er den Betrug bemerkt, wenn auch nur dank der Naschhaftigkeit des Fuchses.
Schließlich sprach der Fuchs: „Herr Densaburo, das mit der Statue war für mich ein Kinderspiel. Doch ich will Euch eine viel schwerere Verwandlung vorführen. Seht Ihr das Dorf da vorn? Gebt gut acht!"
Und schon war er davongelaufen. Auch der Dachs lenkte seine Schritte dem Dorfe zu, und noch von weitem sah er, daß sich dort etwas ereignet haben mußte, denn alle Einwohner liefen einer bestimmten Stelle zu.
„Was geht da vor sich? Wo rennen sie alle hin? Ich will mal nachschauen!"
Und auch er folgte den Leuten, um aber nicht aufzufallen, verwandelte er sich in einen fahrenden Mönch.
Das ganze Dorf hatte sich an der Straße versammelt, die zum Tempel führte. Da gab es wirklich etwas zu sehen, einen Hochzeitszug! In einer herrlichen Sänfte mit roten Vorhängen saß die junge Braut, und dahinter schritten die Verwandten, in prächtige Kimonos aus leichter Seide gekleidet, auf deren Ärmel die Familienwappen prangten. Zahlreiche Diener trugen Schüsseln mit Opfergaben vor sich her.

Alle waren begeistert, schon lange hatten sie keine so schöne Braut und keinen so prachtvollen Hochzeitszug gesehen. Sicher war es die Tochter eines Reichen, die da heiratete.
Unter den Neugierigen stand auch Herr Densaburo, allerdings in Mönchsgestalt. Plötzlich zupfte ihn ein junger Mönch am Ärmel und sprach voll Ehrfurcht: „Ihr kommt sicher von weit her, denn ich habe Euch noch nie in

unserem Tempel gesehen. Wollt Ihr Euch nicht ein wenig von der langen Wanderung erholen?“ Und er führte den falschen Mönch in den Tempel.
Inzwischen war auch der Hochzeitszug vor dem Tempel angelangt. Die Braut stieg aus, und gerade als sie durch das Tor schritt, rollte ihr ein Reisklößchen von den Opfergaben vor die Füße. Die Braut bückte sich danach, schon wollte sie hineinbeißen, da flüsterte das Klößchen: „Ich habe gewonnen!“
Im gleichen Augenblick standen statt des Hochzeitszuges und des Mönchs nur der Fuchs und der Dachs im Tempeltor. Schnell nahmen sie Reißaus; denn sie fürchteten, die Dorfbewohner könnten sie für den Zauber totschlagen. Erst am Waldrand machten sie atemlos halt.
Als sie sich von dem schnellen Lauf erholt hatten, sprach der Dachs: „Der Hochzeitszug, das war kein schlechtes Stück, aber Ihr habt Eure Kräfte überschätzt, Herr Hansaburo! Ihr seid nur ein kleines Tier und wolltet Euch in so viele Menschen verwandeln. Da mußte Euch ja ein Fehler unterlaufen. Sicher habt Ihr gar nicht bemerkt, daß den letzten Trägern ein Stück Fuchsschwanz unter dem Kleid hervorschaute. Das hat Euch verraten. Morgen will ich Euch meine Kunst vorführen. Ich habe mir dafür den Tempel zwei Dörfer weiter ausgesucht; denn die hiesigen Einwohner kennen uns schon und würden uns nicht in Ruhe lassen. Kommt morgen zu der Straße, die zu dem Tempel führt, und Ihr werdet einen Fürstenzug schauen, wie Ihr ihn noch nicht erlebt habt. Gebt gut acht, ich wette, Ihr erkennt mich nicht!“
Herr Hansaburo wollte dem Dachs nicht glauben. Ein ganzer Fürstenzug! Sich in eine kleine Menschenansammlung zu verwandeln, das mochte noch angehen. Aber in einen Fürstenzug? Wußte der Dachs denn nicht, wie viele Menschen zum Gefolge eines Fürsten gehörten? Nein, das war wohl doch übertrieben.
Der Dachs winkte mit der Hand ab: „Kommt morgen zu dem vereinbarten Treffpunkt, und Ihr werdet sehen!“
Den ganzen Abend überlegte der Fuchs. Er mochte zwar den Worten des Dachses keinen Glauben schenken, aber sicher war sicher. Schließlich sagte er sich: So ein Fürstenzug ist lang, und der Dachs kann in dieser Verkleidung nicht von weit her gezogen kommen. Sicher geht er als Dachs auf die Straße und verwandelt sich erst dort. Wenn ich rechtzeitig an Ort und Stelle bin, kann ich ihn belauschen.
Der Fuchs schlief in dieser Nacht nur wenig; denn er wollte das Aufstehen nicht versäumen, und im Morgengrauen machte er sich auf den Weg. Als die Sonne aufging, war er schon auf der Straße, die zwei Dörfer weiter zum Tempel führte. Er versteckte sich in einem Gebüsch und paßte gut auf. Doch die Sonne stand lange am Himmel, die Vögel zwitscherten, ab und zu kam ein Bauer mit einem Korb auf dem Rücken vorüber, nur der Dachs war nirgends zu sehen.
Es wurde Mittagszeit, die Sonne brannte so heiß, daß die Vögel längst verstummt waren und alles Getier sich ein schattiges Plätzchen gesucht hatte, da

endlich hörte der Fuchs in der Ferne Hufschläge. Weit hinten tauchte ein Zug auf und näherte sich in feierlicher Gangart der Stelle, wo Herr Hansabura saß. Sollte das der Dachs sein? zögerte der Fuchs. Er wird doch bei dieser Hitze nicht einen so weiten Weg gehen und noch dazu in einer so schwierigen Verwandlung? Nein, das bringt er gewiß nicht zustande.
Er verwandelte sich schnell in einen Bauern, um sich alles anschauen zu können. Es war ein prächtiger Zug. Voran liefen viele Diener, die den Weg freimachten. Dann folgten vier herrliche Hengste, und auf jedem saß ein stattlicher Samurai in voller Rüstung und schaute mit unbeweglichem Gesicht streng vor sich hin.
Das ist sicher ein echter Fürst mit seinem Gefolge, sagte sich der Fuchs. So etwas kann ja der Dachs beim besten Willen nicht herbeizaubern.
Und die Herrlichkeit und Pracht blendeten ihn so, daß er sich tief verneigte, wie es sich für einen Bauern angesichts eines Fürsten gehörte. In dieser Haltung erstarrte er und ließ den Zug herankommen. Schon näherte sich die lackierte Sänfte, in der auf weichen Polstern der Fürst ruhte. Die Träger schritten vorsichtig dahin, um den Herrscher nicht unnötig zu schaukeln. Hinter der Sänfte ritten wieder vier Samurai in voller Rüstung, und dann folgte in Reih und Glied das Gefolge des Fürsten, lauter stattliche Samurai, jeder mit zwei Schwertern bewaffnet. Es war ein so hoheitsvoller und ehrfurchtgebietender Zug, daß der Fuchs kaum zu atmen wagte. Mit tief gesenktem Haupt wartete er, bis auch der letzte Samurai vorüber war.
Da war plötzlich der ganze Zug verschwunden. Vor dem Fuchs stand Herr Densaburo und lachte höhnisch: „Erhebt Euch ruhig aus dem Staube, Herr Fuchs! Wozu eine so tiefe Verbeugung vor einem einfachen Dachs?"
Der Fuchs war außer sich vor Wut, daß er dem Dachs auf den Leim gegangen war. Und dabei hatte der ihm vorher gesagt, in was er sich verwandeln wollte. Nein, so eine Schande!
„Wißt Ihr was, Herr Densaburo", sprach er schließlich wütend, „ich werde Euch schon noch beweisen, daß ich kein geringerer Meister bin. Wenn Ihr morgen um die gleiche Zeit an diese Stelle kommt, sollt Ihr einen noch viel vollkommeneren Fürstenzug sehen. Euer Leben lang werdet Ihr die Kunst Hansaburos nicht vergessen!"
Am nächsten Morgen stand der Dachs schon frühzeitig auf, kletterte auf einen Baum am Wegrand und wartete auf den Zug. Er war überzeugt, daß der Fuchs im besten Falle ein sehr kleines Fürstengefolge zustande bringen würde, und auch das nicht ohne Fehl. Sicher wäre es ein leichtes, seine List zu durchschauen. So wartete er sorglos, bis er in der Ferne Hufschläge vernahm. Aber was da hoheitsvoll und in voller Pracht herbeigezogen kam, war ganz und gar kein kleines Gefolge. Eine Schar Diener eilte voran, und dann ritten ernst und würdig die Samurai daher, sechzehn an der Zahl. Ihnen folgte die vergoldete Sänfte mit bestickten Seidenvorhängen, darin auf weichen Kissen der Fürst ruhte. Hinter dem Fürsten ritten wieder sechzehn Samurai auf prachtvollen

Rappen, und ihnen folgte eine unübersehbare Schar fürstlicher Samurai, jeder mit zwei Schwertern an der Seite.
Das sollte der Fuchs fertiggebracht haben? Ich muß mich vergewissern, sagte sich der Dachs, und noch ehe der Zug herangekommen war, verwandelte er sich in einen Samurai und stellte sich ehrfurchtsvoll am Rande des Weges auf. Zwar neigte er den Kopf, doch betrachtete er alles so aufmerksam, daß ihm nichts entgehen konnte.
Als das Gefolge herangekommen war, lachte er auf und eilte nach vorn zu der Sänfte. Er schob die schweren Seidenvorhänge zur Seite und sprach: „Habe ich es mir doch gedacht, Herr Fuchs, daß eine solche Aufgabe über Eure Kräfte geht, auch wenn der Zug nicht schlecht ist. Dem letzten Samurai schaut unter dem Vorhang ein Stück Eures Schwanzes hervor!"
Da hatte er aber etwas angestellt! Der Fürst wurde schrecklich zornig, und alle Samurai warfen sich mit ihren Schwertern auf ihn. Fast hätten sie ihn erschlagen. Wenn er sich nicht schnell wieder in einen Dachs verwandelt hätte und ihnen zwischen den Beinen davongelaufen wäre, es hätte ihn gewiß das Leben gekostet.
Überzeugt, daß der Fuchs keinen solchen Zug ohne Fehler zustande bringen könne, hatte er in der Eile die Schwertspitze, die unter dem Umhang des Samurai hervorschaute, mit dem Fuchsschwanz verwechselt. Und dabei war es wirklich ein echter Fürst mit seinem Gefolge gewesen. Als nämlich der Fuchs am Vortage so lange auf den Dachs wartete, hatte er den Gesprächen der Bauern entnommen, daß am nächsten Tag im hiesigen Tempel ein großes Fest stattfinden sollte und daß zu diesem Fest der Fürst der Provinz kommen wollte. Vor Wut über seine Niederlage hatte er den nichtsahnenden Dachs in die Falle gelockt.
Der tobte und brüllte nun im Walde vor Wut über so viel Falschheit. Ein Glück, daß sich der Fuchs längst aus dem Staube gemacht hatte, diesmal wäre es zwischen den beiden wohl nicht so höflich zugegangen.
Als sich der Dachs nach einigen Tagen von seinen Wunden erholt hatte, kehrte er auf die Insel Sado zurück; denn die Lust zum Wandern war ihm gründlich vergangen. Und zur Strafe für die böse List des Herrn Hansaburo vertrieb er alle Füchse von der Insel. So kommt es, daß ihr heute auf der Insel Sado keinen einzigen Fuchs findet, selbst wenn ihr ihn mit der Lupe sucht.

Drei Geschichten, um Hörspiele daraus zu machen

Die Windmelodie

Es gibt Nächte, die sind still wie die tiefsten Stellen im Meer. Da kommt es vor, daß der kleine Nachtwächter singen muß, damit er sich nicht so verloren fühlt.

Aber in den Nächten, in denen der Wind weht, ist das nicht nötig. Da knarren die Fensterläden, die Blätter der Bäume rascheln, Gartentore ächzen, das Gras rauscht und die Dachziegel klappern. All diese Geräusche sind dem kleinen Nachtwächter wohlbekannt.
In einer Nacht jedoch erklang Musik. Es war eine sehr zarte Musik, ungefähr so zart wie Bienengesumm oder Schmetterlingsschnarchen, und der kleine Nachtwächter wußte nicht recht, was er davon halten sollte.
Als er aber vor das Haus des Drehorgelmannes kam, sah er, daß sich der Schwengel der Drehorgel wie von selber drehte. Der kleine Nachtwächter rieb sich die Augen, und es dauerte eine Weile, bis er begriff.
„Oh“, sagte er endlich, „ich glaube, der Wind macht Musik.“
Und noch ehe er sich darüber klar werden konnte, ob es auch richtig war, daß der Wind einfach mitten in der Nacht musizierte, fuhren ihm die Klänge so in die Glieder, daß er wie verzaubert war. Der kleine Nachtwächter begann mit seiner Laterne zu tanzen.
Es dauerte nicht lange, da kamen die Leute aus ihren Häusern. Der Drehorgelmann, das Mädchen mit den Luftballons, der Bauer, der Dichter und die Blumenfrau. Die süße Melodie war bis in ihre Träume geglitten und hatte sie aufgeweckt.
„Der Wind macht Musik!“ rief der kleine Nachtwächter. „Wir wollen ein Fest feiern!“
Da nahmen die Leute sich bei den Händen, und sie tanzten miteinander, daß ihre Nachthemden nur so flatterten. Der Wind aber wurde übermütig, und er spielte immer lauter. Die Vögel wachten auf, die Rehe spitzten die Ohren, und die kleinen Katzen kamen herbei und stellten sich im Halbkreis um die Tanzenden. Zuletzt schob sich sogar der Mond hinter den Wolken hervor und schaute zu.
Bis zum frühen Morgen dauerte das Fest, dann wurden die Leute müde.
„Danke schön, lieber Wind“, sagte der kleine Nachtwächter, und er gähnte ein bißchen dabei.
Da ließ der Wind die Drehorgel los und zog davon. Über die Dächer wehte er, an den Wäldern vorbei und legte sich hinter den Bergen zur Ruhe.
Aber bis dahin war der kleine Nachtwächter schon lange eingeschlafen.

Das Herbstlaub

Im Herbst, als die Blätter von den Bäumen gefallen waren, lief der kleine Nachtwächter durch das raschelnde Laub und war glücklich. Nacht für Nacht war er glücklich, und am Tage auch.
Eines Abends aber sprach ihn die Blumenfrau an. „Kleiner Nachtwächter“, sagte sie, „alle Gassen liegen voller Laub.“
„Das stimmt“, entgegnete der kleine Nachtwächter, und er lächelte ein wenig.

„Es ist unordentlich“, sagte die Blumenfrau.
„Es ist sogar sehr unordentlich“, stellte der Drehorgelmann fest.
Und der Bauer nickte mit dem Kopf und meinte: „Das Laub muß fort!“
„Oh“, sagte der kleine Nachtwächter, und er blickte den Dichter an.
Der Dichter aber schwieg und kratzte sich mit dem Bleistift hinter dem Ohr.
Das Mädchen mit den Luftballons brachte einen großen Besen und verlangte, der kleine Nachtwächter solle das Laub aus den Gassen fegen. Dann gingen die Leute in ihre Betten.
„Ist es nicht ein Jammer?“ sagte der kleine Nachtwächter zu einer Eule, die eben vorüberflog. „Ich finde, daß es ein Jammer ist!“
Doch weil die Leute es so verlangt hatten, nahm er den Besen und fegte das bunte Laub aus den Gassen. Stunde um Stunde arbeitete er, und als die Sterne anfingen, blaß auszusehen (weil sie müde waren, denn es wurde bald Tag), da hatte er einen riesigen Laubhaufen zusammengefegt.
Der kleine Nachtwächter stützte sich auf seinen Besen und verschnaufte ein wenig.
Da, plötzlich kam ein gewaltiger Wind auf und wirbelte die Blätter hoch durch die Luft. Und noch ehe der kleine Nachtwächter sich von seinem Schreck erholt hatte, lagen alle Gassen wieder voller Laub – wie am Abend vorher.
„Oh!“ sagte der kleine Nachtwächter, und er überlegte, ob er weinen oder lachen sollte. Aber weil er ja schließlich seine Pflicht getan hatte, beschloß er, sich zu freuen.
Er warf den Besen fort, lief durch das raschelnde Laub und war glücklich.

Das Schlaflied

Eines Abends – der Himmel hatte schon sein schwarzes Nachthemd übergezogen – ging der kleine Nachtwächter mit seiner Laterne durch die stillen Gassen. Alles schien in Ordnung zu sein. Die Blumen hatten die Blütenblätter gefaltet, die Bäume standen an ihren Plätzen, und die Fledermäuse schlugen eben die Augen auf.
Doch der kleine Nachtwächter mußte schließlich auch wissen, ob mit den Leuten alles in Ordnung war, und so schaute er in die Fenster der Häuser.
Die Leute lagen in ihren Betten und schliefen. Die Blumenfrau hatte die Decke so hoch gezogen, daß man gerade noch die Spitze ihrer Nase sah. Der Drehorgelmann lächelte vor sich hin. Vielleicht träumte er eine besonders hübsche Melodie, wer weiß? Der Bauer schnarchte. So sehr schnarchte er, daß die Äpfel auf dem Kleiderschrank zitterten. Das Mädchen mit den Luftballons aber sah im Schlaf rosig aus wie pures Marzipan. Doch als der kleine Nachtwächter an das Haus des Dichters kam, sah er den Dichter am Fenster sitzen.
„Warum schläfst du nicht?“ fragte der kleine Nachtwächter.
„Ich kann nicht schlafen“, antwortete der Dichter traurig.

Da schloß der kleine Nachtwächter seine Augen, damit er besser nach innen sehen konnte und dachte nach.
Der Dichter ist traurig, weil er nicht schlafen kann, so dachte er, und daß jemand mitten in der Nacht traurig ist, das kann ich nicht dulden!
„Laß mich herein", sagte der kleine Nachtwächter entschlossen. „Ich will dir ein Schlaflied singen."
Und er ging hinein, setzte sich zu dem Dichter ans Bett und sang ihm etwas vor. Der kleine Nachtwächter sang und sang, und dann sang er immer ein bißchen leiser – bis er plötzlich eingeschlafen war. Der Dichter aber lächelte, und er ließ den kleinen Nachtwächter schlafen. Er nahm die Laterne, setzte sich die Nachtwächtermütze auf und ging hinaus. Langsam durchwanderte er die dunklen Gassen.
Wie ist es doch schön, ein Nachtwächter zu sein, dachte der Dichter. Und er war die ganze Nacht lang glücklich.

Literatur

Literatur, die im Text erwähnt wird

Auerbach, L.: Hören lernen – Musik erleben, Möseler Wolfenbüttel 1971

Eberlein, G.: Autogenes Training mit Märchen, ECON Ratgeber 1976

Gordon: Familienkonferenz, Hoffmann und Campe Hamburg 1978

Montessori, M.: Die Entdeckung des Kindes, Herder Freiburg 1974 (4. Aufl.)

Nitsche, P.: Die Pflege der Kinder- und Jugendstimme, Schott Mainz 1970 (B 4)

Rösler/Geissler: Die fröhliche Sprechschule, Marhold Berlin 1971

Smilanski, S.: Wirkungen des sozialen Rollenspiels u. Anleitung zum sozialen Rollenspiel, in: Flitner (Hrsg.) Das Kinderspiel, Piper München 1973

Steiner, R.: Eurythmie als sichtbare Sprache, Dornach 1968 (3. Aufl.)

Wolf: Integrale Atemschulung, Humata Bern 1975 (2. Aufl.)

Literatur über Märchen

Bettelheim, B.: Kinder brauchen Märchen, Deutsche Verlagsanstalt Stuttgart 1977

Betz, F.: Märchen als Schlüssel zur Welt, Kaufmann, Lahr und Pfeiffer München 1977

Lenz, F.: Bildsprache der Märchen, Urachhaus Stuttgart 1976 (3. Aufl.)

Spiel- und Sprechbücher

Auerbach, L.: Hören lernen – Musik erleben, Möseler Wolfenbüttel 1971

Blaich, U.: Das rosa Pferd, Ellermann München o. J.

Daublebsky, B. u. a.: Spielen in der Schule, Klett Stuttgart 1973

Freudenreich, u. a.: Rollenspiel, Schroedel Hannover 1976

Gööck, R.: Rororo-Spielbuch, rororo 6115 Reinbek 1970

Götte, R.: Sprache und Spiel im Kindergarten, Beltz Weinheim 1977

Gording, E.: Dramatisches Spiel, Friedrich Velber 1971

Krantz, M.: Wir spielen Geschichten, Goldmann Psych + Päd 9523, München o. J.

Oehlmann, Ch.: Figurentheater auf dem Tisch, Das Kinderjahr Heft 11 u. 12, Theaterverlag Weinheim 1972 und 1973

Peuckert, K.-W.: Sprachspiele für Kinder, Deutsche Verlagsanstalt Stuttgart 1973

Rösler/Geissler: Die fröhliche Sprechschule, Marhold Berlin 1971

Shaftel/Shaftel: Rollenspiel als soziales Entscheidungstraining, UTB 279 + E. Reinhardt München 1978 (4. Aufl.)

Zotter u. a. (Hrsg.): Das Sprachbastelbuch, Jugend und Volk Wien-München 1975

Theaterstück zum Sprechen

Tardieu: Die Sonate und die drei Herren, in: Absurdes Theater, dtv sr 52 München 1966

Gedichte und Reime

Baumann, H. (Hrsg.): Ein Reigen um die Welt, Sigbert Mohn Gütersloh 1965

dto. (Verf.): Was denkt die Maus am Donnerstag, dtv jr. München o. J.

Bingel, H. (Hrsg.): Deutsche Lyrik, Gedichte seit 1945, dtv sr 20 München 1970

Christen/Wulff: Schnick-Schnack-Schabernack, Stalling Oldenburg o. J.

Diestel, H.: Kindertag, Verlag Freies Geistesleben Stuttgart 1967

Dirx, R. (Hrsg.): Kinderreime, Goldmann Ju 179 München 1977

Dtv-Verlag: Englische Kinderverse (zweisprachig), dtv 9062 München 1977

Ende, M.: Das Schnurpsenbuch, Thienemann Stuttgart 1969 u. 1979

Gelberg, H. J. (Hrsg.): Die Stadt der Kinder, dtv jr 7073 München 1972

Gondrom-Verlag: Deutscher Balladenschatz, Gondrom Bayreuth 1978

Heckmann/Krüger (Hrsg.): Kommt, Kinder, wischt die Augen aus, es gibt hier was zu sehen, Hanser München 1974

Hertzsch, K.-P.: Der ganze Fisch war voll Gesang, Radius Stuttgart 1970

Kipling, R.: Das Dschungelbuch, List 47 München 1969

Krüss, J.: ABC und Phantasie, Maier Ravensburg 1964

dto. (Hrsg.): So viele Tage, wie das Jahr hat, Bertelsmann Gütersloh 1959

Künemund/Lück (Hrsg.): Stöffele Pantöffele, Thienemann Stuttgart 1965
Manz, H.: Worte kann man drehen, Beltz u. Gelberg Weinheim 1974

Märchensammlungen
Mehrere Verlage geben eine Reihe „Märchen der Welt“ heraus:
Dausien: z. B.: Tibetische Märchen, Hanau 1974 (schön illustriert)
Diederichs: z. B.: Volksmärchen aus Jugoslawien, Düsseldorf-Köln 1960
dto. (Kinderreihe): z. B.: Trillevip Märchen aus dem Norden, Düsseldorf 1973
Fischer: z. B.: Keltische Märchen, Fischer 1593 Frankfurt a. M. 1975 (diese Reihe enthält nicht nur Märchen)
Goldmann: Andersen-Märchen, Goldmann 510/511 Augsburg o. J.
dto.: Grimms Märchen, Goldmann 412/413 Augsburg o. J.
dto.: Hauff: Die Geschichte von Kalif Storch u. a., Goldmann 1461 Augsburg 1964
dto.: Hauff: Das Wirtshaus im Spessart, Ju 29, Augsburg o. J.
dto.: Russische Volksmärchen, Goldmann 788/789 Augsburg 1961
dto.: Tausend und eine Nacht, Goldmann 441/442 Augsburg o. J.

Einzelsammlungen
Afanasjev/Lenz: Iwan-Johannes, 30 russische Märchen, Mellinger Stuttgart 1961
Crottet, R.: Verzauberte Wälder, Märchen der Skoltlappen, dtv 1447 München 1979
Kamphoevener, E. S. v.: An Nachtfeuern der Karawan-Serail (Türkische Märchen), Wegner Hamburg 1970 (3 Bände)
Taikon: Taikon erzählt Zigeunermärchen, dtv 1464 München 1979

Märchenähnliche Romane (für Kinder und Erwachsene)
Alexander, L.: Taran und das Zauberschwein, Arena Würzburg 1971 (2. Aufl.) und weitere Bände
Beagle: Das letzte Einhorn, Klett Stuttgart 1975
Chant, Joy: Roter Mond und schwarzer Berg, Klett Stuttgart 1978

Cooper, S.:	Wintersonnenwende, Bertelsmann München 1977
Ende, M.:	Jim Knopf und Lukas der Lokomotivführer, Thienemann Stuttgart 1971 (2 Bände)
dto.:	Momo, Thienemann Stuttgart 1973
dto.:	Die unendliche Geschichte, Thienemann Stuttgart 1979
Kaschnitz, M. L.:	Der alte Garten, Claassen Düsseldorf 1975
Lindgren, A.:	Die Brüder Löwenherz, Oetinger Hamburg 1974
dto.:	Mio mein Mio, Oetinger Hamburg 1970
Preußler, O.:	Krabat, Arena Würzburg 1971
Tolkien, J. R. R.:	Der kleine Hobbit, dtv jr 7151 München 1974
dto.:	Der Herr der Ringe, Klett Stuttgart 1969 (3 Bände)

Bücher zum Raten und Denken

Delft/Botermans/Oker:	Denkspiele der Welt, Heimeran München 1977
Ecke, W.:	Das Schloß der roten Affen, Maier 208 Ravensburg 1971 (und weitere Bände)
dto.:	Wer knackt die Nuß? Maier 86 Ravensburg 1966
Gruntz, J. (Hrsg.):	Rate, rate, was ist das? Benziger Zürich-Köln 1974
Hitchcock, A.:	Wer war der Täter? Maier 180 Ravensburg o. J.
Leippe, U :	Was Kinder gerne raten, Südwest München 1971
Paraquin, H.:	Buch der Rätsel, Maier Ravensburg 1971
dto.:	Denkspielbuch, Maier Ravensburg 1973
dto.:	Geheimschriften, Maier 404 Ravensburg 1977
dto.:	Rätselspäße, Maier 133 Ravensburg 1968
dto.:	Raten macht Spaß, Maier 17 Ravensburg 1964
Press, H. J.:	Die Abenteuer der schwarzen Hand, Maier Ravensburg 1973
dto.:	Spiel, das Wissen schafft, Maier Ravensburg 1964
Tümmel, E.:	Die neue Rätselstiege, Thienemann Stuttgart 1965
Weigl, L.:	Rätselzoo, Maier 100 Ravensburg 1968
Maier Ravensburg:	Spiel- und Spaßhefte (z. B.: Im Rätselhaus, Auf Schatzsuche, An Regentagen)

Geschichten, die für sich selbst sprechen (vielseitig verwendbar)

Adler, L. (Hrsg.):	Die gelbe Lokomotive, Georg Bitter Recklinghausen 1975
Blaich, U.:	Das rosa Pferd, Ellermann München o. J.
Bödeker, H. (Hrsg.):	Die Kinderfähre, Union Stuttgart 1972 (auch Gedichte)
Borchers, E. (Hrsg.):	Das Inselbuch der Kinder, Insel Frankfurt 1979 (auch Gedichte)

Ende/Bender (Hrsg.): Bei uns zu Haus und anderswo, Thienemann Stuttgart 1976
Gelberg, H. J.: Kinderland Zauberland, Georg Bitter Recklinghausen 1971
Herburger, G.: Birne kann alles, Rowohlt Hamburg 1974 (und weitere Bände)
Jansson, T.: Eine drollige Gesellschaft, Maier Ravensburg 1971
dto.: Winter im Mumintal, Benziger Zürich-Köln 1968 (und weitere Bände)
Kästner, E.: Erich Kästner erzählt Münchhausen, Gulliver, Till Eulenspiegel, Schildbürger, Don Quichotte, Annette Betz München 1975
Kilian, S.: Große Ferien, Maier Ravensburg 1975
Krüss, J.: Pauline und der Prinz im Wind, dtv jr 7063 München 1972
Lentz-Pentzoldt: In allen Häusern, wo Kinder sind . . ., Ellermann München 1976
Lindgren, A.: Astrid Lindgren erzählt, Oetinger Hamburg 1977
Lobel, A.: Frosch und Kröte, die beiden Freunde, Carlsen Reinbek 1974 (und weitere Bände)
Lustig/Rusicka: Der Kinderbaum, Annette Betz München 1976
Middelhauve, G. (Hrsg.): Dichter Europas erzählen Kindern, Middelhauve Köln 1972
Raeder/Stjernholm: Ich bin Lotte-Liese, Carlsen Reinbek o. J. (2 Bände)
Reuterswärd, M.: Wenn man Noak heißt, Thienemann Stuttgart 1976
Roberts, E.: Simpi, Cecilie Dressler Berlin 1971
Ruck-Pauquèt, G.: Eine Badewanne voll Geschichten, Annette Betz München 1974
dto.: Wenn der Mond auf dem Dach sitzt, dtv jr 7066 München 1972
Schwindt, B.: Alle sagen Dickie, Maier Ravensburg 1979
dto.: Spaghetti! Spaghetti! Maier Ravensburg 1974
Ueberreuter-Verlag (Hrsg.): Die Maus auf dem Mars (Kinder erzählen selbst), Wien 1972
Wölfel, U.: 28 Lachgeschichten, Hoch Düsseldorf 1969
dto.: 27 Suppengeschichten, Hoch Düsseldorf 1968

Geschichten, zu denen Gespräche geführt werden sollten

Bartos-Höppner (Hrsg.): Schulgeschichten unserer Zeit, Arena Würzburg 1974
Diekmann, M.: Tu was, wenn du leben willst, Georg Bitter Recklinghausen 1973

Gaeddert: Lieschen lacht lieber laut, Maier Ravensburg 1967
Gelberg, H. J. (Hrsg.): Am Montag fängt die Woche an, Beltz und Gelberg Weinheim 1972
dto.: Geh und spiel mit dem Riesen, Beltz und Gelberg Weinheim 1971
Kilian, S.: Na und? Beltz und Gelberg Weinheim 1972
dto.: Nur 'ne Fünf, Beltz und Gelberg Weinheim 1974
Körner/Rettich: Der ausgedachte Vater, Fackelträger Hannover 1974
Manz, H.: Adam hinter dem Mond, Beltz und Gelberg Weinheim 1976
Wölfel, U.: Die grauen und die grünen Felder, Anrich Mühlheim/Ruhr 1970

Geschichten, die auf das Weiterdenken, Problemlösen, Zuendespielen angelegt sind

Felix, E.: Der rote Faden, Sauerländer Aarau-Frankfurt 1977
Lange/Waechter: Rätselgeschichten, Friedrich K. 1975, roro-Rotfuchs 105
Norden, A.: Was hättet ihr getan? Schaffstein Stuttgart 1977
Schwindt, B.: Ende gut . . .? Maier Ravensburg 1977
dto.: Wie mag das wohl weitergehen? Maier Ravensburg 1977
dto.: Und was passiert jetzt? Maier Ravensburg 1979
Shaftel/Shaftel: Rollenspiel als soziales Entscheidungstraining, UTB 279 + E. Reinhardt München 1978 (4. Aufl.)

Bilderbücher

Vielseitig verwendbare Bücher (Die Kinder können miterleben, denken, genaues Hinschauen üben, selber erzählen und erfinden, von eigenen Erlebnissen berichten; oft sind die Texte Vorbild für schöne und lebendige Sprache; fast jedes Buch kann nachgespielt werden)

Hoffmann, Hilde: Alle Tage fröhlich sein, Stalling Oldenburg 1966
Thomas, U.: Das Apfelmäuschen, Hanns Reich Düsseldorf 1971
Blech/Borchers: Bi-Be-Bo-Ba-Bu, die Igelkinder, Ellermann München 1973
Tolkien, J. R. R.: Briefe vom Weihnachtsmann, Klett-Cotta Stuttgart 1977
Tolstoi/Lebedev: Drei Bären, Parabel München 1976
Preußler/Lentz: Die dumme Augustine, Thienemann Stuttgart 1972
Bolliger/Schären: Eine Wintergeschichte, Artemis München 1976
Guggenmos/Aichinger: Ein Körnchen für den Pfau, Ernst Kaufmann Lahr 1970

Meyer-Rey:	Es tanzt ein Bi-Ba-Butzemann, Parabel München o. J.
Sugita/Korschunow:	Es träumen die Giraffen, Parabel München 1966
Wildsmith, B.:	Der Faulpelz, Atlantis Zürich 1974
Leher/Krist-Schulz:	Die Flaschenpost, Herder Freiburg 1968
Hoban/Williams:	Fränzi geht schlafen, Sauerländer Aarau 1970
Hoban:	Fränzi ißt gern Marmelade, Carlsen Reinbek 1972 (und weitere Bände)
Lionni/Fuchs:	Frederick, Middelhauve Köln 1967
Ichikawa/Nagel:	Freunde, H. Peters Hanau 1976
Carle, E.:	Das Geheimnis der 8 Zeichen, Stalling Oldenburg 1971
Fatio/Duvoisin:	Der glückliche Löwe, Herder Freiburg 1976 (31. Aufl.)
Keller, Th.:	Der Goldapfelhamster, B. Fischer Münsingen 1969
Rousseau/Johansen:	Großvaters Reise in den Westerwald, Carlsen Reinbek 1975
Carle, E.:	Gute Reise, bunter Hahn, Stalling Oldenburg 1972
Grüttner:	Das Häschen und die Rübe, Parabel München o. J.
Andersen/Paleček:	Das häßliche Entlein, Nord-Süd Mönchaltorf/Schweiz 1971
Bernadette:	Hans Müllermann, Nord-Süd Mönchaltorf/Schweiz 1978
Spang/Schmitt-Menzel:	Herr Flupp und seine 7 Enten, Atlantis Zürich 1964
Krantz/Lindgren:	Herr Lilienstengel, Oetinger Hamburg 1969
Koci/Korschunow:	Iwan Diwan, Parabel München 1974
Hellner/Daalder:	Janna ist traurig, Carlsen Reinbek 1978 (und weitere Bände)
Bernadette:	Jorinde und Joringel, Nord-Süd Mönchaltorf/Schweiz 1970
Janosch:	Der Josa mit der Zauberfidel, Parabel München 1967
Burningham, J.:	Die Kahnfahrt, Maier Ravensburg 1973
Wolde, G.:	Karin, Peter und das Ungewöhnliche, Carlsen Reinbek o. J. (und weitere Bände)
Ehrhardt/Bernadette:	Kikeri, Nord-Süd Mönchaltorf/Schweiz 1969
Krumbach/Rubin:	Kikeriki, wacht auf! Parabel München o. J.
Lindgren/Wikland:	Kindertag in Bullerbü, Oetinger Hamburg 1972
Tolstoi/Klein:	Kleine Geschichten, Parabel München o. J.
Dunn:	Das kleine Lamm, Carlsen Reinbek 1978
Ruck-Pauquèt/Richter:	Der kleine Igel, Herder Freiburg 1959
Galler, H.:	Der kleine Nerino, Edition Neugebauer Detmold 1977

Carle, E.: Die kleine Maus sucht einen Freund, Stalling Oldenburg 1971

Ichikawa/Ruck-Pauquèt: Kunterbuntes Jahr, Peters Hanau 1975

Wildsmith, B.: Der Löwe und die Ratte, Atlantis Zürich 1963

Lindgren/Wikland: Lotta kann fast alles, Oetinger Hamburg 1977

dto.: Lustiges Bullerbü, Oetinger Hamburg 1965

Schroeder: Lupinchen, Nord-Süd Mönchaltorf/Schweiz 1969

Preußler/Lentz: Das Märchen vom Einhorn, Thienemann Stuttgart 1975

Lionni, L.: Die Maus mit dem grünen Schwanz, Middelhauve Köln 1977

Fromm/Schneider: Mein Onkel Harry, Ellermann München 1971

Iwasaki/Brückner: Momokos Geburtstag, Peters Hanau 1973 (und weitere Bände)

Scheidl/Boratynski: Das Mondgesicht, Sellier Freising 1970

Lindgren/Wikland: Na klar, Lotta kann radfahren, Oetinger Hamburg 1972

dto.: Nils Karlsson Däumling, Oetinger Hamburg 1975

Janosch: Oh, wie schön ist Panama, Beltz und Gelberg Weinheim 1978

Gydal/Danielsson/Andersson: Ole bekommt ein Brüderchen, Carlsen Reinbek 1974

dto.: Oles Freundin Petra (Thema Scheidung) Carlsen Reinbek 1975 (und weitere Bände)

Hanck/Lenzen: Onkel Tobi, Bertelsmann Gütersloh 1971 (und weitere Bände)

Brooks-Wagner: Oskar und die Mitternachtskatze, Artemis Zürich 1977

Wikland/Lindgren: Polly hilft der Großmutter, Oetinger Hamburg o. J.

Mirhøj: Pondus und seine Freunde, Carlsen Reinbek o. J.

Fromm, L.: Pumpernick und Pimpernell, Ellermann München 1967

Aichinger/Bolliger: Die Puppe auf dem Pferd, Artemis München 1975

dto.: Der Regenbogen, Artemis München 1972

Bolliger/Laimgruber: Das Riesenfest, Artemis München 1975

Fix/Harrison: Riesen sind nur halb so groß, Maier Ravensburg 1973

Kreye/Würtz: Der Riese von der kleinen Insel, Nord-Süd Mönchaltorf/Schweiz 1970

Tuwim/Lenica: Das Rübchen, Parabel München 1970

Sendak: Das Schild an Rosis Tür, Diogenes Zürich 1976

Burningham, J.:	Simp, der Hund, den niemand wollte, Maier Ravensburg 1974
dto.:	Die Spazierfahrt, Maier Ravensburg 1976
Carpi/v. Gogh:	Die Sternennacht, Carlsen Reinbek o. J.
Lionni/Krüss:	Swimmy, Middelhauve Köln 1978 (4. Aufl.)
Ichikawa:	Timm und Tina auf dem Markt, Annette Betz München 1978
Lindgren/Wiberg:	Tomte Tummetott, Oetinger Hamburg 1960 (2 Bände)
Wolde, G.:	Totte räumt auf, Carlsen Reinbek o. J. (und weitere Bände)
Runeberg/Kley:	... und dann waren wir auf dem Meer, Hanns Reich Düsseldorf 1973
Blech/Borchers:	Und oben schwimmt die Sonne davon, Ellermann München 1965
Larsson, C.:	Unser Hof, Oetinger Hamburg 1977 (und weitere Bände)
Bernadette:	Varenka, Nord-Süd Mönchaltorf/Schweiz 1971
Gorki/Nast:	Vom dummen Iwanuschka, Parabel München o. J.
Kasuya:	Vor langer Zeit in Bethlehem, Atlantis Zürich 1974
Brandt/Grimm:	Die Wichtelmänner, Atlantis Freiburg 1975 (6. Aufl.)
Carlsen-Verlag:	Die winzig-kleinen Mäuschenbücher, Carlsen Reinbek 1977
Waechter:	Wir können noch viel zusammen machen, Parabel München 1973
Krist-Schulz/Hüsch:	Wölkchen, Oetinger Hamburg 1972
Sendak:	Wo die wilden Kerle wohnen, Diogenes Zürich 1972
Palaček/Simones:	Wunschland, Nord-Süd Mönchaltorf/Schweiz 1970
Petricks:	Der Xaver und der Wastl, Atlantis Zürich 1962
Ylla/Falconnet:	Zwei kleine Bären, Christian Wegner Hamburg 1954
Sloman, M. L.:	Zwölf Blätter aus meiner Kinderstube, Artemis Zürich 1974

Kinder aus aller Welt (vielseitig verwendbar)

Bergmann, A./Sucksdorff:	Chendru und sein Tiger, Nymphenburger München 1959
Riwkin-Brick/Jannes:	Elle Kari, Oetinger Hamburg 1975
Riwkin-Brick/Lindgren:	Japi aus Holland, Oetinger Hamburg 1963
dto.:	Lilibet, das Zirkuskind, Oetinger Hamburg 1960
Riwkin-Brick/Edvardsson:	Mirjam aus Israel, Oetinger Hamburg 1972

Riwkin-Brick/Lindgren:	Noriko-San, Oetinger Hamburg 1961
Riwkin-Brick/Forsberg:	Salima aus Kaschmir, Oetinger Hamburg 1971
Sin-Pfältzer/Kruse:	Fred und Peter, Hallwag Bern 1966
Ekker:	Keine Zeit für Sandro (zweisprachig), Jugend und Volk Wien-München 1973 (und weitere Bände)
Friskey/Evans:	Der kleine Zweifuß, Parabel München o. J.
Friskey/Hawkins:	Zweifuß und seine Adlerfeder, Carlsen Reinbek o. J.
Nussbaumer/Hürlimann:	Der Knabe des Tell, Atlantis Freiburg 1977
Mayer/Bucher-Waldis:	Mein Elefant Sahib, Hanns Reich Düsseldorf 1972
Wiegmann/Limmer:	Mein Känguruh Fanny, Hanns Reich München 1969
Gillsäter:	Pia in Alaska, Brockhaus Wiesbaden 1968
Chönz/Carigiet:	Schellenursli, Schweizer Spiegel Zürich 1965
Kneipp (Hrsg.):	So leben wir, Maier Ravensburg 1978

Bücher ohne Text (Geschichten müssen selbst erzählt oder erfunden werden. Augenschulung und Denkanregungen werden damit auch geboten)

Manushkin/Himler:	Baby, Carlsen Reinbek o. J.
Müller-Firgau:	Benjamins Bilderbuch, Herder Freiburg 1975 (15. Aufl.)
Lorenzer:	Emma, Maier Ravensburg 1977 (4. Aufl.)
Dependorf, A.:	Erstes Bilderbuch, Maier Ravensburg 1977 (15. Aufl.)
Rettich:	Hast du Worte? Maier Ravensburg 1977 (7. Aufl.)
Plauen, E. O.:	Ich male Vater und Sohn, Peter Niemann München 1971
Rettich:	Kennst du Robert? Maier Ravensburg 1976
Reich, H.:	Kinder aus aller Welt, Hanns Reich München 1958
dto.:	Kinderbilderbuch, Reich Luzern 1976
Briggs, P.:	Mein Schneemann, Bertelsmann München 1978
Fromm, L.:	Muffel und Plums, Ellermann München 1976 (3 Bände)
Mordillo:	Das Piratenschiff, Insel Frankfurt 1971
Machado, J.:	Warum einer barfuß kommt, Schroedel Hannover 1975
Rettich:	Was ist hier los? Maier Ravensburg 1977 (6. Aufl.)
Wildsmith, B.:	Zirkus, Atlantis Zürich 1970
Raboff, E.:	Marc Chagall (Reihe: Kunst für Kinder) Weber Genf 1969
Raboff/Peter:	Paul Gauguin (Reihe: Kunst für Kinder) Weber Genf 1973 (und weitere Bände)
Chevalier/Klee:	Klee, Südwest München 1979

Jaffé, H. L. C.: Die Welt der Impressionisten, Pawlak Herrsching o. J.

Sachbücher (Wissen wird vermittelt, das Denken wird angeregt, oft regen Bilder und Inhalt die Kinder zu eigenen Tätigkeiten an, Augenschulung wird geboten, manche Bücher sind noch vielseitiger)

Müller, Jörg: Alle Jahre wieder saust der Preßlufthammer nieder, Sauerländer Aarau 1973
Lucht/Guggenmos: Alle meine Blätter, Middelhauve Köln 1970
Jansen, Mogens: Der alte Baum, Bildung und Wissen Hamburg 1976 (und weitere Bände)
Lionni, L.: Am Strand sind Steine, die keine sind, Middelhauve Köln 1975
Scherbarth: Auf der Straße ist was los, Maier Ravensburg 1978
Mielche/Pirck: Bobo an der See, Carlsen Reinbek 1973 (und weitere Bände)
Macaulay: Eine Stadt wie Rom, Artemis Zürich o. J.
dto.: Sie bauten eine Kathedrale, Artemis Zürich 1975 (3. Aufl.)
dto.: Wo die Pyramiden stehen, Artemis Zürich 1976
Lorenzer: Eingepackt – ausgepackt, Maier Ravensburg 1977
Mari, I.: Ein Seeigel und was daraus wird, Ellermann München 1974
Baumann/Schramm: Die Feuerwehr hilft immer, Annette Betz München 1970
Lucht/Spangenberg: Die grüne Uhr, Ellermann München o. J.
Kunstreich/Hofbauer/Tschinkl: Der Herbst ist schön, Jugend und Volk Wien 1976
Songe-Möller: Heute koch ich, morgen back ich, Ellermann München 1977
Becker/Niggemeyer: Ich bekomme einen Bruder, Maier Ravensburg 1973
dto.: Ich bin doch auch wie ihr, Maier Ravensburg 1975
dto.: Ich bin jetzt im Krankenhaus, Maier Ravensburg 1972
dto.: Ich habe eine Mark, Maier Ravensburg o. J.
dto.: Ich mag Musik, Maier Ravensburg o. J.
Agostinelli/Borchers: Ich weiß etwas, was du nicht weißt, Ellermann München 1971
Rettich: Jan und Julia ziehen um, Oetinger Hamburg 1973
Wolde, G.: Karins Werkstatt, Carlsen Reinbek o. J.
Mitgutsch, A.: Komm mit ans Wasser, Maier Ravensburg 1971
dto.: Rundherum in meiner Stadt, Ravensburg 1968

Hofbauer/Kitada:	Lochschaufler und Tunnelbauer, Schroedel Hannover 1974
Klein/Brelger-Kling:	Mutter Erde – Korn und Brot, Urachhaus Stuttgart 1974
Scapa:	Opa und Stiefel zeichnen mit Scapa, Artemis Zürich 1976
Carle, E.:	Das Pfannkuchenbuch, Stalling Oldenburg 1970
Novosad, K.:	Sachen gibt's, die gibt es nicht, Stalling Oldenburg o. J.
Rotthaus u. a.:	Sachgeschichten für kleine Kinder, Schwann Düsseldorf 1971
Frisch/Sablič:	Tarnkappe der Tiere, J. F. Schreiber Esslingen 1969
Wildsmith, B.:	Warum brüllt der Tiger? Atlantis Zürich 1970
Haën/Andresen:	Warum ist das Wetter so? Maier Ravensburg 1977 (6. Aufl.)
Mitsumasa:	Wo ist der Reiter? Artemis Zürich 1978
Knight, H.:	Wo ist Taro? Carlsen Reinbek 1974
Blecher:	Wo ist Wendelin? Beltz Weinheim 1977 (6. Aufl.)

Quellenverzeichnis

S. 95 O Sonne, ich liebe dich so/Es schleichen, es schleichen die traurigen Pferde (Hedwig Diestel, in: Kindertag, Verlag Freies Geistesleben, Stuttgart 1967) *S. 96* Wer geht gern mit großen Schritten? (Ausschnitt; Hedwig Diestel a. a. O.); Schwan, weiß wie Schnee (Josef Guggenmos, in: H. J. Gelberg, Die Stadt der Kinder, Georg Bitter Verlag, Recklinghausen 1969); Meister, Meister, wo ist Kleister? (Janosch, in: H. J. Gelberg, Die Stadt der Kinder a. a. O.); Doppelt gemoppelt (H. G. Lenzen, in: H. J. Gelberg, Die Stadt der Kinder a. a. O.) *S. 97* Mein Ball (Josef Guggenmos, in: H. J. Gelberg, Die Stadt der Kinder a. a. O.) *S. 98* Das ist die Erde (E. Borchers, in: H. J. Gelberg, Die Stadt der Kinder a. a. O.); Mutters kleiner Olle (Alice Tegnèr, dt. Übertragung: Hans Baumann) *S. 99* Mann, darf ich über die Brück? (Wolfgang Weyrauch, in: H. J. Gelberg, Die Stadt der Kinder a. a. O.) *S. 100* Das Hemmed (Christian Morgenstern) *S. 101* Winter (Ilse Kleberger, in: H. J. Gelberg, Die Stadt der Kinder a. a. O.); Ringsum Schnee (Anise Koltz, in: Steine und Vögel, Bechtle-Lyrikband VIII, Bechtle-Verlag, Esslingen 1964) *S. 102* Morgendämmerung (Anise Koltz, in: Steine und Vögel a. a. O.); Frühlingsgruß (Joseph von Eichendorff) *S. 103* Das ästhetische Wiesel (Christian Morgenstern); Der Wind (aus: Stöffele Pantöffele, zusammengestellt und hg. von Lottelise Künemund und Conradine Lück, K. Thienemanns Verlag, Stuttgart 1965) *S. 104* Regenschirme (Vera Ferra-Mikura, in: H. J. Gelberg, Die Stadt der Kinder a. a. O.); Die Schildkröte/Das Nilpferd/Der Wolf/Der Eisbär (Josef Guggenmos, in: H. J. Gelberg, Die Stadt der Kinder a. a. O.) *S. 105* Die Eule (Josef Guggenmos, in: H. J. Gelberg, Die Stadt der Kinder a. a. O.); Der Schaukelstuhl (Christian Morgenstern) *S. 106* Mitternacht (Marlene Witte, in: H. J. Gelberg, Die Stadt der Kinder a. a. O.) *S. 107* Der eiskalte Riese Schroch (Herman R. Beck, in: H. J. Gelberg, Die Stadt der Kinder a. a. O.) *S. 108* Der samtne Abendvogel Murun (Herman R. Beck, in: H. J. Gelberg, Die Stadt der Kinder a. a. O.); Die Mitternachtsmaus (Christian Morgenstern) *S. 109* Das große Lalulā (Christian Morgenstern) *S. 110* Blöd! (Gerd Hoffmann, in: H. J. Gelberg, Die Stadt der Kinder a. a. O.); Das Gebet (Christian Morgenstern) *S. 111* Vagabundenlied (Gina Ruck-Pauquèt, in: H. J. Gelberg, Die Stadt der Kinder a. a. O.); Schlummerlied der Robben (Rudyard Kipling, Dschungelbuch, Paul List-Verlag, München 1965 und 1978) *S. 112* Die Wolkenkrüge (Indianerlied aus Peru, dt. Übertragung: Hans Baumann) *S. 113* Das große, kecke Zeitungsblatt (Josef Guggenmos, in: H. J. Gelberg, Die Stadt der Kinder a. a. O.) *S. 114* Die unzähligen Sonnen des Wassers (Claus Bremer, in: Deutsche Lyrik, Gedichte seit 1945, Deutsche Verlagsanstalt, Stuttgart) *S. 115* Gestreift (Britta Titel, in: Deutsche Lyrik a. a. O.) *S. 116* Der Jagdgesang des Sioni-Rudels (Rudyard Kipling a. a. O.) *S. 119* Ich bin ein großer brauner Bär (s. Quelle zu S. 152); Wir sind eine Räuberbande (Hedwig Diestel a. a. O.) *S. 120* Fauler Zauber (Erich Kästner, in: H. J. Gelberg, Die Stadt der Kinder a. a. O.) *S. 121* Ich bin die Mutter Sonne (Christian Morgenstern) *S. 129* Auf der Straße, in einer Rille (Hans Adolf Halbey, in: H. J. Gelberg a. a. O.) *S. 138* Der Edelstein (in: James Krüss, Soviele Tage, wie das Jahr hat, Sigbert Mohn Verlag, Gütersloh 1959); Abends am Fenster (Hans-Herbert Ohms, in: H. J. Gelberg, Die Stadt der Kinder a. a. O.) *S. 139* Goldstaub (Julio Flòrez, dt. Übertragung: Hans Baumann); Beim Heulen zu sagen (aus: Michael Ende, Das Schnurpsenbuch, K. Thienemanns Verlag, Stuttgart 1969 und 1979) *S. 140* Frühling (Ilse Kleberger, in: H. J. Gelberg, Die Stadt der Kinder a. a. O.); Septembermorgen (Eduard Mörike); Mein kleiner weißer Hund und ich (aus: Silja Walter, Gesammelte Gedichte, Verlags AG „Die Arche", Peter Schifferli, Zürich 1950) *S. 141* Tag und Nacht (Anne Lindsay Barnard, dt. Übertragung: Hans Baumann) *S. 142* Ich glaube (Walt Whitman, dt. Übertragung: Hans Baumann) *S. 143* Gewissensfrage (Alfred Dreyer, dt. Übertragung: Anna Nußbaum) *S. 144* Kinder (Rainer Schnurre, in: H. J. Gelberg, Die Stadt der Kinder a. a. O.) *S. 145* Im gleichen Moment (Gina Ruck-Pauquèt, in: H. J. Gelberg, Die Stadt der Kinder a. a. O.) *S. 146* An einen in einem künftigen Kriege

Gefallenen (Jürgen Beckelmann, in: Deutsche Lyrik a. a. O.) *S. 147* Der Kater und der Mond (Jan van der Ster, dt. Übertragung: James Krüss); Das böse Wort (Max Bolliger, in: H. J. Gelberg, Die Stadt der Kinder a. a. O.) *S. 148* Erlebnis (Countee Cullen, dt. Übertragung: Anna Nußbaum); Lieben (aus: Hans Manz, Worte kann man drehen, Beltz Verlag, Weinheim und Basel 1974, Programm Beltz & Gelberg) *S. 149* Es war einmal ein Mann/Lügenmärchen (aus: Wildermuth, Der Esel zog Pantoffeln an, Verlag Heinrich Ellermann, München 1974) *S. 150* Guten Hut! (aus: Wildermuth a. a. O.); Aprilscherz (Hans Baumann); Die Feder (Joachim Ringelnatz, aus: Kleine Wesen, Henssel Verlag, Berlin) *S. 152* Ich bin ein großer brauner Bär (Hedwig Diestel a. a. O.); Der Zauberlehrling (Johann Wolfgang von Goethe) *S. 154* Weißt du, was ein Crysk ist? (Irmgard Schmuck, in: Die Maus auf dem Mars, Verlag Carl Überreuter, Wien, und Annette Betz Verlag, Wien-München 1972); Grünauge (aus: Eva Maria Felix, Der rote Faden, Verlag Sauerländer, Aarau und Frankfurt/Main 1977) *S. 156* Die Bonbontüte (aus: Shaftel/Shaftel, Rollenspiel als soziales Entscheidungstraining, Ernst Reinhardt Verlag, München/Basel 1978, 4. Aufl.) *S. 157* Wer spielt den Räuberhauptmann? (aus: Barbara Schwindt, Ende gut? Otto Maier Verlag, Ravensburg 1977) *S. 166* Der Wettstreit zwischen Dachs und Fuchs (aus: Japanische Märchen und Volkserzählungen, erzählt von Novák und Cerná, Verlag Werner Dausien, Hanau) *S. 171* Die Windmelodie (Gina Ruck-Pauquèt, in: H. J. Gelberg, Kinderland Zauberland, Georg Bitter Verlag, Recklinghausen 1967) *S. 172* Das Herbstlaub (Gina Ruck-Pauquèt, in: H. J. Gelberg, Kinderland Zauberland a. a. O.) *S. 173* Das Schlaflied (Gina Ruck-Pauquèt, in: H. J. Gelberg, Kinderland Zauberland a. a. O.)

Autoren und Verlagen sei an dieser Stelle für erteilte Abdruckgenehmigungen herzlich gedankt.